百位著名科学家
作风学风故事

中国科学院直属机关党委

科学出版社

百位著名科学家
作风学风故事

中国科学院直属机关党委

科学出版社

北京

内 容 简 介

《百位著名科学家作风学风故事》一书生动讲述了发生在 100 位老一辈科学家身上的优良作风学风故事，展现了他们严谨治学、淡泊名利、无私奉献、清正廉洁、简朴励行、修身齐家的高尚品格。本书通过讲好老一辈科学家的故事，引导激励广大科技工作者，特别是年轻的科研人员，主动践行诚信严谨的科研态度、清廉简朴的工作作风、忘记"小我"成就"大我"的奉献精神，自觉抵制浮夸急躁、急功近利、投机取巧的不良风气，聚焦国家需求攻坚克难，勇攀高峰，推动科技创新高质量发展，为国家科技进步和经济社会发展提供持久动力。

本书既可作为科研机构与高等院校开展主题学习教育、弘扬科学家精神教育和全面推进课程思政建设的参考资料，也可作为青少年思想道德教育和科学文化素质教育的重要读本。

图书在版编目（CIP）数据

百位著名科学作风学风故事 / 中国科学院直属机关党委编. -- 北京：科学出版社，2025.6. -- ISBN 978-7-03-082532-2

Ⅰ. K826.1

中国国家版本馆CIP数据核字第2025B98F54号

责任编辑：刘英红　丁　川 / 责任校对：贾娜娜
责任印制：师艳茹 / 封面设计：有道文化

科 学 出 版 社 出版

北京东黄城根北街 16 号
邮政编码：100717
http://www.sciencep.com

北京中科印刷有限公司印刷
科学出版社发行　各地新华书店经销
*

2025 年 6 月第　一　版　　开本：720×1000　1/16
2025 年 7 月第二次印刷　　印张：27 1/2
字数：363 000

定价：**98.00 元**

（如有印装质量问题，我社负责调换）

本书编委会

主　任：侯建国

副主任：吴朝晖　孙也刚　汪克强

成　员：房自正　乔还田　刘峰松　王晓虹

　　　　徐雁龙　刘俊来　王扬宗　姜秉国

本书编写组

组　长：房自正

副组长：王晓虹　姜秉国　马　跃

成　员：王扬宗　岳爱国　张　晔　刘　将

　　　　杨　萃　马浩天

故事内容提供：中国科学院院属各单位党委

卷首语

　　风清则气正，气正则心齐，心齐则事成。优良的作风学风犹如科技创新的"生命线"，是决定创新高度的"精神密码"。新中国科技发展的每一项重大成就，都深深镌刻着老一辈科学家优良作风学风的印记。为使广大科技工作者在加强和改进作风学风中学有榜样、行有示范，中国科学院直属机关党委组织编写了《百位著名科学家作风学风故事》一书，生动讲述了发生在老一辈科学家身上的优良作风学风故事，展现了他们严谨治学、淡泊名利、无私奉献、清正廉洁、简朴励行、修身齐家的高尚品格。

　　翻开《百位著名科学家作风学风故事》一书，我们可以看到竺可桢、钱学森、郭永怀、钱三强、朱光亚……这些如雷贯耳的名字，细细读到的却是他们公私分明、抵制不正之风、用最省钱的方法解决问题、不要"原子弹之父"称号、传承勤俭节约的家风……这些不为人知的点滴小事。小事成就大师，小节铸就大义。这些小事，像一块块平实的坚石，铸成了老一辈科学家科学丰碑的基石。这些小事，汇聚成了我国科技界的优良传统，树立起了科研作风学风建设的标杆，书写了中国科研工作者的精神华章，为科技创新事业提供了永不枯竭的精神力量。尤其是在科研经费投入不断增加、物质丰富充裕的当下，老一辈科学家的优良作风学风以及展现出来的精神品格更显珍贵，具有超越时空的永恒价值。

加强作风学风建设，就要挖掘好、弘扬好老一辈科学家的崇高精神品质，大力建设以科学家精神为内核的新时代创新文化，积极营造鼓励探索、宽容失败的良好环境和协力创新、唯实求真的科研生态。通过讲好老一辈科学家的故事，引导激励广大科技工作者，特别是年轻的科研人员，主动践行诚信严谨的科研态度、清廉简朴的工作作风、忘记"小我"成就"大我"的奉献精神，自觉抵制浮夸急躁、急功近利、投机取巧的不良风气，聚焦国家需求，攻坚克难，勇攀高峰，推动科技创新高质量发展，为国家科技进步和经济社会发展提供持久动力。

培育优良的作风学风是一项长期性、系统性的工程，要以永远在路上的清醒和坚定，常抓不懈，久久为功。当前学术不端、浮夸浮躁、急功近利等不良倾向依然存在，需要从实践层面、制度层面、文化层面全方位构建起作风学风的建设体系，建立起科技界普遍认同、自觉遵循的行为准则。"以人为镜，可以明得失。"老一辈科学家的优良作风学风，以及他们身体力行的科研实践，是加强科研作风学风建设取之不尽、用之不竭的宝贵财富。广大科技工作者要时刻以老一辈科学家为榜样，正己立身、涵养品德，捍卫科学的清正和纯洁，用良好的作风学风照亮追寻科学真理的征途，为科学家精神注入新的时代内涵。

科技兴则民族兴，科技强则国家强。习近平总书记指出，"中国式现代化关键在科技现代化"，"我们能不能如期全面建成社会主义现代化强国，关键看科技自立自强"。加快建设科技强国，实现高水平科技自立自强是党和国家赋予新时代科技工作者的崇高历史使命。在科技强国建设的伟大征程上，广大科技工作者要当好宝贵历史传统的弘扬者、新时代科学家精神的书写者、优良作风学风的践行者，坚守科技报国为民初心，坚定唯实求真科学理想，坚持优良作风学风，以功成不必在我的境界、功成必定有我的担当，矢志不渝加快抢占科技制高点，努力书写新时代中国科技创新事业的壮丽篇章。

本书编委会

2025 年 6 月

目　录

严谨治学篇

淡泊名利篇

无私奉献篇

清正廉洁篇

简朴励行篇

修身齐家篇

严谨治学篇

赵忠尧

严谨求实
兢兢业业

赵忠尧（1902—1998），浙江诸暨人。1925年毕业于东南大学，1930年获美国加州理工学院博士学位。曾任中国科学院高能物理研究所研究员、副所长，中国科学院原子能研究所副所长，中国科学技术大学教授、物理系主任。核物理学家，中国科学院学部委员（院士），中国核物理、加速器、宇宙线研究的开拓者之一。

深夜，闹钟每半小时响一次

20世纪20年代，国内大学理科的水平与西方相比尚有不小差距，于是赵忠尧决定争取出国留学。1927年，他自费赴美国加州理工学院研究生部深造，师从密立根（R. A. Millikan）教授。在学位论文选题上，密立根教授让赵忠尧通过对硬γ射线吸收系数的实验测量，验证克莱因－仁科公式的正确性。

实验室工作十分紧张，赵忠尧这些做实验的人常常是上午上课，下午准备仪器，晚上趁夜深人静，通宵取数据。为保证半小时左右取一次数据，他不得不靠闹钟来提醒自己。当赵忠尧将测量结果与克莱因－仁科公式相比较时发现，硬γ射线只有在轻元素上的散射才符合公式的计算值。而当硬γ射线通过铅这样的重元素时，所测得的吸收系数比公式计算的结果大了约40%。1929年底，赵忠尧将结果整理成论文，由于实验结果与预期不相符，密立根教授不太相信。文章交给密立根教授后两三个月无回音，幸亏当时替密立根教授代管研究生工作的鲍恩（I. S. Bowen）教授，十分了解该实验从仪器设计到结果分析的全过程，他向密立根教授保证实验结果可靠，文章才得以于 1930 年 5 月在《美国国家科学院院刊》上发表。

完成了硬 γ 射线吸收系数的测定，对于完成学位论文来说已经足够了，可赵忠尧并不满足，又利用毕业前的大半年时间继续研究硬 γ 射线与物质相互作用的机理。他设计了一个新的实验，分别选择铝与铅为轻元素、重元素的代表，比较在这两种元素上的散射强度。实验结果首次表明，伴随着硬 γ 射线在重元素中的反常吸收，还存在一种特殊辐射。赵忠尧不仅测得了这种特殊辐射的能量大约等于一个电子的质量，还测出它的角分布大致为各向同性。这一结果于 1930 年 10 月发表在美国《物理评论》杂志上。

赵忠尧凭着对科学的热爱与执着、对实验的一丝不苟和对实验技巧的精益求精，在硬 γ 射线与物质相互作用研究的前沿领域做出重要贡献。

买不起设备，就学着自己造

1946 年夏，赵忠尧作为中国代表被派去参观美国的原子弹试验，参观后他受托在美国采购核物理研究用的器材。要在国内开展核物理实验研究，一定要有一台加速器。但他手头上的钱实在太少，一共只有 12 万美元，离购置一台 2 兆电子伏静电加速器所需的 40 万美元还差得很远。他决心自己设计一台规模较小，但结构比较先进的高气压型静电加速器，只在美国购置国内买不到的器材，加工国内无法加工的部件，然后运回来配套组装。

建造加速器非赵忠尧的本行，有人劝他不如趁在美国的机会多做些研究工作。但赵忠尧希望在国内建立起核科学的实验基地，在国内开展研究工作，培养科研人才，他认为个人为此做出牺牲是值得的。

按这个计划，赵忠尧先在麻省理工学院学习静电加速器发电部分和加速管的制造。半年后，为了进一步学习离子源的技术，赵忠尧转去华盛顿卡内基研究所访问。然后，他又多方奔走，联系定做加速器的各种部件，购置了核物理实验及电子学研究所需的器材。

新中国成立后，赵忠尧克服重重阻挠回到祖国，并运回了加速器部件和各种实验器材。1951 年，他到中国科学院近代物理研究所主持核物理方面的工作，着手实验装置的建设。1955 年，赵忠尧主持建成了我国第一台 700 千电子伏质子静电加速器，这台加速器主要利用了他费尽周折从美国带回来的部件和器材。在此基础上，1958 年赵忠尧又带队研制成功能量为 2.5 兆电子伏的高气压型质子静电加速器。在当时国内一穷二白的条件下，这两台加速器的研制既无资料可查，又不能出国考察，的确不是一件轻而易举的事。在他的主持下，以静电加速器为基础建设了核物理实验室，开展了我国最早用加速器进行的核物理实验，一批中青年科技骨干迅速成长起来。

❀ 1955 年，赵忠尧主持建造的我国第一台静电加速器

1956 年，苏联援助的一座原子反应堆和两台回旋加速器开始在中国科学院物理研究所新址北京房山坨里兴建，1958 年"一堆一器"建成后，中国科学院物理研究所改称中国科学院原子能研究所，由此我国进入了核时代。坨里的回旋加速器建成后，赵忠尧参加了在回旋加速器上进行的质子弹性散射、氘核削裂反应等方面的研究工作。

1958 年，为了给国家培养更多的"两弹一星"人才，中国科学院成立了中国科学技术大学。赵忠尧负责筹建近代物理系并担任系主任。在任期间，赵忠尧精心挑选师资，建设课程体系，编制教学大纲和专业教材，亲自登台讲授"原子核反应"课程，悉心培养科技人才。在赵忠尧的主持下，近代物理系较快地建立起一个专业实验室，开设了 β 谱仪、气泡室、γ 共振散射、穆斯堡尔效应、核反应等较先进的实验。同时，赵忠尧很注意培养方法，尽可能使学生在理论和实验两方面都得到发展，培养出一批理论与实验并重的人才，其中许多人成为我国核物理研究的重要骨干。

20 世纪 60 年代，赵忠尧意识到要开展国内的核物理研究工作，应该对国外的发展情况有所了解。因此他很注意阅读国外书刊，花费了大量时间了解学科发展动态。同时，他也经常考虑，如何从我国的经济实力出发，尽快发展国内的科研、教育事业，如何促进国内新型低能加速器的建立。在这期间，他曾先后就建造串列式加速器、中能加速器，建立中心实验室，缩短学制，成立研究生部等许多与我国科学发展有关的问题向各级领导提出建议。

说老实话，做老实事

赵忠尧晚年参与了中国科学院高能物理研究所的筹划和建设。1995 年 10 月，93 岁的赵忠尧获得何梁何利基金科学与技术进步奖奖金 10 万港元，他立即将这笔奖金全部捐给中国科学院数学物理学部，作为科学基金，奖励有成就的青年。

赵忠尧晚年在《我的回忆》一文中写道:"一个人能作出多少事情,很大程度上是时代决定的。由于我才能微薄,加上条件的限制,工作没有做出多少成绩。唯一可以自慰的是,六十多年来,我一直在为祖国兢兢业业地工作,说老实话,做老实事,没有谋取私利,没有虚度光阴。"

诚然,赵忠尧就是在爱国奉献中度过他的一生的。他一生经历过许多坎坷,唯一希望的是祖国繁荣昌盛,科学发达,为此他倾尽所有!

龚祖同

始终坚持实事求是的工作风格

龚祖同（1904—1986），上海人。1930年毕业于清华大学物理系，1936年毕业于德国柏林工业大学应用光学专业。曾任中国科学院西安光学精密机械研究所研究员、所长。光学家，中国科学院学部委员（院士），中国光学玻璃、纤维光学与高速摄影的奠基人之一。

心像玻璃一样透明

在龚祖同的入党志愿书中，有这样一段话："要使自己成为一个真正的无产者，不要名，不要利，不要权，两袖清风，无牵无累，做一个崇高的有益于人民的人……生活简朴，不搞任何特殊化；精打细算，修旧利废，挖掘潜力，节约资金。"这段话也是他一生矢志践行的人生信条。

在很多老一辈的西光人（"西光"为中国科学院西安光学精密机械研究所的简称）看来，龚祖同是"西光精神"的典型代表。曾和他一起共事过的同事如是评价："他的心像光学玻璃一样透明。他的人品像光线一样正直。他领导的团队像聚光镜一样凝聚团结。"据所里老同志回忆，在中国科学院西安光学精密机械研究所建所初期，龚祖同为减轻国家负担，曾在全所大会上公开提出降低自己工资标准的要求。这一点，在龚祖同曾经的书信中也得到了印证。

新中国成立前的一段时间，由于物价飞涨，通货膨胀，龚祖同曾购买耀华玻璃厂和江南水泥厂的股票作为储蓄之用。1961年和1965年，他两次致信分别请两个公司将股票无条件上交国家，江南水泥厂未回信，耀华玻璃厂也仅做简单答复。1966年，龚祖同再次向所党委写信，要求研究所出面将其曾购买的耀华玻璃厂和江南水泥厂的股票以及1964年以后产生的利息无条件上交国家。

为国家多做一些贡献，是龚祖同毕生的坚守。他在与同事和学界友人来往的书信中，不止一次提到"希望为国家节省点经费"。建所初期，面对所里条件简陋的现状，初上任的龚祖同并未因发展的需要而向中国科学院和国家提出购置新设备仪器等过多的条件和要求，只提出希望将中国科学院长春

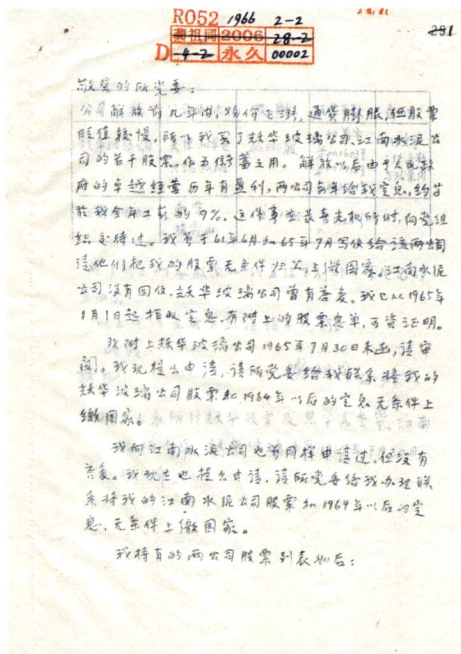

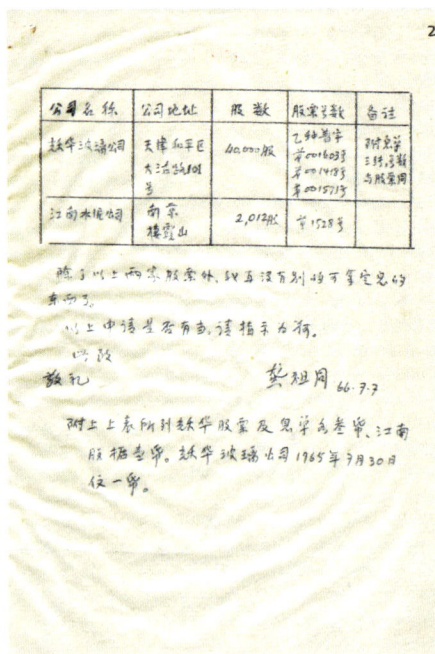

❀ 龚祖同主动要求将自己购买的股票上交国家

光学精密机械与物理研究所以及其他地方暂时不需要的仪器设备转拨给中国科学院西安光学精密机械研究所，以便开展实验研究，修旧利废。

1977 年，龚祖同在与河北省秦皇岛玻璃研究所的王华平探讨工作时提出："用玻璃的冷加工方法花钱较多，花费时间也较多，不符合社会主义建设总路线。"他多次建议在浮法过程中加一道精密热滚压工序，省去冷加工自动线，以便为国家节省经费。

生活简朴，不搞特殊化

生活简朴不仅是龚祖同对自己的要求，更是与他接触过的人对他的一致印象。在中国科学院西安光学精密机械研究所工作期间，作为所长，他时常以艰苦朴素自我要求；作为一个地道的南方人，他经常以苞谷面做的发糕或者窝窝头代替正餐；工资也基本都是用于购买书和杂志。

20 世纪 80 年代，龚祖同年事已高，身体瘦弱多病，步履艰难。所里建议他上下班由所里用车接送。他坚决拒绝，坚持自己挂着拐颤颤巍巍行走。生活区与工作区只隔一条马路，对其他人来说不过是三五分钟的距离，他却要行走近半个小时。有一次，家中的电灯泡坏了，龚祖同的妻子原打算让后勤的电工来替换，但龚祖同坚决不允许，认为有借职权行私之嫌，自己用小板凳架在桌上亲自更换，不小心摔下来受伤住院。

他曾培养过的学生母国光院士在纪念文章中写道："龚老师备受人们敬爱还在于他目光长远、艰苦朴素和平易近人。他的工作日程表是每周七天，每天三单元，他虽有政府提供的别墅式住房和专用车辆，但他并没有去过舒适的生活，而是在办公室安上一张行军床，平时住在办公室，每日三餐是家人送来的早中晚各一个饭盒。又常常在子夜到光学玻璃车间观看玻璃熔炼的情况，或者和工作在那里的人谈工作。"

始终坚持实事求是的工作风格

龚祖同在工作上一丝不苟、严谨求实的作风，深深影响着与他共事过的同事以及他的学生。

他对待科学严谨，对待功名荣誉却如浮云。20世纪80年代，陕西科学技术出版社提出要编辑出版一部大型光学图书，希望龚祖同能参与组稿工作，因龚祖同早年时期就有编写一部光学手册之意，便欣然应允。囿于年事已高，身体衰弱，龚祖同表示希望由时为中国科学院西安光学精密机械研究所副研究员的李景镇来牵头负责，自己愿做顾问全力支持。书籍出版之前，李景镇曾与龚祖同协商署名事宜。龚祖同反复表示，这都是年轻人的功劳，自己只是做了一点指导工作，署名顾问即可，一定要把年轻人的工作成绩体现出来。

中国工程院院士牛憨笨也曾回忆道："他在学术上非常严谨，有一次，我们到基地去做抗干扰实验回来向他汇报，我们说在基地实际模拟了现场干扰情况，获得的结果表明我们的设备采取的抗干扰措施是可行的，用户对此比较满意。他看了照片之后严肃地指出，实验没有给出干扰情况下的分辨率定量结果。这番教导使我受益终身，从那以后我们总是尽量仔细地做好每一个数据的计算和每一次实验的校验。"

王大珩曾在纪念龚祖同的文章中写道："他始终坚持实事求是的工作风格，这些优良风范使我在道义上由衷地对他敬佩，在感情上互信无间，在行动上他始终是我遵循学习的榜样。"

陈世骧

严谨自律的
敦厚学者

陈世骧（1905—1988），浙江嘉兴人。1928年毕业于复旦大学生物系，1934年获法国巴黎大学博士学位。曾任中国科学院昆虫研究所所长、中国科学院动物研究所所长。昆虫学家、进化分类学家，中国科学院学部委员（院士），毕生从事进化论与分类学理论研究。

子承父业，治虫救灾

陈世骧在"鱼米之乡"嘉兴长大，自小便目睹了农业害虫泛滥成灾的惨状。其父陈志巩曾发起成立我国第一个民间治虫组织——治螟委员会，指导农民用科学的方法治理稻螟。数十年后，深受家庭熏陶的陈世骧也走上了这条科学治虫的道路。

1953年，我国暴发蝗灾，严重威胁农业生产和人民生活。陈世骧心急如焚，立即召集研究所内的有关科研工作者，商讨如何配合治蝗工作。就这样，新中国科学界第一次全面反击东亚飞蝗的战役轰轰烈烈地打响了。

在陈世骧的调兵遣将下，钦俊德领衔的生理学研究室分析蝗虫的代谢和繁衍机制；马世骏领衔的生态学研究室探究蝗虫群体行为与外界环境的关系；陆近仁领衔的形态学研究室识别没有飞行能力的蝗虫幼虫，以便将蝗灾扼杀于迁飞之前；熊尧和龚坤元

🔵 1953 年 3 月，陈世骧（前排左二）出任中国科学院昆虫研究所所长时与同事的合影

领衔的毒理学研究室则致力于研发杀灭蝗虫的具体方法……多管齐下，终于解决了根治我国东亚飞蝗的难题，控制了东亚飞蝗的肆虐和危害。这一仗打得如此漂亮，避免了蝗灾对农业和民生造成重大打击。

由于治虫救灾工作完成得出色，后来中国科学院动物研究所作为第一完成单位的"东亚飞蝗生态、生理学等的理论研究及其在根治蝗害中的意义"研究获得了 1982 年国家自然科学奖二等奖。

"这份获奖名单上没有陈先生的名字，他的淡泊名利由此可见一斑，"陈世骧的学生杨星科说，"他虽然没有直接参与具体工作，却是制定全局规划，在幕后运筹帷幄的那个人。"

严谨自律的敦厚学者

陈世骧是一位敦厚的学者，对年轻人关爱备至，时常有人登门或去信请教问题并请他修改论文，他总是认真回答和修改。有时会做大量修改，甚至修改观点，于是作者真诚地希望能在论文中挂上陈世骧的名字，均被他拒绝。他认为，给后辈改论文提些看法是应该的，通过改论文来提高他们的学术水平是培养人才的一种方式。对于后辈的论文，陈世骧反对只是草草改几个字，甚至只是大致浏览一遍就把自己名字加上的行为。他认为这是变相剥削。

1988 年初的第三个周末，为了协调《中国动物志》的编写，陈世骧整整两天都在忙着找当事人谈话，而此前他已感冒多天。尽管其子女多次劝说他去就医，可他始终放心不下《中国动物志》的编写，要等协调好后再去医院。直到 1 月 25 日早晨，他还在担心："协调的双方虽已口头答应，会不会执行呢……" 8 点 40 分，接他去医院的车到了，然而不幸的是，还未抵达医院，他便与世长辞，将严谨治学的精神留在了人间！

公私分明的领导

陈世骧不仅是一名严谨治学的科学家，更是一位公私分明的领导。其妻子谢蕴贞曾在法国留学多年，可直至退休都只是副研究员。20 世纪 60 年代初，自参加工作就未晋升过的谢蕴贞觉得无论如何都该轮到她提级了。可陈世骧却对她说："你这次不能提，僧多粥少，名额有限，我先提升了自己的老婆，如何服人？"尽管陈世骧觉得亏待了妻子，但他认为，作为所长就要从全局出发，为全所考虑，自己的事就该往后搁置，如此才能令人信服，才能办好研究所。

陈世骧的女儿陈受宜刚参加工作时，曾用中国科学院生物物理研究所的信封给同学写信。陈世骧看见后，狠狠地批评了她："写信是你私人的事情，怎么能用公家的信封？你今天拿一个信封，明天就会拿更多的东西，贪心是没有止境的。"据陈受宜回忆，在父亲的办公桌上永远放着两套不一样的信封和邮票，一套是印有"中国科学院动物研究所"字样的公用信封和公家邮票，一套是自己购买的私人信封和邮票，几十年如一日，从未更改。他认为民众的信是寄给他个人的，因此他回复民众来信向来都是用私人信封和邮票。公私分明，是陈世骧的正己立身之本，更是值得后世学习的处世之道。

　　陈世骧一生谦和朴诚，生活俭省。他厌恶虚荣和奢华，为数不多的几套西装只在参加国宴、接待外宾和出国访问时才穿。

　　陈受宜的同事曾对她说："上下班常见一老头，头戴一顶黑毛线帽，身穿中式棉袄，外加一件皮背心。人家说是个学部委员，原来是你爸。"陈世骧去世后，其子女没有为其立碑。实际上，陈世骧的精神丰碑早已立在后辈、后学者的心中！

张大煜

养成"从严从实"的科学态度

张大煜（1906—1989），江苏江阴人。1929 年毕业于清华大学化学系，1933 年获德国德累斯顿工业大学博士学位。曾任中国科学院大连化学物理研究所所长、兰州化学物理研究所所长、山西煤炭化学研究所所长。物理化学家，中国科学院学部委员（院士），中国工业化学的先驱，催化科学的主要奠基人。

肚量大，手不长

1949 年 6 月，按照党组织安排，张大煜到大连大学科学研究所（现中国科学院大连化学物理研究所，简称大连化物所）担任副所长并主抓科研工作。大连化物所原党委书记裘宗涛曾回忆说，张大煜有两个特点："肚量大，手不长"。张大煜"肚量大"，虽然他是搞基础研究的，但从不偏爱，只要对研究所和国家有利，各种类型的题目，他都会支持；张大煜"手不长"，不赶热闹，不争课题，不争名，踏踏实实向科学进军。1957 年，研究所两项科研成果获中国科学院科学奖金。在研究所上报获奖名单时，张大煜断然否决了在两个名单中写进他名字的提议。张大煜说："看到青年科研工作者得奖比我自己得奖还要高兴。"在他的带动和引领下，研究所形成了良好的学风。

1961 年，张大煜在科技人员中选拔了 10 名同志作为重点培养对象，把他们放在重大科技任务的岗位上，从思想教育、实验室仪器设备、助手配备、时间保证等方面为他们创造条件，让他们优先参加重要学术会议。经过精心培养和他们自己的努力，如今，10 名同志中有 6 位已当选为中国科学院院士。张大煜在他几十年从事化学教学与科研组织工作中，以身作则，率先垂范，以言传身教的方式带出一大批卓有成就的科研骨干，很多人已成为学科带头人或领军人物，在他教过的学生中涌现出的两院院士达几十位，人们尊敬地称他为"敬爱的导师""一代宗师"。

2013 年国家最高科学技术奖获得者张存浩院士曾这样说道："张大煜先生是我们敬爱的老师，是我国工业化学的先驱，催化科学的主要奠基人、组织者和领导者。在人际关系上，他坚持'五湖四海'，决不搞个人亲信或小圈子。无论在学术上，还是在行政关系上，作风都是正派的，完全可以当得起'一代宗师'。"

养成"从严从实"的科学态度

在工作中，张大煜对年轻一代要求十分严格，要求他们勤俭科研，爱惜仪器设备，操作要专心仔细，记录要详细严谨，数据要及时归纳整理，在实验室不要嬉耍打闹，经常保持实验室的清洁整齐等。张大煜常常提到：从事科学研究，养成"从严从实"的科学态度，树立"严肃、严密、严格"的良好学风是非常重要的。

从北京大学化学系毕业的谢炳炎，刚来到研究所工作时，被分到张大煜兼任组长的课题组。一次，张大煜看到一架分析天平的秤盘上有些由样品撒落而造成的腐蚀斑点，他安排谢炳炎磨两块重量完全相当的表玻璃放在秤盘上以保护秤盘免受损坏。谢炳炎花了很大工夫才磨制出来。没想到这个"基本功"训练却给谢炳炎后来在重水分析工作中研磨成功一批锥体完全对称的

● 张大煜作报告

"漂沉子"带来很大帮助。张大煜为此曾表扬他，说他为重水分析解决了一个技术难题。谢炳炎从这件事体会到严格训练的作用。

张大煜十分强调数据的重要性。他说："我们搞应用研究的，科学实验是找到客观规律，求证真理的依据和基础，一定要重视每一个实验数据，它会得出正和负的两种结果，这都是宝贵的，数据一定要准确，要可靠，要严格对待，严格处理，它关系到研究成果的成功与否。"他每天晚上到实验室，既具体指导人家做实验，也帮助整理数据。倒班做实验的同志，谁要是漏记一个数据，定会受到张大煜的严厉批评。

作风勤俭，待人宽厚

张大煜不但在科研工作中严格要求自己，在日常生活中，他也严于律己、作风简朴、待人宽厚，自然形成一种魅力。以前在大学，教授们都喜欢穿布衣长衫授课，这布衣长衫造价不高，但穿在身上走起路来飘飘洒洒，站在讲坛上更有一种儒雅风度。到大连后，张大煜虽上下班穿中山装，回到家里仍喜穿布衣长衫。一年春节，一位副市长来到他的住处给他拜年。他穿着布衣长衫迎客、待客，副市长初看这身装束愣了一下，随后释然地说："张所长还保持着咱们民族的布衣之风啊！"张大煜虽不是"素面朝天子"，但这"布衣待客"的朴素作风一时传为美谈。

张大煜享受国家一级研究员待遇，但他生活俭朴，对研究所的经费管理严格，重大开支都亲自过问。在 20 世纪 50 年代的城市里，只有行政级别较高的领导有公家配备的轿车使用，张大煜当时也配了一辆轿车，但他除工作用车外，每日步行上下班，从不因私用车。但若所内同志有急事，他却肯用车，一次高压加氢研究室的同事接到幼儿园的电话，老师说该同事的孩子从滑梯上掉下来，胳膊摔坏了！但研究所离幼儿园很远，乘公交车不能及时赶过去。张大煜听说此事，立即派司机送同事到幼儿园接孩子去医院看病，由于治疗及时，孩子没留下什么后遗症，同事非常感动。

对自己的家庭，张大煜则显得分外苛刻，在他的妻子和儿女们的记忆中，从没有"借光"坐过轿车，更别说借公车办点私事了。在张大煜心中，公是公，私是私，公私要分明，不能有丝毫含糊，他要在所里带这个头。

汪　猷

严肃、严格、严密的"三严"精神

汪猷（1910—1997），浙江杭州人。1931年毕业于金陵大学工业化学系，1937年获得德国慕尼黑大学最优科学博士学位。曾任中国科学院上海有机化学研究所所长。生物有机化学家，中国科学院学部委员（院士），中国抗生素研究和生产的奠基人之一。

烂橘子堆里觅珍宝

20世纪40年代是抗生素作为一类新药研发和推广的时代，汪猷了解到这些信息后，决心在中国开拓抗生素研究的道路。他于1944年开始桔霉素的研究，从烂橘子的霉菌中采集菌种，经培养、提取、分离得到一种新的抗生素——桔霉素。1947年初，因汪猷醉心于桔霉素研究，而桔霉素又未能马上给药厂带来经济收益，药厂老板提出如果愿意降低制药的规格，可以允许他们继续研究。汪猷拒绝了老板不顾病人健康、唯利是图的要求，因此被老板解聘。那段时期，汪猷的工作条件十分艰苦，他和小组成员只能在当时的中央研究院的两间病理实验室尸体解剖台上做实验，生活更是十分拮据。但汪猷视名利为身外之物，对清贫甘之如饴，一头扎到研究工作之中，就连之后担任了中央研究院的研究员，物质生活也依然像以前一样清贫。

正是汪猷这份以身作则的责任感，让研究团队的成员们坚定了信念，为开拓中国的抗生素事业尽心尽力。最终不仅桔霉素研究取得圆满的成果，在党的关怀和中国科学院与有关部门的支持下，汪猷还发起和主持了全国第一届抗生素学术会议，对中国抗生素的研究和生产做出了不可磨灭的贡献。

严肃、严格、严密的"三严"精神

汪猷善于抓大问题、抓影响深远的问题，他身体力行，对自己负责的课题，从路线设计、合成方法、分析手段、数据处理，一直到写成论文或实际应用的各个环节，一贯严肃认真、一丝不苟，始终坚守科研诚信。他这种在科研上严肃、严格、严密的"三严"精神对中国科学院上海有机化学研究所的学风产生了极大的影响，"三严"精神也是中国科学院上海有机化学研究所优良学风的精髓。

在人工全合成结晶牛胰岛素的研究中，他坚持以严谨的态度对待实验数据，每个单体能做到结晶的一定要尽可能地做到结晶，要有色谱分析、元素分析、红外分析、核磁分析的完整数据后，才能做第二步工作，不准"一锅炒"。如第一步达不到要求，一定要找出问题再做，决不允许绕过困难，马虎对待。他坚持"对的不一定是对的，不对的一定是不对的"，对论文稿引用的每篇文献都要重新核对。每个数据都要严格审查，字斟句酌，往往一篇论文要修改几遍乃至十几遍，甚至连一个标点的错误都不放过，在签署鉴定书时留下了"迟迟不落笔"的佳话。

● 1965 年，汪猷在人工全合成结晶牛胰岛素鉴定书上签字

"我首先是一名共产党员，其次是一名科学家"

作为一名共产党员，汪猷以高标准严格要求自身，60 余年的科研生涯中，除非生病，他每天早上准时跨进研究所大门，晚上工作到深夜一两点。他常常通宵达旦、废寝忘食，节假日都在家里工作，几乎没有休过一个完整的休息日。即使科研任务繁重，也从不轻易缺席党的组织活动，而且在重大问题上总是主动向党委汇报，听取党委意见。他用切身行动，践行着自己的人生信条——"我首先是一名共产党员，其次是一名科学家"。

汪猷每年的外事活动、学术交流、外出开会频繁，常常因为工作需要，自费购买赠礼，并将所得馈赠上交组织处理，就连单位发的保健津贴和奖金，他都认为不该享受而分文不取。他在出国访问或参加国际会议时，尽可能地节约伙食、交通费用，用省下来的钱（包括在国外作学术讲演所得酬金）为研究所购买仪器设备、急需的化学药品等。

他曾推荐多人出国，为研究所的业务骨干创造了许多留学、进修的条件，但他却不肯为自己的女儿和亲友动一下笔写推荐信。有人问他为什么不安排自己的女儿出国，他回答："出国学习要靠自己的努力去争取，如果我先给她联系，那在研究所里我还怎么执行好国家的政策？"

（部分故事改编自《世界科学》编辑部：《有机化学家汪猷》，《世界科学》1985 年第 7 期）

王承书

要求严格，连标点符号也不放过

王承书（1912—1994），湖北武昌人。1934 年毕业于燕京大学物理系，1944 年获美国密歇根大学博士学位。曾任中国科学院近代物理研究所研究员。物理学家、气体动力学和铀同位素分离专家，中国科学院学部委员（院士），中国铀同位素分离理论研究的奠基人。

要求严格，连标点符号也不放过

1961 年，49 岁的王承书被选中参与中国第一颗原子弹的研制任务。她所在的理论计算组承担着原子弹铀浓缩的关键环节，堪称原子弹的"心脏"。这与她所学的气体运动学专业可以说是毫不相关，而且她带领的理论计算组任务繁杂，研制任务对结果的精度要求高。这些都是摆在她面前的困难。

既然来了，王承书就没有想过放弃。但是想要完成铀浓缩的工作，仅仅依靠信念是远远不够的。为了让推导与计算过程更准确，王承书等人坚持验算级联的静态与稳态过程的计算结果。在当时，计算机并不像今天的小型计算器那么方便，为了保证效率，很多科研工作者都是左手敲键、右手列算式；她的力气小，一只手无法按动计算器的按键，只能将右手中指压在食指上，用力敲键后再拿笔记下结果。为了用上我国仅有的一台每秒 15 万次的电子计算机，王承书等人经常在后半夜或节假日进行计算工作。精神的压力和身体的疲惫都没能使她产生糊弄了事的念头，对于计算出的几十箱计算纸条她都悉数过目审核。

理论的计算还要落实在实际的工程元件上。在一次关键部件的验收中，虽然该元件经过试验性能良好，但她注意到了试验阶段和实际应用之间可能的差距，申请延长了研究时间。为了得到更精确的数据，她后续增加了试验次数，从而避免了因决策失误给国家造成的损失。

王承书的学生诸葛福研究员对王承书这种严谨的治学态度印象深刻："你算的是结果，她一定要你讲物理意义。你看什么东西，都要自己经过推导。"实事求是是王承书多年养成的工作态度。早在 1948 年留美时，她就在论文《稀薄气体输运现象》中指出，英国数学家查普曼（Chapman）和考林（Cowling）合著的《非均匀气体的数学理论》第一版中热流矢量的两个系数表达式有误。后该书作者在 1952 年的第二版中按王承书的结果进行更正。

钱皋韵院士自工作后有近 20 年的时间和王承书的办公桌是面对面的，他也对王承书的严格要求有深刻印象。他这样回忆，"她的严格要求，甚至连文章中的标点符号也不放过。"

也正是因为有这样的态度，王承书及她的团队才能在 1964 年 1 月 14 日成功制备出第一批高浓缩铀合格产品，提前 113 天完成国家任务，为中国第一颗原子弹的爆炸争取了宝贵时间。毛泽东主席盛赞她是"中国第一颗原子弹爆炸女功臣"。

从 1951 年"王承书－乌伦贝克方程"（WCU equation）的提出，到 1961 年接受绝密的中国第一颗原子弹研制任务，短短 10 年内，王承书三次改变研究方向，总是在一个研究领域刚刚取得突破的情况下，就转行到另一个毫不相干的方向去了。然而，无论从事哪一个研究领域，不变的是她对待科研认真、严谨的态度。

常穿一条黑裙子的顶尖科学家

整齐的短发，瘦高的个子，亲切的微笑，一双早已磨损得不成样子的黑靴子，一条长长的黑裙子，尽显知识女性风采的同时，也向人们展示出着装者节俭的生活态度。

核工业理化工程研究院的田长泰研究员在回忆起和"老王"一起共事的时候，就提到："从美国回来这么多年，她总是来来回回穿着那几件很平常的衣服，从未见她穿什么新衣服。"而其中，那条黑色的长裙她一年四季都有穿，人们对此印象十分深刻。1966 年国庆，作为对我国社会主义建设有重要贡献的科技工作者，她正是穿着这条长裙登上了天安门城楼。后来，随着年龄渐长，她由穿黑裙子改为穿蓝灰色上衣，但不变的是她一贯秉持的节俭的生活态度。

🔵 王承书 1956 年回国后的照片

人们常会对顶尖的科学家抱有同样高的品德要求，王承书做到了。她每餐只吃半个馒头或半份米饭，中间从不加餐。一双塑料凉鞋要穿两三年……这样的简朴生活，是为了在每个月 280 多元的工资中上交 200 元的党费，剩余的 80 多元甚至还要拿出部分帮助困难的同事。核工业理化工程研究院高级工程师张连合自 1964 年从清华大学毕业参加工作后与王承书共事多年。他提到："没有人说她一个'不'字，她就做到这种程度，无论从生活、工作、思想、待人接物、处理事情，没任何人能比。"

不留遗产，只留希望

1992 年 11 月 5 日，王承书的丈夫——中国科学院高能物理研究所原所长张文裕因病去世。他们夫妇二人在人生接近最后的日子里为身后事约定：不给儿孙留遗产，将全部积蓄捐赠给祖国的教育事业。张文裕去世后不久，王承书和他们的儿子张哲将存款中的 10 万元捐赠给希望工程用于改善贫困地区的办学条件，3 万元捐赠给张文裕的母校泉州市培元中学以奖励品学兼优的学生，余款全部交党费；张文裕的藏书则捐赠给了中国科学院高能物理研究所图书馆。当年的 10 万元堪称"巨款"。而张文裕所捐赠的 10 万元是自 1989 年开展希望工程以来接收的数额最大的一笔个人捐款。中国青少年发展基金会利用这 10 万元捐赠款在西藏日喀则地区萨迦县建设了一所"扯休乡文裕希望小学"。1994 年 9 月 1 日，"扯休乡文裕希望小学"作为萨迦县第一所寄宿制的完全小学正式开学。

在丈夫逝世两年后，王承书病逝。去世前她留下遗书：不要任何形式的丧事；遗体捐赠给医学研究或教学单位；个人科技书籍和资料全部送给三院（核工业理化工程研究院）；零存整取的 7222.88 元作为最后一次党费，其余约 10 万元积蓄全部捐给希望工程。

她在写给学生的信中说："我一生平淡无奇，只是踏踏实实地工作。至于说贡献，谁又没有贡献。而且为国家做贡献，是每一个公民的职责，何况是一个共产党员。"她还遗憾于"没有能做更多的工作，就已到了暮年，身体又不太好"。1994 年，王承书去世，杨振宁悼念她对祖国教育事业、科研事业、国防事业都有巨大贡献。有人说她"有权不会用、有钱不会花、有福不会享"，于她而言，这样的揶揄或许是另一个角度的夸赞。她的学生段存华（曾任轻工业部副部长）就曾说："她在乎这个吗？她最不在乎这个了。"

如同她的学生曾饱含热泪地说的那样，"我的老师，她是那种死后既有资格见马克思，又有资格见爱因斯坦的人。"

陈华癸

不达要求，宁缺勿滥

陈华癸（1914—2002），江苏昆山人。1935 年毕业于北京大学生物系，1939 年获英国伦敦大学哲学博士学位。曾任中国科学院武汉病毒研究所研究员、副所长。微生物学家、土壤学家，中国科学院学部委员（院士），中国农业微生物学的奠基人之一。

看完三个县再作报告

"做事讲目标而不做糊涂事；讲认真而反对敷衍、草率；讲质量而忌低劣。"陈华癸一贯坚持的求真务实作风，让学子受益终身。

1953 年，胡正嘉成为陈华癸的第一届研究生。他回忆说，一年暑假，陈华癸安排了研究生外出参观学习。"我们在无菌室练习接种时，陈先生在室外看着，发现我将接种环在酒精灯上随便晃动几下就接种。当我从接种室出来后，他当众严厉训斥我操作不规范、不认真。"可第二天早上，胡正嘉便收到了一张陈华癸写的致歉字条。"这件事让我终身受益，以后工作中，每当接种时我就会想起此事，指导学生时也会更加注意。"

华中农业大学喻子牛教授回忆说，陈华癸曾带领正在读研究生的他一起到农村调查紫云英种植情况。第一站到随县，他白天下田，夜访老农，指导检测紫云英的株高、根系多少和长短、结瘤数等，详细询问种紫云英的是新区还是老区、新区是否接种根瘤菌剂、老区复种了几年、水肥怎么管理等。第二站是当阳县，同样考察种植现场、开座谈会。当阳县领导一再请陈华癸作个报告，都被他婉言谢绝。陈华癸认为，在没有调查完之前，不能轻易下结论。直至第三站宜昌县调查完后，县领导邀请他作报告，他这才答应下来。

"把房子让给更需要的教师"

陈华癸一生勤俭务实，淡泊名利，平易近人。

20 世纪 60 年代，陈华癸下乡调研，县里的盛情款待，他都婉言谢绝，只要了一碗面。县里的工作人员过意不去，便给他做了一碗榨菜肉丝面，他却把"奢侈"的肉丝面分了一半给随行的学生。

陈华癸当选为中国科学院院士和担任华中农学院院长后，学校规定有小车可接送，可他轻易不专门用车，即使是有公事要用车，也尽量与其他领导"拼车"。有时等到很晚才回家，他说能替学校省一点是一点。

他的生活十分简朴，平日里就在食堂就餐，胃病

● 衣着朴素的陈华癸

犯了，就吃块饼干。原本他在学校有一套别墅，但他觉得空间太大，便换了一套小的，后来干脆退了，只与妻子住在武汉大学一栋老宿舍里，他说："把房子让给更需要的教师。"他生前最常穿的一件夹克的前襟上绣补了一个"OK"，不为别的，只为遮盖烟灰烫出的破洞……

不达要求，宁缺毋滥

1981年，华中农学院微生物学科获得国家首批博士、硕士学位授予权，陈华葵同时获得博士研究生导师资格，当年有五位学生报考陈华葵的博士研究生，陈华葵却一个都没有录取，因此未能名列国家第一批博士生导师，这是当时很多学者和教授努力争取的头衔。后来谈起此事，陈华葵说："宁缺毋滥，达不到培养要求的不能勉强招收，否则会误导学生、误导国家、误导社会，影响国家培养人才大计。"实际上，这是陈华葵一贯的原则和作风。

1979年，范业宽（曾任华中农业大学资源与环境学院教授）以笔试第一名的成绩成为华中农学院土壤农化专业第一个，也是陈华葵当年唯一的硕士研究生。他不知道的是，在录取名单公布之前，私下找陈华葵说情的人接踵不断，但陈华葵丝毫未受影响，坚持录取了范业宽。

学术刊物文章发表开始实行实名制后，陈华葵反对盲目地将知名专家和课题主持人列为文章第一作者，坚持研究工作的主要完成人和论文写作者应排在前面，因此常常在文章署名时把自己的名字往后移。

（部分故事改编自《陈华葵院士：丹心热血育桃李，科教报国谱华章》，《光明网》2024年9月11日）

马大猷

敢于对"大家"的理论说"不"

马大猷（1915—2012），广东汕头人。1936 年毕业于北京大学物理系，1940 年获得美国哈佛大学哲学博士学位。曾任中国科学院声学研究所研究员、副所长。声学家、物理学家和教育家，中国科学院学部委员（院士），中国现代声学的重要开创者和奠基人之一。

开创哈佛大学先例的中国留学生

在少年时代目睹祖国的积贫积弱后，马大猷便立下"科学救国"的信念。1936 年，马大猷获得北京大学理学学士学位，同年以优异成绩考取清华大学留美公费生。后来，马大猷仅用两年时间，就获得了哈佛大学文学硕士学位（1939 年）和哲学博士学位（1940 年），这在哈佛大学是没有先例的。求学期间，马大猷崭露头角，他被认为贡献了世界声学史上"波动声学的一个基本公式"，取得了令美国声学界瞩目的成就，这确立了他在现代声学研究中的地位。马大猷虽身在国外，仍心系祖国，不忘抗日，多次参加爱国华侨组织的"一碗饭运动"，为抗战和救济难民捐款。

博士毕业后，马大猷面对祖国山河破碎，工业基础薄弱，科研水平薄弱，迫切需要人才的现状，立刻踏上归途，返回燃遍抗

🏵 马大猷（右三）在西南联合大学

日烽火的祖国，选择任教于西南联合大学，实现教育救国的理想。在这样艰难困苦的岁月里，马大猷生活简朴，住在"望苍楼"前院大约 10 平方米的小屋里，屋内的陈设只有床、书桌、书架和盥洗用具。

马大猷为人正直，爱憎分明，面对国民党特务的袭击，他挺身而出，声称自己是西南联合大学工学院的负责人，严厉斥责对方并要求其立即离去。马大猷保护教学环境和师生安全的正义行为，受到学生们的爱戴和敬佩，也为学生们树立了榜样。

敢于对"大家"的理论说"不"

马大猷对待学术研究总是认真仔细，20 世纪 50 年代至 60 年代，他围绕国家发展"两弹一星"的战略目标，先后开展了核爆炸侦察和声学探测、大气层核爆炸的次声监测等一系列重要研究工作，为开拓中国现代声学事业打下了坚实基础。

马大猷即便在繁忙的科研事务管理中，也不忘保持对科学研究的严谨态度和求实精神。莫尔斯是 20 世纪上半叶最伟大的理论声学家之一，马大猷的导师亨特就是在莫尔斯的理论影响下，开始与学生们（马大猷和有"美国声学权威"之称的白瑞内克）作矩形室内的声衰变分析的。1989 年，马大猷就指出莫尔斯的室内声场经典简正波解中，应当加入代表直达声的一项，使其物理意义更加明确。对这个问题，马大猷似青年科学家一样尖锐直率，他批评莫尔斯的室内受迫振动理论"只有数学，缺少物理"。他认为，莫尔斯没有认真分析声源的作用，就贸然投入数学处理。实际上，他的批评不完全是针对莫尔斯，也是提醒更多只注意改进模型算法而忽略物理分析的青年学者。

不说客套话，只说心里话

1962 年 2 月，全国科学技术工作会议在广州召开。马大猷出于对国家大事的关心，在物理组的小组会上率先大胆发言，促成对知识分子的"脱帽加冕"。马大猷说出了大家的心里话，众人称赞马大猷的这一举动为"一马当先"。中国科学院党组书记张劲夫还在中国科学院的会议上表扬了马大猷，说他不说客套话，只说心里话。陈毅副总理在 3 月 5 日和 6 日，分别向会议代表宣布，要为知识分子"脱帽加冕"，也就是脱"资产阶级知识分子"之帽，加"劳动人民知识分子"之冕。

马大猷是一位治学严谨的科学家，也是一位出色的教育家。他一直十分关心科学教育事业，坚持理工结合的教育思想，注意培养青年学者的理论素养和动手能力。"有时看到一些科学家为引进日本产品还是德国产品而争论，我脸都红了。"这是马大猷的话语。他强调科学研究的原创性，他曾经说过："自然科学研究中，以创造性劳动取得的发明才是评价标准，科学只承认第一，不承认第二。"

即便在耄耋之年，马大猷也积极建言献策。他上书国家，呼吁要加强基础研究工作，全面实施创新驱动发展战略，不断提高我国的自主创新能力，为建设创新型国家而不断努力。

叶笃正

"我喜欢敢于和我对话的学生"

叶笃正（1916—2013），安徽安庆人。1940年毕业于西南联合大学地质地理气象系，1948年获美国芝加哥大学博士学位。曾任中国科学院大气物理研究所研究员、所长，中国科学院副院长。气象学家，中国科学院学部委员（院士），国家最高科学技术奖获得者，中国现代气象学主要奠基人之一，中国大气物理学创始人，全球气候变化研究的开拓者。

"生活水平高不是人生唯一的追求"

1945年，叶笃正赴美国芝加哥大学留学，师从气象学家、海洋学家罗斯贝（Rossby），开启大气动力学研究。在美国期间他发表了十余篇学术论文，其中最具影响力的当属博士论文《论大气中能量频散》。该文系统地研究了大气中波动的群速、相速和波长的关系，解释了一系列重要现象，发展了罗斯贝的长波理论。这项研究不仅几十年来广泛应用于短期和中期天气预报，而且推动了行星波动力学研究的发展。

1949年，叶笃正的《论大气中能量频散》一文在国际学术界引起了很大反响。美国气象局主管科研工作的威克斯勒（Wexler）博士几次与他联络，表明愿以年薪5000美元以上的高薪聘请他到华盛顿工作。面对如此丰厚的待遇以及优越的研究条件，叶笃正坚定地说："我是中国人，我要回祖国工作。"为了能够顺利回国，他几经辗转冲破各种阻力，终于登上归国的"威尔逊总统号"轮船。

1979 年，叶笃正率领中国气象学会代表团访问美国。他的美国同学卡普兰（Kaplan）教授私下问他是否后悔当初回国的选择。叶笃正回答："一点也不后悔。论文的多少不是衡量科学成就的唯一标准，生活水平高不是人生唯一的追求，有比它更重要的东西。我在中国培养了不少学生，和同事一起建立了中国大气物理研究所。"

为院所发展鞠躬尽瘁

1950 年 10 月，叶笃正回国后被任命为中国科学院地球物理研究所北京工作站主任。在赵九章所长的领导下，他与顾震潮、陶诗言等，在 1928 年建立的中央研究院气象研究所的基础上，筹建了中国科学院地球物理研究所气象学研究室，开始了创建中国气象研究的艰苦工作，领导和组织了当时国家急需和国际前沿的大气科学各领域研究，取得了许多重大研究成果。1966 年，叶笃正参与创建了中国科学院大气物理研究所。在他的带领下，大家团结协作，中国大气科学研究取得一项又一项创新科研成果，使中国科学院大气物理研究所不断发展、壮大。

1981—1992 年，叶笃正担任中国科学院地学部第四、五届常务委员会委员，在 1981—1985 年任中国科学院副院长。在担任院领导和学部领导期间，他积极推动了地学部相关学科建设，参与制定了系列学科发展战略，对国家科技发展和经济建设中的若干重大科技问题提出了咨询建议，为学部建设和发展做出了重要贡献。

作为杰出的科技管理者和战略家，叶笃正为中国科学院发展和学部建设倾注了大量心血与精力。他长期担任国内外学术组织的重要职务，培育了大

● 1981 年 5 月叶笃正（前排左一）出席中国科学院第四次学部委员大会

批地球科学领域的杰出人才，备受国内外同行的敬仰。

"我喜欢敢于和我对话的学生"

叶笃正一贯提倡认真、严谨的科学精神。他不仅以身作则，而且在学术上对学生要求严格，注重培养学生扎实的基础和严谨的学风。学生与他合作写的论文和著作，他都要修改多次，他反对论文中没有充分事实根据的结论，哪怕是论文和著作中的一些表述是否正确，他都要与学生反复讨论。并且，他鼓励学生要独立思考，敢于、善于提出与导师不同的学术观点。他曾说："我喜欢敢于和我对话的学生。他应该有自己的见解，敢和我说'不'，敢于向权威挑战。我的学生超过我，我才有成功的感受。"

1998 年，叶笃正将所获得的何梁何利基金科学与技术成就奖的 110 万港元奖金中的一半，捐给了中国科学院大气物理研究所，并以此设立了"学笃风正"奖。这一奖项不单用于奖励中国科学院大气物理研究所的青年科研人员，而且面向中国整个气象界，中国气象局、北京大学、清华大学等单位的很多青年学者都曾获得过该奖。2005 年，叶笃正荣获国家最高科学技术奖，他用获得的奖金设立了"全球变化科学奖"，以奖掖后学、培养人才和推动地球科学的发展。

应崇福

对"真"的坚守
伴随了他的一生

应崇福（1918—2011），浙江宁波人。1940 年毕业于华中大学物理系，1945 年获西南联合大学清华研究生院硕士学位，1951 年获美国布朗大学物理学博士学位。曾任中国科学院声学研究所研究员、副所长。物理学家、超声学家，中国科学院院士，中国超声学研究的奠基人之一。

回到祖国，开创我国超声学研究

1941 年，应崇福考入西南联合大学攻读物理学硕士学位。谈到在西南联合大学上学时的经历，他曾经描述为"苦中充满魅力"的岁月："在联大，我最大的收获就是学到了科学的学术思维方法……更重要的是，我学到了一种中华民族生生不息的精神！"

1948 年，应崇福前往布朗大学攻读博士学位。身在异国他乡的应崇福，认为唯有好好读书，才能报效祖国，才能做到"天下兴亡，匹夫有责"。在这种信念的支撑下，他学习异常刻苦，1951 年以全 A 的成绩取得了博士学位。应崇福毕业后，立即买好船票准备回国，却接到美国移民局禁止出境的通知，被迫滞留美国。他来到布朗大学丘尔教授的金属研究实验室，在这里与超声学结下了半生情缘。1955 年 4 月，美国开始逐步放松针对中国留学生的

● 1949 年，应崇福在布朗大学

离境限制，已成为助理副教授的应崇福谢绝了丘尔教授的多次挽留，放弃了国外的科研条件和生活待遇，于 1955 年 11 月 25 日毅然踏上了回国之路。他饱含深情地给丘尔教授写了一封长信："你大概知道，有一个国家叫中国，这个国家是我的祖国……如果像我们这样的人不回去，不去面对许多困难，那么还有什么人能够回去呢？"

应崇福在美国从事的是超声学狭窄范围的基础研究。回国后，应崇福面对国内超声学发展几乎是一片空白的情况，与同事们积极承担"两弹一星"相关的超声检测任务，同时还参与了《1956—1967 年科学技术发展远景规划纲要（修正草案）》声学部分的讨论，使超声工作成为 57 项国家重要科学技术任务之一。

严谨治学，大力培育人才

在学生的培养上，应崇福一直以严谨严厉著称。一名学生在选定论文题目时，涉及一种材料的磁导率，这名学生认为只是方案论证而并非真正的论文报告，没有必要为这个数据花费过多时间，就根据书上提供的相近材料的磁学参数，做了简要讨论就断然下了结论，认为该材料的磁导率"肯定"不会大于某某值。应崇福看了很生气，当着几位老师和同学的面，严厉地批评了他："哪来这么多'肯定'！凡事都要自己亲自去做，说话一定要有依据、有出处，不能想当然。你的思维方法有问题，回去马上做实验！"后来，这位学生按照要求补做了实验，实测到的数据确实与原来"估计"的有差别。有的学生的毕业论文曾被他用不同颜色的笔批注得密密麻麻，五次修改才得以通过。应崇福认真严谨、一丝不苟的做事原则，深深地影响了他身边的人。

应崇福在培养年轻人时，也非常注意创造机会让年轻人扩大影响，他鼓励学生在课题组发表的论文中署名，并在申报奖励时也列上学生的名字。应崇福还指导选派了一批学生出国进修，也常鼓励年轻人多参加学术交流。在参加会议前，他组织学生们试讲学术报告，并在报告的内容、次序、详略，以及语速、用语、手势、态度等方面，提出许多详细具体的意见，使报告的效果得到很大的改进。

❀ 应崇福（前排右三）与学生们在一起

对"真"的坚守，伴随了他的一生

无论是做科学普及还是做科学研究，应崇福始终都站在真理的一侧。

20世纪50年代末，超声一度被形容得"无所不能"，1961年还形成了推崇超声的"超声运动"。但是，在气势汹汹的"超声运动"面前，应崇福不配合，坚决不夸大超声的用处。到1961年底，为了恢复和推进超声的发展，应崇福公开发文做科普，实事求是地再次向公众讲述了超声的应用和原理。

回想起这段历程，著名声学家、物理学家马大猷曾感叹："崇福同志可谓真科学家。"

对"真"的坚守，伴随了应崇福的一生。1991年，中国物理学会成立"科学家谈物理"编委会，一向热心于科普的应崇福受邀写了一本介绍超声学的小册子《超声和它的众多应用》。在书中，应崇福毫不避讳地分析了超声作为应用手段的弱点，把超声学的学科发展直观严谨地展现给公众。

1998年6月，中国科学院和中国工程院发起的一项跨世纪科普出版工程"院士科普书系"启动，"院士科普书系"编委会正式成立。应崇福从当年秋天开始收集材料，次年又集中在半年时间里夜以继日地写作。2002年，《我们身边的超声世界》一书最终出版，这本书的书稿，从手写版到打印版，数易其稿，反复修订，从中足以看出应崇福对于科普工作的认真程度。

（部分故事改编自倪思洁、刘逸杉、闫玮丽：《应崇福：做燃到最后依旧笔挺的烛芯》，《中国科学报》2023年12月28日）

汤定元

科学研究必须
讲科学道德

汤定元（1920—2019），江苏金坛人。1942 年毕业于中央大学物理系，1950 年获美国芝加哥大学物理系硕士学位。曾任中国科学院上海技术物理研究所研究员、所长。物理学家，中国科学院学部委员（院士），中国半导体学科和红外技术学科创始人之一。

科学研究必须讲科学道德

汤定元敢于直言，针砭时弊。1981 年，他在《九三上海社讯》上发表的文章，指出了当时科技规划和科学管理中存在的系列问题。1982 年，他在发表的《科学研究必须讲科学道德》中指出，研究所要出成果和出人才，需要有良好的组织管理，需要一套能防止或解决共事者之间矛盾的行为规范，即科学道德规范。1986 年，他给国家自然科学基金委员会的负责人写信，指出基础研究的重要性，领导同志要真正了解科学与工农业生产的关系，了解基础研究的作用，要把科研经费放在受重视的地位。

面对科学界发生的抄袭、造假事件，汤定元赞成"重罚"："要有严格的监督制度，谁一造假马上就会被发现，然后采取严厉的处罚措施，才能渐渐杜绝这种不正之风。"不过，在重罚之外，更关键的是调整心态。他认为：

"这些抄袭、造假，有些是利益驱使，有些也是因为急求成绩。其实，科学是靠积累的，不是一下子就能出成绩，尤其中国科研领域的底子薄，别动不动就讲要超越式发展，得一步步来。"

奖金捐给教育事业，是最好的安排

2002年10月，汤定元获得了何梁何利基金科学与技术进步奖。10月15日，他赴京参加颁奖典礼，将所得奖金20万元悉数捐献给他青少年时的母校——江苏省华罗庚中学，并入华罗庚奖学金。汤定元生活朴素，家庭并不富裕，获奖时他的儿子正为买房准备贷款，但他没有把这笔奖金留给自己和家人。相比于自己的"小家"，他想到的却是最需要这笔钱的"大家"，即那些和他青少年时期一样，一心求知向上但家境贫寒的学生。能为中国优秀青少年的培养出点儿力，为国家各项事业发展所需要的人才洒水育苗，他觉得更重要。

汤定元捐款的事得到了家人的支持，他并没有将捐款的事情告诉其他人，但是消息还是不胫而走。当时有人问汤定元："不留给儿子买房吗？"汤定元淡淡地回答："我认为这是最好的安排。"大家对他的这一举动无不为之感动。事实上，这并不是他第一次为教育事业捐款，此前他已多次为希望工程捐款，还曾为我国西部地区捐赠了一个"希望书库"。

出国的目的，是深入做好研究工作

汤定元两次获评"教育部全国优秀博士学位论文导师"，五次获得中国科学院"优秀研究生导师奖"。他培养了许多学生，其中一位当选中国工程院院士，一位当选中国科学院院士。在学生眼中，汤定元是"一代宗师"。汤定元教导学生，要将个人成长和事业成功同祖国发展紧密联系在一起。在

● 汤定元（左二）在
实验室与学生交流
工作进展

他培养的一位博士即将启程赴德国进行博士后研究时，汤定元曾勉励他："此番德国之行，一是要多为自己的国家作出贡献；二是铭记出国的目的是更深入地做好研究方向的工作。"

汤定元在科学研究和培养年轻人成才的过程中主张格物致知、学以致用的理念；非常注重讨论和启发式教学；主张要为科学家的成长营造一个宽松的研究环境，不要急于求成，而要"养"一点科学家。他认为研究所要为年轻人的成长提供"土壤"，有了"土壤"还要有环境，这个环境要允许其失败，使一些即使经历过挫折与失败的人也有勇气继续奋进，从而形成一种自由探讨的浓厚的学术气氛。

汤定元不仅对自己所带的研究生悉心培养、精心指导，对遇到的年轻人的培养也不遗余力。汤定元来中国科学院上海技术物理研究所工作时，相当多的研究工作者对红外技术不太了解，他便为大家讲授红外技术的物理基础课，每周一次，连续讲授了半年多。"文化大革命"期间，他为分配到研究所的工农兵大学生开设物理基础课程和半导体专业课程，并从中发现了可造之才。

纯粹的学术风骨

学术界应当有学术界的规则，科学家应该有科学家的风骨。这是郭慕孙一生坚持的信念。郭慕孙在处理所有与学术相关的问题时，都纯粹用学术原则去处理，决不搞任何违规的事情，对奖励和荣誉也从不去争取。他认为，一个人的成就和贡献应该是被大家认可的结果，而不是自己索取的。2008年，他被美国化学工程师学会评选为"化学工程百年开创时代"50位杰出化工科学家，成为唯一获此殊荣的中国学者。事前他毫不知晓，事后由母校普林斯顿大学告知他，他才得知。他认为，所有评审（被评或评别人）的唯一标准是学术。"拉关系""走后门"这样的事，在他的一生中是没有的。他在申请项目时，从来不会找人帮忙，唯一做的是自己下功夫准备材料，一丝不苟、精益求精；评价别人的项目时，仔细审阅材料，做出独

郭慕孙

科学家应该有
科学家的风骨

郭慕孙（1920—2012），出生于湖北汉阳，祖籍广东潮州。1943年毕业于沪江大学化学系，1947年获美国普林斯顿大学硕士学位。曾任中国科学院化工冶金研究所所长。化学工程学家，中国科学院学部委员（院士），中国流态化学科的奠基人，颗粒学的开拓者。

立的判断，反对"打招呼""拉关系""走后门"，从不搞"人情票"。即使为别人写推荐信也是实事求是，从不夸张。熟悉郭慕孙的人都知道，他一生倡导"一步一个脚印"，欣赏踏踏实实干实事的人，对投机取巧、耍小聪明的行为甚为反感。

罕见的严谨认真

查阅郭慕孙的档案，翻开他改过的文章，人们都会为之赞叹。他为研究生修改的文章，送去时那些零散的内容和图表，经过他字斟句酌、密密麻麻的修改后，返回时已成为一篇字句规范、图表清晰、逻辑严密的流畅文稿。有时因改动太多，他担心学生看不清楚，便会把修改后的文稿自己打印出来返回给学生，字里行间体现出严谨认真、对学生高度负责的态度。1986—1997 年，郭慕孙曾担任国际期刊《化学工程科学》（*Chemical Engineering Science*）的编委，在这期间他处理过无数的稿件，每一篇文章都经过他反复认真的修改，直至达到他认可的水准，才送给审稿人审查。经他修改的稿件，有的达 11 稿之多。郭慕孙用自己严谨的学者风范和长年累月一点一滴艰辛的劳动，赢得了国际学术界的广泛赞誉和尊重。学生李洪钟记得恩师常说的一句话是："你满意不满意？你认为满意了再给我。"他与别人合写的论文总是要几易其稿，有的修改到第 7 稿、第 8 稿才投出去。他常告诫自己的学生，写好的稿子一定要做到自己满意后再送出去。与郭慕孙一起参加过学术活动的同志，都会看到他认真做笔记的情形，无论谁作报告，报告的要点、内容，郭慕孙都记载得清清楚楚，从不含糊，并严格归档，直到去世，无一例外。

致力青少年培养

郭慕孙发起并成立了中国颗粒学会。1994 年他将所获何梁何利基金科学与技术进步奖 10 万港元奖金全部捐给中国颗粒学会，设立了"青年颗粒学奖"以奖掖后学。李洪钟记得，恩师把各种奖金分文不取地作为基金，交由自己管理，全部用来补助生活困难的学生。中国科学院化工冶金研究所人事教育处原教育负责人艾菁回忆，郭慕孙虽年事已高，仍不辞辛劳，免费为研究生开设了科技英语写作讲习班，共举办了 8 期，用学员自己的论文作为授课教材，实行一对一小班授课，听过他授课的研究生都深感受益匪浅。

2008 年，得知汶川地震的消息，郭慕孙、桂慧君夫妇让身边工作人员将 1 万元匿名汇给中华慈善总会，备注里明确注明用于灾后学校重建。郭慕孙还热心青少年科普工作，潜心"几何动艺"的制作与推广。他在北京市第二中学建立了"郭慕孙几何动艺实验室"，在学校和家中给学生们授课，希望启迪青少年的科学探索精神，提高他们的实验动手能力。

✸ 2005 年郭慕孙（前排左二）与第四届科技英语写作讲习班成员合影

"物尽其用" 是他的理念

  帮助郭慕孙整理资料档案的赵兰英回忆，郭慕孙在工作中"物尽其用"的理念处处可见，无论是他的手稿，还是他已发出的信件，作为存档的复印件，都是复印在一些废纸的背面。经他编排的版面，能用一张纸安排的素材决不用第二张纸，这是他的习惯。郭慕孙说："这样做不仅能节省纸张，也便于别人阅读。"郭慕孙经常打电话让赵兰英去家中取要发往国外的信，总是反复叮嘱哪些信是公函，哪封是私信，同时一直坚持给现金作为私信的邮资。郭慕孙、桂慧君夫妇平时衣着朴素、餐食简单，反对铺张浪费，不多的几套正装一般是参加院士大会和国内外重要学术活动时才穿。

陈家镛

关心爱护学生，
严谨自律示人

陈家镛（1922—2019），四川金堂人。1943年毕业于中央大学化学工程系，1951年获美国伊利诺伊大学博士学位。曾任中国科学院化工冶金研究所研究员、副所长。湿法冶金学家、化学工程学家，中国科学院学部委员（院士），中国湿法冶金学科奠基人之一。

解决国家难题，投身湿法冶金

东川铜矿是我国大型铜矿区，铜矿中的硫化铜矿经过浮选后，可以富集于铜精矿，但尾矿尚难回收，堆积成坝，损失了实在可惜。为解决这一国家紧迫的难题，学化工出身的陈家镛投身湿法冶金工作，带领同事开始对回收东川尾矿中的铜进行技术攻关，用氨浸取回收尾矿中的铜。安震涛曾回忆，陈家镛带领科研人员在中关村进行小型试验和中间试验，打通了氨浸流程，克服了蒸汽锅炉供气不足只能晚上试验、噪声巨大的车间里协同试验喊哑嗓子、氨水呛人热浆喷溅试验难以进行等重重困难。

试验结果得到专家肯定后，冶金工业部随后决定在东川建立日处理量为10吨的氨浸扩试车间。1961年起先后派杨守志、尤彩真、黄勤福、安震涛、蒋继强、范正、夏光祥等同志去东川工作，组织各系统工程设备的安装调试，这是我国第一次利用加压氨浸技术回收铜。1962 年 10 月，陈家镛在东川对全部流程设备进行仔细检查，而后给技术人员讲课。他在黑板上写了一个公式并告诉大家"每个人有知道的和不知道的"，意思是要大家相互之间认真学习，戒骄戒躁。因为湿法冶金在国内还处于刚刚起步的阶段，任重道远，所以他对大家提出了严格的要求。由于当时正处于困难时期，粮食供应不足，现场的同志只能挖野菜、刨土豆充饥，土豆吃多了脑袋疼。他将东川矿务局向上级申请特批的白面、猪肉、香烟贡献出来，让大家的生活得到稍许改善。他带领大家顺利完成了日处理 10 吨矿石的中试，撰写了《东川汤丹尾矿连续浸取报告》《东川汤丹原矿氨浸取报告》，1964 年底项目通过云南省冶金局的鉴定，日后又建成了日处理量为 100 吨的矿石中试车间。

❀ 1962 年在东川开展化工冶金工作的陈家镛（前排中）与安震涛（后排左一）等技术人员合影

关心爱护学生，严谨自律示人

1978 年，陈家镛恢复招收研究生，除了在学术上悉心引导，也十分注重科研道德的熏陶。每位学生学成回国，他在生活、工作的方方面面都给予无私帮助，想方设法解决学生的后顾之忧，希望学生们更好更快地成长，以报效祖国。比如，1989 年他带领刚回国的毛在砂一起指导化学工程博士生，参加中国石油化工总公司的滴流床重油加氢项目研究工作，师生由此一起合著论文许多年。后来他们虽然不在共同的项目里，但对液液萃取体系中液滴传质速率、气液固三相接触线，以及它们的水平集方法数值模拟等学科基础性问题，仍然共同关心、念念不忘。

陈家镛始终认为，作者必须对论文有实质贡献，熟知其内容，并对论文负责，所以他从不在论文上随便署名。由此他在科学和工程研究中洁身自律的严谨态度可见一斑。

既教授科研方法，又传习如何做人

陈家镛的学生毛慧华认为，在先生那里不仅学到了专业知识和探索创新的方法，更重要的是学会了如何做人做事做学问，主要包括孜孜以求的精神、开放包容的理念、严谨治学的态度、实事求是的作风、积极乐观的心态、平易近人的风格。陈家镛经常慷慨解囊帮助身边的同事和学生。2008 年有位老同事因为肾衰竭住院，家庭不堪重负。他得知后让身边工作人员送去8000 元以解燃眉之急，还积极帮忙寻医问药，老同事家属感动万分。他和妻子刘蓉平时就是一荤一素，清粥咸菜，生活极简，平时常穿的就是衬衣、夹克。工作人员帮他整理衣物时发现居然还有二十多年前买的的确良衬衫，他觉得还能穿不舍得丢。

陈家镛的学生孟锡泉一直记得出国前恩师对他讲的几句话："小孟，你出去做博士后，也是继续训练你的科研思维和动手能力，不要刻意地把自己限制在所谓的课题领域里。你终究是要独立做事的，要把你学习到的技能用在新的问题和新的课题中去，需要继续学习、提高。将来你干什么都不重要，重要的是要用你的脑子做事，要做可以帮助到别人的事情。"

戴立信

大力倡导科研道德和学风建设

戴立信（1924—2024），出生于北京，祖籍江苏句容。1947年毕业于浙江大学化学系。曾任中国科学院上海有机化学研究所研究员。有机化学家，中国科学院院士，主要从事金霉素的提取和合成、有机硼化学、金属催化的不对称合成等研究。

科研管理的"润滑油"，一心为公的"螺丝钉"

戴立信自20世纪60年代起投身于科研组织工作。当年老三室的同事徐元耀称赞戴立信是中国科学院上海有机化学研究所各个部门和实验室间的"润滑油"。常年的组织协调工作也让戴立信深知科研资源的宝贵和稀缺，因此在分配和使用这些资源时总是慎之又慎。1984年重返科研一线岗位后，戴立信以"在学术上，不是唯人，不是唯名，在学术上标准只有一个，那就是科学，就是求是"和裘法祖先生的"做人要知足，做事要知不足，做学问要不知足"为座右铭。

他从不谋取私利，始终遵循着集体利益为先的原则。当时所里条件处为了支持戴立信的科研工作，为他的实验室配备了一台全新的高压液相色谱仪，戴立信得知还有其他课题组的研究急需这台设备后，便慷慨地将设备转让出去。后来，这台高压液相色谱仪在生命有机色谱实验室开放使用，很多课题组受益匪浅。

戴立信的工作经历正如他自己所说的："在我们成长的时代，我们习惯于把自己看作一颗螺丝钉，党把我们拧到哪里，就在哪里干。"正是秉持着这份精神，无论是科研管理工作，还是科学研究，他都将其做到了"极致"。

不谋私利，多次捐款

戴立信在上党课时，总是以汪猷等优秀共产党员的事迹为例，劝诫身边人要秉持中共党员的初心和信念，号召大家学习先进人物不谋私利的精神。戴立信是这样号召大家的，他自己也是这样做的。2003年，由戴立信大力推动，经中国科学院批准，中国化学会设立了"黄耀曾金属有机化学奖"，该奖运作至2023年的这二十年里，戴立信捐款总金额达110万元，以资鼓励在金属有机化学领域取得优秀研究成果的科学工作者。

2023年戴立信为希望工程捐赠100万元，用于支持内蒙古自治区和新疆生产建设兵团的两所中学建设"小平科技创新实验室"，分别涉及无人机和虚拟现实领域，希望为国家培养早期科技人才做出实质性的贡献。戴立信的女儿戴敬也在父亲的品行和善德的影响下，资助了十几名甘肃山区的贫困孩

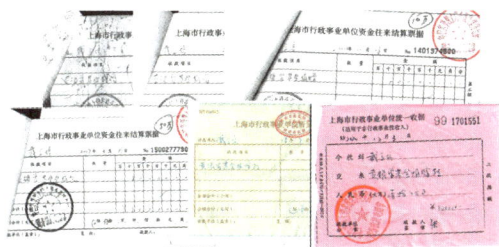

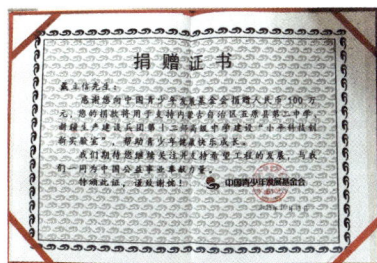

🔹 戴立信为"黄耀曾金属有机化学奖"捐款记录　🔹 戴立信向希望工程捐款的捐赠证书

子，其中的两个小朋友已由小学生成长为自信优秀的大学生。

大力倡导科研道德和学风建设

戴立信积极参与社会以及与科学有关的各项活动，致力于推动对年轻研究者、大学生乃至中学生的科学素养的培养，在多种场合特别强调了科学道德和学风端正的问题。

2007年3月，他联合上海其他20位中国科学院院士和十多位中青年科学家呼吁：严厉抵制科研不端行为。

他在分析了国内外各类科研不端行为的案例后，提出了两点建议：一是即便投诉人没有真实署名，只要投诉的问题有明确涉嫌科研不端行为的事实依据和理由支持，就应该受理并进行调查；二是对于认定有科研不端行为的事情，要坚决处理，让学术造假人身败名裂。

2012年12月，在上海有机化学研究所举办的关于科研道德和学风建设的专题报告会上，戴立信又围绕科学诚信和社会责任作了精彩报告。他讲述了发生在身边的一些案例后指出，科学飞速发展的今天，学术不端和科学不诚信行为依然存在，警示科研工作者不要触碰科研道德的底线，要做一个脚踏实地的科研工作者。戴立信指出，诚信是科研道德的根基，好的社会环境是规范科研道德的良药。他还与大家分享了《科研道德：倡导负责行为》《科研诚信：负责任的科研行为教程与案例》两本很好的科研道德教材，呼吁每一位科研人员都要守住自己的道德底线，为创造纯洁美好的科研环境而努力。

戴立信总是讲要注重传承，而这种传承并不只是知识技能的传承，更多的是对科学精神和科学优良传统的延续。他曾说过："我常常怀念曾经如同烛炬般指引我科研道路的有机所老一代先生们。他们求实、求真的精神才真正担当得起德才双馨之誉。我认为，这是一个科研工作者的最高境界，也是我一生所追求的目标。"戴立信用他的实际行动始终实践着这一人生追求，他也希望这种传统能够在年轻学者和学生中得到传承。对此，除了在指导研究生的过程中言传身教，他还通过各种公开的渠道，通过介绍科学家的研究经历，弘扬老一代学者的道德风范，着眼于青年学人的道德传承。

（部分故事改编自朱晶、宫维明：《合成之美：戴立信传》，中国科学技术出版社 2017 年版）

张存浩

一身浩气天地存

张存浩（1928—2024），出生于天津，祖籍山东无棣。1947年毕业于中央大学化学工程系，1950年获美国密歇根大学硕士学位。曾任中国科学院大连化学物理研究所所长。物理化学家，中国科学院学部委员（院士），国家最高科学技术奖获得者，中国高能化学激光的重要奠基人，分子反应动力学的创始人之一。

淡泊名利，甘为人梯

张存浩在取得科研成果或获得重大奖励时，总是把最大的功劳归于工作在第一线的合作者、下属和学生。在张存浩荣获的4项国家自然科学奖和2项国家科学技术进步奖中，他排名第一的只有1项。他的学生解金春博士回忆道："获首届吴健雄物理奖的那篇论文，张先生排我为第一完成人，把自己排在最后。如果换了别人处理这类事，导师把自己排在第一位，可能也是理所当然的。"中国科学院院士沙国河也曾在文章中写道："张存浩先生非常重视对青年人的培养，这点我有特别深切的感受。他处处将青年人往前推，为他们挑重担。1962—1963年，我刚毕业几年，就推荐我去中国科学技术大学教燃烧与爆轰课。1998年，我们以'双共振电离法研究激发态分子光谱和态分辨碰撞传能'项目申报国家自然科学奖（这项研究获1999年国家自然科学奖二等奖），这个工作都是在先生的指导下完成的，但报奖时，他把我和其他青年人往前排，把自己排在后面。"

2010 年，大家曾建议张存浩申报国家最高科学技术奖，他当即回绝。2011 年 1 月，时任中国科学院大连化学物理研究所副所长的李灿代表所班子看望张存浩时，告诉他，所班子已经决定推举他作为化学激光和分子反应动力学团队的代表申报国家最高科学技术奖，张存浩才勉强服从了所班子的决定。2014 年 1 月，张存浩荣获国家最高科学技术奖，在接受中央电视台采访时，他谦虚而真诚地说："我认为这个奖不该颁给我个人，而是应该授予我们的集体，没有他们，我是什么都做不了的。"

卑以自牧，大公无私

张存浩对同行、同事和下级尊重且谦逊，每当有人到他家中商讨工作时，不管来人级别高低，即使是学生去汇报工作，张存浩每次都是在门口亲自迎接，从不安排秘书代劳。

中国科学院大连化学物理研究所王秀岩研究员回忆说，时任研究所学位委员会主任的张存浩主持他的博士论文答辩会时，现场人很多，他有些紧张。张存浩发觉后，亲自走到讲台，面带微笑地为他倒了一杯茶水，让他平静下来，并请记者调整了一下灯光，又帮他重新调整好投影仪，使得答辩顺利进行。中国科学院大连化学物理研究所陈方研究员回忆说，1971 年在安装防爆钢板时，他不慎脚趾受伤，张存浩知道后坚持让他去医院，并亲自去他家里，将他从四楼一直背到医院，看病后又一路将他背回四楼。

张存浩对下属、同事十分关心和爱护，经常帮扶他人、捐助物资。1961年冬，中国科学院大连化学物理研究所派沙国河到中国科学院光学精密机械研究所取仪器。当时正值国家困难时期，冬天的长春很冷，临行前张存浩给了沙国河五斤粮票，要知道，当时的粮票是用钱也买不来的。

1997 年张存浩将在香港等地讲学得到的近 10 万元酬金捐献给中国科学院大连化学物理研究所，研究所为此设立了"张存浩奖学金"；2002 年他将获得的何梁何利基金科学与技术进步奖奖金 10 多万元再次捐献给中国科学院大连化学物理研究所，全部用于"张存浩奖学金"。2014 年初，张存浩获得 2013 年度国家最高科学技术奖，他把其中 450 万元作为中国科学院大连化学物理研究所的科研项目经费，其余的则全部分给了同事们，自己一分钱也没要。

诚信治学，浩气长存

张存浩曾明言：学术反腐是一种治学的态度。

针对科学界学术不端、不讲科研诚信的现象，张存浩利用各种场合大声疾呼，在参加全国政协会议期间，也提出意见和建议。在张存浩的呼吁下，1998 年，国家自然科学基金委员会监督委员会成立。这对于坚持和维护"依靠专家、发扬民主、择优支持、公正合理"的评审原则，抑制和打击在科学研究和科学基金中的一切形式的不正之风及弄虚作假行为，倡导实事求是、不断创新的作风和科学态度具有深远意义。

1999 年底，张存浩被任命为中国科学院学部科学道德建设委员会副主任。他向中国科学院领导班子和中国科学院学部科学道德建设委员会领导班子积极倡议，于 2001 年邀请陈建生、丁国瑜、戴汝为、杨乐等近 30 位院士，在北京举行了"中国科学院学部科学道德建设座谈会"，群策群议，献计献策，向学术不端行为宣战。举行大规模的座谈会研讨科学道德和学风建设问题，在中国科学院学部历史上还是第一次。

张存浩曾经撰文《欣欣向荣的中国科学呼唤完善的科学道德》："科学

● 张存浩在中国科学院作中国科学院学部科学道德建设委员会工作报告

道德建设和科学事业的发展紧密相连，捍卫科学的荣誉是科学工作者神圣的责任。在全社会的认真参与下，中国科学界有决心、有信心建立起更为完善的科学道德体系。中国的科学界，一定会对世界文明和人类福祉做出更大的贡献。"

周光召

院士要成为净化社会风气的先锋

周光召（1929—2024），出生于湖南长沙。1951年毕业于清华大学物理系，1954年于北京大学研究生毕业。曾任中国科学院理论物理研究所所长，中国科学院院长、党组书记。理论物理学家、粒子物理学家，中国科学院学部委员（院士），"两弹一星功勋奖章"获得者，在粒子物理理论和核武器理论研究方面有开创性贡献。

献给家乡母亲的"军功章"

1999年9月18日，周光召被授予"两弹一星功勋奖章"。

周光召心系故乡，特别重视家乡的教育发展。2003年12月7日，周光召将他一生中最珍贵的东西、凝聚了他毕生心血的"两弹一星功勋奖章"捐赠给了宁乡一中，激励家乡学子奋发图强、矢志报国、勇攀科学高峰。在捐赠仪式上，他说："'两弹一星功勋奖章'代表的是几十万人为了一个共同目标，经过长期奋斗的结果，对科研人员而言，确实是个沉甸甸的荣誉，于我而言，就是我的军功章。与其将奖章自己收藏，不如将其赠给一个单位，鼓励后人传承'两弹一星'精神，为祖国的科研事业作出贡献！"他通过一个故事，讲述了自己捐赠奖章的缘由："农村的一位母亲，在送他儿子上前线的时候，她说她最希望得到的是什么，就是这个儿子把他的军功章寄回

🔹 2003 年周光召（右）向宁乡一中捐赠"两弹一星功勋奖章"（宁乡一中供图）

来。"周光召还说道："我相信宁乡的父老和这位母亲的意愿可能是一样的，所以，我就决定把我这一生最珍贵的、所得到的奖章，拿回来贡献给宁乡，来回报宁乡父老对我的厚爱。"奖章现珍藏于宁乡一中校史馆，并专设"周光召院士两弹一星功勋奖章陈列室"，激励着宁乡一中一批批青年茁壮成长。

院士要成为净化社会风气的先锋

20 世纪 90 年代初期，中国科技界出现了一些急功近利、急于求成的不良现象，违背科学道德、违背科研诚信的行为时有发生。为此，周光召在多次讲话中提出，院士在科研工作中不能急于求成，要坚持严肃认真、一丝不苟的科学态度和方法，以高质量和高效益赢得国际竞争和世界的认可。周光召强调科学家和院士的社会责任，呼吁院士成为净化社会风气的先锋。他提出，院士不仅要在学术上追求卓越，更应在道德和社会责任上发挥表率作用，引领良好的社会风尚。周光召认为，科学家应当以身作则，弘扬科学精神，抵制不良风气，为社会的进步和文明建设贡献力量。

周光召关心院士制度的改革是一贯的。他在担任中国科学技术协会主席后，依旧关注着院士制度的改革工作。他指出："现在一个大学的院士多，申请到的863、973项目也会相对较多，在社会上就有较高的地位。所以有些校长千方百计地争取学校里的教师能成为院士。在这样的过程中就容易产生很多问题，如违反科研规律、对院士候选人过度'包装'等。"2005年，周光召在一次"院士圆桌会议"上提出，科学界本应提倡人人平等、不畏权威，"院士崇拜"不可过度。

周光召在不断呼吁院士加强自律的同时，也积极促进院士队伍内部采取措施，强化对科学道德与学风的教育、监督和治理。

1994年，在中国科学院学部联合办公室（中国科学院院士工作局前身）工作会议上，周光召强调，院士要成为科技界坚持严谨、严肃、严格的科学态度和实事求是作风的榜样。

1995年，在周光召的支持下，中国科学院学部联合办公室首次召开"科学道德建设座谈会"。与会的数十位院士一致赞同要严格自律，带头抵制不正之风，支持学部主席团加强制度建设和组织建设，完善学部的科学道德建设。

1996年，经周光召、朱光亚等倡导，中国科学院学部主席团和中国工程院学部主席团联合发出《做物质文明建设的先锋，当精神文明建设的表率》的倡议书。随后，在周光召的主持下，中国科学院学部主席团决定设立中国科学院学部科学道德建设委员会。在他的建议与大力支持下，制定《中国科学院院士科学道德自律准则》，以指导并推动院士的精神文明建设。中国科学院学部科学道德建设委员会是我国重要科学团体中较早产生的科学家自我约束的组织，在社会上产生了重要影响。

正是由于周光召的大力坚持，学部主席团不断加强院士群体的思想、道德、组织建设，加强院士队伍的科学道德与学风建设，使当时存在于院士队伍的不正之风得到一定的遏制。周光召还对院士增选工作的进一步科学化、规范化提出了一系列的要求。

始终以院士行为规范严格要求自己

周光召在从事管理工作期间，更是以身作则，始终以院士行为规范严格要求自己。他不仅在治学中作风严谨，在院士增选中也是严格按照标准，不徇私情，他从未有过向中国科学院学部联合办公室示意关照中国科学院院内的院士候选人的状况。他一再要求，领导者一定要有很高的精神境界。他是这样要求别人的，也是这样严格要求自己的。

周光召除了在学术造诣、领导能力上令与他合作过的每一位科学家敬佩以外，他的人格魅力更使他人仰慕不已。他虽然身居高位，且是一位科学大家，但在与他人打交道、参加会议讲话的过程中，没有一点官话、套话。在与科研人员进行沟通时，他平易近人、为人诚恳、平等待人，给他人的感觉是没有一点官架子。

郑儒永

"科研工作者，最应该习惯的就是吃苦"

郑儒永（1931—　），广东潮阳人。1953年毕业于华南农学院。曾任中国科学院微生物研究所研究员。真菌学家，中国科学院院士，致力于真菌系统的合理化与完善，研究小煤炱目（Meliolales）、白粉菌目（Erysiphales）和毛霉目（Mucorales）等真菌多年。

四年冷板凳，奠定科研基石

1953年，郑儒永从华南农学院毕业，进入中国科学院植物所真菌植病研究室（中国科学院微生物研究所前身）工作，师从著名真菌学家戴芳澜教授。她的第一个任务不是前沿课题，而是一项最基础的工作：整理真菌标本。这项任务枯燥而繁重，是不折不扣的科研"冷板凳"。可郑儒永却耐得住寂寞与辛劳，四年间整理了上万份标本，还利用业余时间不断学习精进。这段默默无闻的时光，让郑儒永积淀出扎实的专业根基。在正式开展科研工作以后，郑儒永在真菌系统的合理化与完善等领域取得了一系列突破，对中国白粉菌目的有关属种以及全世界范围内白粉菌目的所有属的全型进行了详尽的研究。

在众多真菌研究中，毛霉菌的研究难度较大。郑儒永却知难奋进，进入了这个复杂的领域。她说："每个人不能只挑拣简单的

● 1953 年郑儒永（左）与
戴芳澜（右）在实验室

工作去做，而且简单的工作，既然简单，别人或者前面的研究者一定有了比较成熟的工作结果，再去做就没有价值。作为祖国培养的科研工作者，在科研工作面前不能挑挑拣拣，要知难而上，面对艰苦的工作要迎头挑起重担，要选择有一定困难的相对不那么容易的工作来做，这样不仅会锻炼自己，也会做出一定的成绩，不辜负国家的培养。"

"科研工作者，最应该习惯的就是吃苦"

真菌的研究离不开显微镜，郑儒永一生的大部分时间都伫立在显微镜前，专心致志地做研究。然而，因为常年忘我地工作，郑儒永被医生检查出骨质疏松和腰椎半滑脱症。为了治病，2004 年，医生在她的脊柱上"钉上"钢柱和钢钉，还带来一个坏消息：从此以后，她每天最多只能坐 1 小时，其余时间最好卧床休息或者站立。此时，郑儒永已经 73 岁高龄，本可以选择回家休养，但她放不下所热爱的科研事业，毅然选择回到实验室，回到显微

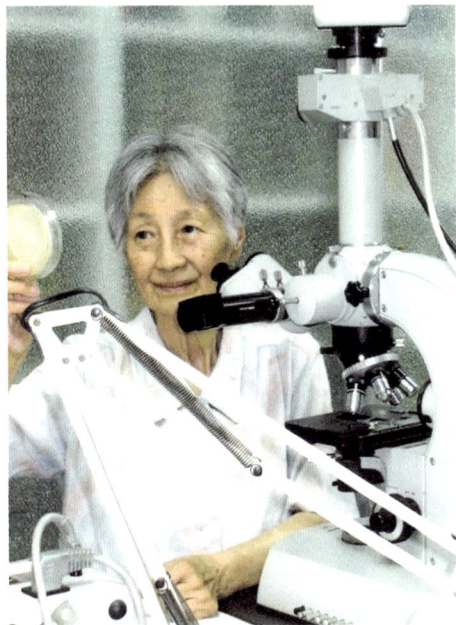
● 郑儒永在显微镜旁工作

镜前站着工作，每天站8小时。这一站竟站了15年。

郑儒永却不觉辛苦。她认为："科研工作者，最不应该害怕的就是吃苦，最应该习惯的就是吃苦。"在身体抱恙的情况下，郑儒永仍然坚守在科研一线。除此之外，她还悉心培养了数十位硕士研究生、博士研究生、博士后等，为我国真菌学领域输送了大批优秀人才。而对同领域的青年研究者和后辈，郑儒永也不厌其烦地为他们审改文章和项目报告，解决科研难题。以"化作春泥更护花"的精神，传播科研经验，托举优秀人才。

对自己吝啬，对他人慷慨

郑儒永大学毕业时，家人准备送她出国深造。但她深知，当时国家的科研事业正处于起步阶段，急需各类人才。因此她放弃了可能带来更好学术资源和物质条件的留学之路，选择留在国内，服务祖国。郑儒永出身名门望族，家境优渥，父亲郑铁如曾任中国银行香港分行经理。可郑儒永却一生简朴，哪怕在成为院士以后，她也继续过着纯粹简单的生活，不仅自己做衣服，还多次拒绝额外的报酬。这种清廉的精神被她归因于自己的父亲："我父亲廉洁得不得了，也'迂腐'得不得了。我可能遗传了他的这些特点吧。"

郑儒永虽然对自己吝啬，对他人却非常慷慨。2019年，她与丈夫黄河研究员，将毕生积蓄150万元捐赠给中国科学院大学，成立"郑儒永黄河奖学金"，用于激励青年科研工作者。谈及设立奖学金的目的，郑儒永说："就是想（激励）青年投身科研，不负时光，努力向上！"

郑儒永曾说："国家培养了我，中科院（中国科学院）培养了我，我要为国家再作一点贡献。"从默默无闻的标本整理者到享誉国际的真菌学家，郑儒永用一生的坚守与奉献，诠释了什么是真正的科学家精神。

淡泊名利篇

王应睐

"我只是一名组织者，我不是研究者"

王应睐（1907—2001），福建金门人。1929 年毕业于金陵大学化学系，1941 年获英国剑桥大学博士学位。曾任中国科学院上海生物化学研究所研究员、所长，中国科学院上海分院院长。生物化学家，中国科学院学部委员（院士），中国现代生物化学事业的主要奠基人和分子生物学的开拓者。

这份荣誉不是我个人的，是中国的

1945 年第二次世界大战结束，中国刚刚取得抗日战争的胜利，举国上下百废待兴。已经在剑桥大学获得博士学位的王应睐谢绝导师的再三挽留，放弃剑桥大学的优渥待遇，毅然决定立即回国。当时交通尚未完全恢复，王应睐便取道印度，几经辗转终于回到祖国的怀抱。

1980 年，美国国家科学院托人向王应睐捎来口信，邀请他做美国国家科学院的外籍院士，可王应睐婉言谢绝了。他说："你不要以为这是给我个人的荣誉，这荣誉是给中国的。美国国家科学院院士和其他国家的院士不同，美国的院士每年可以在 *PNAS* 上不需审稿地发表几篇文章。我现在已经脱离了第一线研究工作，如果我当选了美国国家科学院院士，每年不能拿出几篇像样的文章在 *PNAS* 上发表，那是在丢中国人的脸。"没过多久，美国国家科学院的院士们又重提此事，王应睐再一次谢绝了。

"我只是一名组织者，我不是研究者"

1965 年，中国在世界上首次人工全合成结晶牛胰岛素；1981 年，又在世界上首次人工全合成酵母丙氨酸转移核糖核酸，标志着人类在认识生命、揭示生命奥秘的征途上迈出了重要一步，对世界生物化学领域的发展具有里程碑式的意义。王应睐作为两项重大研究成果课题的协作组组长，为此倾注了大量心血，但是在发表文章时他坚决不同意署名，报奖时更是亲笔划去了自己的名字。他对科研人说："我只是一名组织者，我不是研究者，研究者是你们。"

● 1988 年，王应睐（前）在迈阿密生物技术冬季讨论会上获特殊成就奖

1988 年，美国迈阿密生物技术冬季讨论会为王应睐颁发特殊成就奖，以表彰他领导中国科学家在人工合成生物高分子方面取得的成绩。王应睐在临行前对领奖一事有些担心，他认为这两项大协作由几个单位、许多科学家参与，不能归功于他一人，如有奖金，不知如何分配才好。最后会议仅授予他一块表彰功绩的铜牌和一件陶瓷工艺品，并没有奖金，这才让他安下心来。

89 岁高龄时，王应睐被推荐为何梁何利基金科学与技术成就奖候选人。得知此事后，他说："这都是过去的事情了，不必再提了。""得这个奖有什么用呢？"后来，他用何梁何利基金科学与技术成就奖的奖金在所里设立了王应睐基金会，用以奖掖后起之秀。

"我愿意在党的领导下为党的事业尽我一切力量"

王应睐在自己的入党志愿书中这样写道："我愿意在党的领导下为党的事业尽我一切力量。为此我决心争取成为共产党员，在党的直接教育下努力改造自己，使自己成为一个马列主义的无产阶级革命者。"王应睐身为一所之长，是领导却不像领导。在所里他处处以身作则，从不摆领导架子，不搞特殊化。

在建所初期，为安装第一台贵重的进口超速离心机，他夜以继日不怕脏、不怕累地爬上爬下亲自安装，并手把手地教会操作人员如何使用和保养。

在研究所职工的印象中，王应睐的年龄最大，但开会最守时，从不迟到、早退，且总是敬陪末座，默默无声地参会。当时研究所开电梯的女工说道："所里对我最客气的是王所长。"

长期以来，王应睐一直是骑自行车上下班。后来年岁大了，大家担心他的安全，在劝说下他才改为步行，坚决不要汽车接送，即使去科学会堂开会也坚持乘坐公交车往返。

在王应睐 90 岁生日的时候，中国科学院院士许根俊曾写过一篇文章，其中用了《道德经》中的一句话："上善若水，水善利万物而不争。"许根俊认为，王应睐已达到了这样的境界。

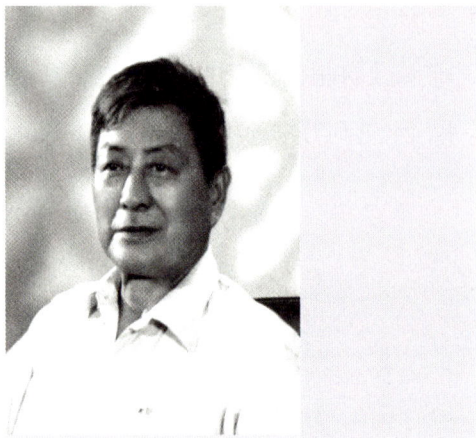

李国平

"做学问的人要过得了三关"

李国平（1910—1996），广东丰顺人。1933年毕业于中山大学数学天文系。曾任中国科学院武汉数学物理研究所所长。数学家，中国科学院学部委员（院士），中国函数论研究的主要奠基人。

公私分明，一丝不苟

李国平一生清贫自守，在李国平身边工作的同事无不为这位老科学家廉洁自律却又宽以待人的高风亮节所感动。

李国平在担任中国科学院武汉数学物理研究所所长和《数学物理学报》主编时，每月有40元的生活津贴和每季100元的主编费。他把这些费用均存放在编辑部，用于补助生活上有困难的低收入职工或他们的子女上学，由他亲笔决定这类开支的条子集中起来竟然有两大卷。然而，他偶尔使用公车则一定要交代行政部门记账，并从妻子那里拿钱付款，真正做到了数十年如一日公私分明、一丝不苟。

20世纪80年代，由于工作原因，李国平常去北京出差，回所报销差旅费时，总嘱咐工作人员把他途中伙食补贴费10元去除。他认为自己的工资较高，不需要再报销伙食补贴费。

一次他见一位办事人员领用公用信纸，便立即询问保管员，信纸一次印了多少，领用时的记录、手续等情况，并严格要求这些信纸只能用在办公方面。当时他立即召集了各方面负责人开会，重申信纸只能公用的规定，不准私用。

1996 年，李国平因病住院。他的病尚未痊愈，便极力要求出院。他认为，住院时间长会占用其他同志的医药费指标。他回家后病情加重，家属又将他送回医院，但由于病重不治，不久后去世。

"做学问的人要过得了三关"

李国平的四子李工真认为，父亲给了他很多有益的教诲。1978 年国家恢复高考后，李工真考上武汉大学历史系。李国平与他进行过一次特别的谈话。李国平讲道："真正的学问不是靠老师教出来的，而是靠学生自己钻研出来的。老师要教的实际上是让学生学会自己学习的方法。唯有能自学的人，才有可能成为真正的学问家。"1985 年李工真研究生毕业后留校任教，这时商品经济大潮已经袭来，父亲告诫他："做学问的人要过得了三关，一是不怕受穷，二是耐得住寂寞，三是不为名利所累。因此，想钱、想名、想利的人，最好不要谈学问。学问往往是由一群'傻子'来做的，当他们'傻到头'时，他们就是最聪明的人。一个民族不能没有这样一群'傻子'！'"历史学家最难做，没有'左丘失明''司马宫刑'的毅力与决心，怎么有胆量去客观评价天下之事呢！"

"做文字工作同样可以大有作为"

1973 年李国平的二子李汉鑫所在单位组织提拔他担任长江航务管理局

● 李国平"黄叶题诗作画"

机关团委副书记，并兼任文字秘书。即将离开施工生产第一线，李汉鑫心中颇有不舍。父亲知道后，就用条幅写了两首七绝送他，一首是"南园李贺叹雕虫，却把当帘月比弓。不见书生有陆贽，文章高处有春风"。另一首是"未到岳阳偏有韵，洞庭湖畔岳阳楼。希文一记千春颂，忧乐相关天下谋"。他说："做文字工作同样可以大有作为，并不是雕虫小技，你看陆贽写了多少治国平天下的好文章。要做到先天下之忧而忧，后天下之乐而乐，那才是最重要的。"后来在李汉鑫的职业生涯中，他都始终记着父亲的话，勤谨努力，廉洁奉公，并勤于动手动笔。父亲给他写的两首诗，他一直珍藏至今。

在 20 世纪 80 年代末，中国科学院武汉数学物理研究所经费短缺。李国平就利用武汉大学校园内法国梧桐的大树叶写诗词、画国画、制成工艺品，为研究所募集资金。老科学家"黄叶题诗作画"、募集研究经费、操心学科发展、奉献研究事业的故事令人感动，至今传为佳话！

清正教风，清新学风

李国平心系祖国、敬业奉献、治学严谨、提携后学，是一代数学大师，也是功绩卓著的教育家。李国平始终坚持"既教书又育人"的准则，以自己的坚定信念感染学生。他认为："学生必须超过老师，也应该超过老师，否则就一代不如一代了。"他总是要求学生把个人的前途融入国家的前途中。他对学生要求十分严格。他有一句口头禅:"你们要在人品和学业上都经受得起我李国平这一磨,磨过来了,你们就有希望了。"

李国平长期从事函数论研究。在半纯函数的值分布理论、准解析函数论、微分方程与差分方程、数学物理等研究中获得多项重要成果。他的学生中出了丁夏畦、王梓坤、陈希孺、沈绪榜、张明高等五位院士,以及数以百计的博士生导师、教授、研究员等优秀专家学者。李国平科研报国、廉洁自律的故事在晚辈中广为传颂。

四子李工真心中的父亲:"这位学贯中西、文博今古、情怀沸腾、正气浩然的科学家和教育家,在他86年的漫长生涯中,最热爱的是科学,最看重的是情谊,最同情的是弱者,最蔑视的是金钱。这就是父亲的精神,也是中国知识分子伟大的人格精神!继承这笔宝贵的精神财富,是我等后辈责无旁贷的光荣任务。"

杨承宗

没有获得勋章的功臣

杨承宗（1911—2011），江苏吴江人。1932年毕业于上海大同大学，1951年获法国巴黎大学理学院科学博士学位。曾任中国科学院近代物理研究所研究员、中国科学技术大学副校长。放射化学家、教育家，中国核燃料工业的主要开拓者，中国放射化学学科奠基人之一。

拒绝 55 万法郎年薪毅然回国

新中国成立后，百业待兴。周恩来总理向海外的中国科学家发出了回国参与社会主义建设的号召。杨承宗得知这一消息后，立即向钱三强发送电报，表达了自己迫切回国服务的愿望。钱三强建议他暂时留在法国，为新中国购买一些紧缺且珍贵的原子能研究相关的仪器、书籍和原料。

此时的杨承宗刚以最优的成绩获得法国巴黎大学理学院的科学博士学位，他的老师伊雷娜·约里奥－居里很是欣赏这位优秀的中国学生。法国国家科学研究中心也向他抛出了橄榄枝，想以"年薪为555350法郎另加补贴"的优厚条件续聘两年。

然而，面对这样一份天价的工作邀请，杨承宗毫不犹豫地拒绝了。他选择了一条更为艰难但意义非凡的道路——回国。他加入了中国科学院近代物理研究所，

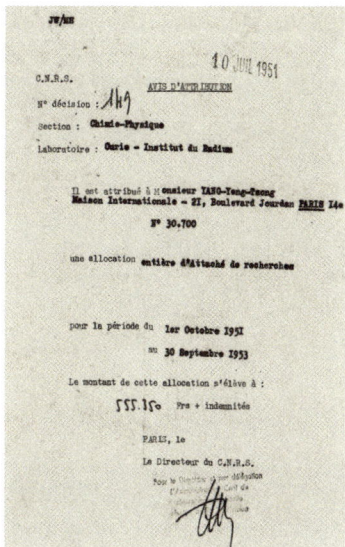

🔹 1951 年法国国家科学研究中心
续聘杨承宗两年的聘书

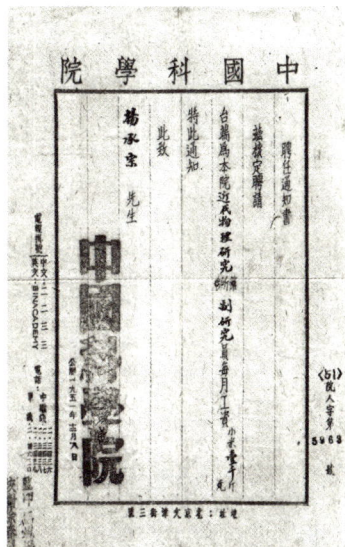

🔹 1951 年杨承宗任中国科学院近
代物理研究所副研究员的聘书

每月工资为 1000 斤小米。尽管从物质回报的角度来看，年薪 55 万法郎与月薪 1000 斤小米之间存在着巨大的差距，但杨承宗的选择完全是出于他对祖国的深厚情感和对国家建设的责任感。作为一名科学家，杨承宗始终胸怀祖国、服务人民，他选择了为祖国的发展贡献自己的力量，而不是追求个人的财富和舒适。他的选择，是那个时代许多海外的中国科学家共同的心声，也是新中国能够崛起的重要原因之一。

耗尽心血的 13 个行李箱

由于当时国际形势复杂多变，杨承宗的回国之路也并非一帆风顺，购买科研设备和转移科研资料成了一个大难题。新中国的科研事业刚刚起步，新中国的原子能事业基础几乎为零，开展研究、实验的器材都要从国外购买。

杨承宗手中握着的，仅仅是钱三强给他的3000美元和他在法国节衣缩食攒下的所有积蓄，这笔钱对于庞大的科研需求而言不过是杯水车薪。

面对困境，杨承宗并没有气馁。他开始四处奔波，为了筹集更多的资金，他不惜变卖自己在法国的私人物品，甚至向朋友借贷，只为将那些对祖国科研事业至关重要的宝贵资料和设备带回国内。同时，在居里实验室同事们的帮助下，杨承宗以实验室的名义采购物品，规避了国际社会对中国实行的"联合禁运"的阻挠。

经过数月的辛勤奔波，杨承宗终于将所需的科研器材和资料一一备齐，装满了13个沉甸甸的箱子。约里奥-居里夫妇对杨承宗的顺利回国给予了极大的帮助。1951年9月底，杨承宗带着装满新中国放射化学研究希望的13个行李箱，回到了阔别五年之久的祖国，也随着新中国一起，步入了一个新的时代。而他为子女留下的最大遗产就是他从法国带回来的，如今已经破旧不堪的13个箱子。

杨承宗的幼子杨家建曾回忆说："父亲在国外把自己的钱都拿出来买了仪器，回国后还要还清妈妈在国内抚养孩子所欠下的债务，家里的生活一度

● 杨承宗带回的 13
  个箱子中的一个

很窘迫。他只好卖掉了自己心爱的手表和照相机补贴家用。"

三次补贴倾囊捐出

杨承宗在担任第二机械工业部第五研究所（铀矿选冶研究所）副所长期间，因其出色的工作表现，曾三次获得第二机械工业部的补贴。然而，他并未将这些补贴用于个人生活，而是全部捐赠给了中国科学技术大学，用作"科技项目合作经费"。他深知自己在第二机械工业部的工作投入了大量时间和精力，可能会影响到中国科学技术大学的工作，因此希望通过这种方式弥补。

第一次他捐款 25 万元，这笔钱被用于改造学校的三层楼卫生所，极大地改善了师生的医疗条件，为他们的健康提供了更好的保障。第二次，他又捐了一笔更多的款项，在武汝扬的建议下，为学校盖起了图书馆。第三次捐款数额更大，计划用于建设放射化学实验室，几位教员一起设计了方案，第二机械工业部部长审核后批准了这个方案，但因"文化大革命"爆发而被迫中断。

虽然杨承宗的积蓄没有转化为物质财富，但却化作了中国科学技术大学校园里的一砖一瓦，一篇又一篇沉甸甸的科研文章，一堂堂启迪心智的课堂教学，以及那些因他而得以继续追求梦想的学子们的未来。

没有获得勋章的功臣

杨承宗一生育人很多，为国家培养了众多放射化学领域的专家。在他的助理和学生中，有多人当选院士。然而，由于种种原因，杨承宗本人并未获得院士荣誉；虽为原子弹提炼出了所需要的铀，也未被冠以"两弹一星"元勋等称号。

面对这些，许多人为他感到不平，但他总是淡淡一笑，说道："事情做出来就好，别的什么都不要去想。"这种淡泊名利的精神，恰似一泓清泉，涤荡着世俗的浮躁与功利，彰显出他的崇高情操与人格魅力，令人肃然起敬，也激励着后人以他为楷模，秉持清正廉洁之风，为社会的繁荣与进步贡献自己的力量。

一只失明的眼睛

1952年，北京协和医院有一套被日军破坏的提氡装置，如能修复，既能解除放射危害，又能为新中国制备出科研急需的第一个中子源。但是当时的条件困难，完全没有防护装备。得知消息的杨承宗果断和同事前往现场。一进地下室，他们就看到整个玻璃真空系统和盛装镭溶液的玻璃瓶已脆化并呈

🔵 杨承宗坚持靠左眼仅存的视力工作

半透明紫黑色，原本白亮的白金催化器发黑，汞因多年敞放而暗浊，污染早已从地下室弥漫到楼上。

杨承宗心里清楚这项工作有多危险，如果让年轻人做，会对他们20多岁的身体和今后的人生造成难以想象的影响，因此他决定亲自动手。杨承宗在毫无防护设备的情况下修复装置，不仅为北京协和医院消除了安全隐患，也获得了一批珍贵的放射性样品。正是因为杨承宗的成功修复，实验物理组的戴传曾制成了氡–铍中子源，首次在国内实现人工放射性。但杨承宗之后的人生也付出了沉重代价。不久后，他过于接近强放射源的右眼出现荧光，视力逐渐恶化。

1961年，杨承宗担任第二机械工业部第五研究所副所长，接替突然撤走的苏联专家组，担负起为中国第一颗原子弹试爆提炼铀原料的领导重担，于是他急忙把工作重心转到第二机械工业部第五研究所。但在这关键时刻，他右眼眼疾发作，国家使命要紧，他不得不推迟手术。虽然后来连做两次手术勉强弥补，可术后并发症使得右眼渐渐变得仅存光感，直至最后彻底失明。

对此，杨承宗无半句怨言："用自己的一只眼睛换取许多人的安全，值得，值得。"他无暇自怜，靠着一只眼睛的视力，杨承宗每年要审定上百份科研报告，确定攻关方向、发现重要问题。下属都晓得他为人宽厚，对工作却极其严苛。杨承宗身先士卒，德高为范，用自己的身体守护年轻同事，用无私奉献的精神为放射化学开疆拓土。

钱三强

不要"原子弹之父"称号

钱三强（1913—1992），出生于浙江绍兴，祖籍浙江湖州。1936年毕业于清华大学物理系，1940年获法国国家科学博士学位。曾任中国科学院原子能研究所所长、中国科学院计划局局长、中国科学院副院长。核物理学家，中国科学院学部委员（院士），"两弹一星功勋奖章"获得者，中国原子能事业的开拓者和奠基人之一。

淡泊名利，不要"原子弹之父"称号

在中国科学院建院前与建院初期，钱三强做了许多颇有建树的大事、要事。例如，在1949年9月，按照中共中央的部署，钱三强等同志起草了《建立人民科学院草案》。1953年初，钱三强任访苏代表团团长，对于初建的中国科学院的发展起到了重要作用。1955年，钱三强加入中国共产党，是当时回国知名科学家中最早发展的极少数几名党员之一。但是钱三强并未沾沾自喜，始终以一名党员的标准来要求自己。他在担任中国科学院副院长以后，院部上上下下的工作人员，都亲切地称他"三强同志"。每当听到大家这样称呼他，钱三强很是高兴，说这样更显得亲切，没有距离感。

中国第一颗原子弹爆炸成功后，法国出版的《科学与生活》刊出了一则题为《在中国科学的后面是什么？》的"公报"，第一次将钱三强誉为"中国原子弹之父"。钱三强得知情况后，当即这样表示："中国原子弹研制成功，绝不是哪几个人的功劳，更不是我钱某人一个人的功劳，而是集体智慧的结晶。"

中国改革开放后，国内很多媒体采访钱三强，多次有过把"中国原子弹之父"的称谓用于形容他的情况。每次审稿，他便将类似的称谓统统删去。他向作者解释说："外国人往往看重个人的价值，喜欢用'之父''之冠'这些形容词。我们中国人还是多讲点集体主义好，多讲点默默无闻好。"

20世纪80年代末，《经济日报》有位记者写了一篇关于钱三强的文章。钱三强对文中一些赞誉之词提出了异议，并就此写信给专职秘书葛能全。葛能全转告记者后，记者很快理解了钱三强的意思，准备改用"卵石"和"沙粒"来比喻钱三强在我国原子能事业发展中的作用，并征求他的意见。钱三强闻此欣然赞同："我作为一个科技工作者，为能把自己化作卵石、化作沙粒，铺在千军万马去夺取胜利的征途上，而感到高兴和欣慰！"

钱三强一再告诫核科学技术领域的同志们，不要追逐个人名利，要服从国家需要，一辈子默默无闻地工作下去。

廉洁奉公，不要学部委员津贴

在国家经济比较困难的时期，钱三强于1959年3月曾主动写报告请求停止享受每月100元的学部委员津贴——"院办公厅：我请你们将我的学部委员每月津贴一百元自四月起停发。关于此事，我已曾写信给张副院长。希望你们批准，并且通知有关部门执行。敬礼！钱三强1959年3月27日。"

虽然当时自己并不宽裕，但钱三强想到的是，国家还很困难，应该尽可能为国家减轻经济负担。1971年7月钱三强自恢复党组织生活起，又开始每月主动交纳100元党费了。

钱三强虽是中国科学院的领导，但他一贯注意体贴他人，舍得掏腰包为别人花钱，特别是对不大为人注意的普通人。例如，1977年夏，钱三强代表中国科学院和中国物理学会在黄山主持召开理论物理和天体物理会议。为了对会议工作人员半月之久的辛勤劳动表达谢意，他自己拿出100元现金，让秘书上街采购些糖果、茶叶、香烟等，在会议结束的那天晚上，请全体工作人员开茶话会。但没有几个人知道，这个茶话会所花费用并没有从会议费里面支出，因为钱三强不让秘书声张。

艰苦朴素，一直住在建院初期的老专家楼里

"钱三强从不居功自傲，生活过得非常朴素。"这是中国科学院机关许多老同志回忆钱三强时的感慨。钱三强的住房是20世纪50年代初建的专家楼，到了20世纪80年代，该楼已显老旧，而且屋内采光不好。由于冬天供热不

● 钱三强和妻子何泽慧

足，多数情况下，钱三强都要穿着棉衣看书、写东西。去院部上下班，他都是乘坐公共汽车往返于中关村和三里河，风雨无阻。冬天刮风下雪，外出时他就身穿长棉袄，腰间系条围巾，头上戴一顶遮耳朵的棉帽。在平常的日子里，钱三强和何泽慧自己洗衣服，自己做饭，自己排队买菜；衣服破了自己补，补了再穿，舍不得扔掉。他们常说："笑破不笑补嘛，穿补丁衣服不丢人。"

1985 年在许多人的劝说下，钱三强自己花钱在卧室装了一台窗式空调，可是全年开不了几次。他说，电力供应本来就紧缺，又没有动力电源，开空调既浪费能源，还可能影响别人正常用电。

钱三强离世后，何泽慧一直住在中关村的老小区里，这里是她和丈夫钱三强永远的家。2007 年 8 月 3 日，温家宝再次来到这处熟悉的老房子，看望 93 岁高龄的何泽慧。温家宝又一次说起房子："三强不在以后，我想过，通过组织给您换个屋子。"何泽慧则以"在这里住久了，有好多记忆"为由，谢绝了总理的关心。温家宝接过话头深情地说："我知道，坐在这里就想起很多事来。这里留下了记忆，也留下了精神。钱三强和您，中国人都不应该忘记，也不会忘记。"

何泽慧

低调得就像邻家的阿婆

何泽慧（1914—2011），出生于江苏苏州，祖籍山西灵石。1936年毕业于清华大学物理系，1940年获德国柏林高等工业大学工程博士学位。曾任中国科学院原子能研究所和中国科学院高能物理研究所研究员、副所长。物理学家、核物理学家，中国科学院学部委员（院士），推动了中国宇宙线超高能物理及高能天体物理研究的起步和发展。

为抗日，赴德学习弹道学

1936年，何泽慧以优异成绩从清华大学物理系毕业。当时，许多男同学经学校协助安排到南京军工署工作了，可是，女生毕业后的去向却无人问津。

正在为难之时，何泽慧得到一个消息，山西省政府决定，凡国立大学毕业的山西籍学生，愿出国留学者，可以得到省政府给予的资助。何泽慧祖籍山西省灵石县，完全符合条件。随即她以最快的速度办好各种手续，去了相关费用较为便宜的德国柏林高等工业大学技术物理系，学习"实验弹道学"专业。多年后，中国科学院高能物理研究所有年轻人不解地问何泽慧，当年去德国留学为什么要学军工专业？她爽快地回答："我就是想要造枪、造炮打日本鬼子！"

其实，何泽慧到德国学习还颇费了一番周折。德国柏林高等工业大学的技术物理系与军工联系密切，实验弹道学更是敏感专业，规定不准招收外国学生，更不能招收女学生。何泽慧虽然是个文气的江南女子，骨子里却有一股锲而不舍的韧劲，所认准的事情，不达目的不会罢休。她听在南京军工署工作的同班同学王大珩说，这个技术物理系的主任曾经在南京军工署工作过。何泽慧便直接找到这位系主任理论："你能到我国的军工署当顾问，我为什么不能到你这里学习？你知道我的祖国正遭受日本帝国主义侵略，我想学习弹道学的愿望，你应该能够理解。"系主任最终被说服，破例收下她。何泽慧成为该校技术物理系第一个外国学生，同时也是第一个学习弹道学的女学生。

1940年，何泽慧以一篇题为《一种新的精确简便测量子弹飞行速度的方法》的论文获得工程博士学位。

低调得就像邻家的阿婆

"淡泊名利，没有架子，不求享受，严谨做事"，是许多下属、同事以及朋友对何泽慧的真切感受。她在科研工作中精益求精，一丝不苟，硕果累累，功勋卓著；在日常生活中非常谦虚、低调，始终保持普通人的本色。也正是因为如此，她常被不熟悉的人"误会"。

一次，受苏州市政府邀请，在同事李春明的陪同下，何泽慧去参加自家房产、文物捐赠仪式。由于比约定时间提前了一天到达，他们便自行到苏州市委招待所联系住宿。前台工作人员看到来者是一位衣着朴素的老太太，便随口说了句"我们不接待一般人士住宿"。同事正要说明情况，恰好该招待所的负责人走过来。他似乎猜到了什么，便问何泽慧："您是何泽慧同志吧？"在得到何泽慧的确认后，那位负责人便说，曾经在媒体上见过何泽慧同志，所以一下子认出来了。这位负责人随即告诉前台，老人家是著名科学家，快些安排两个一楼的房间让他们休息；又叮嘱前台通知厨房，老人家想

● 1994 年出差途中，何泽慧（右）与李春明（左）亲切交谈

吃什么要尽量满足……

1994 年，科学出版社计划出版《中国现代科学家传记》，邀请何泽慧为自己立传。然而，她坚决拒绝了这一提议。她认为，科学家的职责是专注于科研，而不是追求个人名誉。她的女儿钱民协（北京大学化学与分子工程学院教授）回忆道："妈妈一直自信乐观、自强自立，对我们要求严格，但她从不把爱挂在嘴上，心中怀着一种深沉的大爱。"

何泽慧就是这样一个人，一个为科学事业和祖国贡献了全部聪明才智的大科学家。同时，她也是一个简朴、平易、不事张扬的会让人以为就是邻家阿婆的大科学家。

传承家族的爱国情怀

1990年6月中旬的一天，何泽慧把时任中国科学院高能物理研究所党委办公室主任的李春明同志叫到她的办公室，讲述了一件她家的"私事"：她父母生前在苏州陆续购置了包括著名园林"网师园"在内的多处房产。新中国成立之初，何泽慧的哥哥即代表家人于1950年7月致函苏州市市长王东年，将父母留下的"网师园"及邻近的一处房屋捐赠给了国家，但未办理正式捐赠手续；其余几处房产由于种种原因，近40年间，一直由苏州市政府所属的部门占用。何泽慧的意见是，既然捐了就捐得干净利落，不要拖泥带水。何泽慧委托李春明向所党委转达她的意思，拟请中国科学院高能物理研究所党委以组织的名义，帮助她向苏州市委转达他们兄弟姐妹的愿望：尽快明确房屋产权，以便他们正式办理捐赠手续。经过中国科学院高能物理研究所党委与苏州市委多次磋商，最终于1994年皆得到落实，实现了何泽慧及兄弟姐妹的心愿。

何泽慧及其亲属的无私行为源于其家族的爱国爱乡情怀。何泽慧的父亲何澄早年留学日本，是山西省最早接受革命思想的人士之一。辛亥革命之后，他便追随孙中山从事革命活动，后在苏州创办织布厂，经营民族工商业。他热心扶持地方教育事业，曾任苏州振华女子学校校董；他还潜心收集、研究金石、文物，是一位颇有造诣的文物收藏家、鉴赏家。抗日战争期间，他始终保持民族气节，拒不出任伪职。

父辈的爱国爱乡精神薪火相传，演化为何泽慧兄弟姐妹承先启后的自觉行动。

1956年，何泽慧等亲属将父亲多年从民间收集、珍藏的1374件珍贵文物和642册图书全部捐赠给国家。1994年中国科学院高能物理研究所的同志在参观苏州市博物馆时，一位负责人告诉他，当年接收这批文物后，该馆馆藏数量随即增加了三分之一。

1990 年，何泽慧的妹妹作为家人代表，邀请南京博物院专业人士主持挖掘工作，将父亲生前埋藏于故宅内的从明清至民国时期的 72 方印章、印材挖出，全部捐藏于南京博物院。

1994 年 10 月 26 日，苏州市政府为表彰何泽慧一家的善举，特举行"何澄先生房产文物捐赠仪式"。苏州市有关党政领导对何泽慧及其兄弟姐妹秉承父亲生前意愿，表现出的爱国爱乡之情和无私奉献精神给予了充分肯定和高度赞扬。

半个世纪以来，何泽慧一直住在破旧的小楼里，家具也大多是 20 世纪 50 年代的旧物，唯一一件新家电是一台白色的吸氧机。除了治学与探求真理之外，何泽慧对于物质生活毫无要求。她的女儿钱民协说："我妈这一辈子不讲吃、不讲穿、不讲住，从来不计较什么条件。她们那一代人，活得轰轰烈烈！或许她觉得自己是非常幸福的，从不认为自己有多大贡献，只是做了她应该做的。"

王大珩

为了国家的将来放弃博士学位

王大珩（1915—2011），江苏吴县人。1936 年毕业于清华大学物理系。曾任中国科学院长春光学精密机械研究所所长。应用光学专家，中国科学院学部委员（院士），中国工程院院士，"两弹一星功勋奖章"获得者，国家"863"计划主要倡导者之一，中国近代光学工程学术奠基人、开拓者和组织者之一。

为了国家的将来放弃博士学位

第二次世界大战爆发后，由于先进技术被应用于制造武器的警示，欧洲一些主要国家很快把光学玻璃研制技术提到"军事要害技术"（王大珩语）的高度，并加以强化研究和发展。1942 年春，正在英国谢菲尔德大学做玻璃光学性质研究博士论文的王大珩偶然得到一个消息，他在帝国理工学院时的英国同学汉德告诉他，伯明翰昌司玻璃公司研究实验部急需实验物理师，专职从事新光学玻璃的开发研究。汉德认为王大珩符合应用光学专业的应聘条件，问王大珩愿不愿意去伯明翰就任。王大珩听到此消息后，立刻想到祖国需要这种技术。他迫切想抓住这难得的机遇，学到制造光学玻璃的真实本领。遗憾的是，他不得不放弃在读的博士学位。

王大珩很快拿定了主意，并且带着意向先去见博士论文导师

● 王大珩（左）与英国同学汉德（右）

特纳并向其征求意见。老师听后颇感意外，虽然尊重了学生的意愿，但对这名聪慧、有创造性思维的中国学生一再表达了惋惜之情。就这样，1942 年 4 月，王大珩受聘于昌司玻璃公司研究实验部，做了长达 5 年的实验物理师。放弃博士学位本就不一般，5 年也并不短，而在王大珩笔下却是如此简略和平常："经汉德先生的推荐，离开学校，到昌司玻璃公司工作。我在这家公司实验室工作了五年，职务是研究实验部物理师。在那里我学会了如何从事研究开发工作。虽然不许我进入生产车间，但因为实验室既是产品质量的控制中心，又是进行新技术、新产品开发的源地，所以对生产的组织形式，以及生产光学玻璃的要害问题能有足够的了解。"

为了国家将来需要而放弃在读博士学位，王大珩向来认为是不值得挂在嘴上的平常事，因而学界知者不多，能理解其中大义的更少。但有一个人几十年一直很钦佩王大珩的决断，并且从内心发出"真是难得"的赞誉，这个人是钱三强。

1982 年 2 月，钱三强在一次学位工作座谈会上，颇有感触地讲到旧时中国知识界看待博士学位的心态。说当时在大学当教授的，必须有外国的博士学位不可，没有博士学位最多只能当个副教授，还让人看不起。他说："大珩不是不知道没有博士学位对个人的不利影响，他为了国家将来需要，做了与众不同的选择，在那个时候真是难得。"

破烂市场中捡出来的物理实验室

1948 年，王大珩回到日夜思念的祖国，1949 年参加创建中国共产党创办的新型正规大学——大连大学，并组建应用物理系，任系主任。

当时买不到什么像样的实验仪器，实验设备极为简陋。为了创造好一些的教学环境，提高学生们的动手能力，教师们想尽了一切办法改善实验室条件。作为系主任，王大珩率先提倡自己动手建设实验室。

为了给实验室多添置一些设备，王大珩费了一番苦心。他跑到当时大连的"西岗破烂市场"上，想在旧货摊上淘一些合用的"宝贝"。有一次他发现了一个做物理实验用的旧怀表，又有一次他买了一台高级电位差器，还有一次他居然找到了一台旧天平……他淘来的这些东西，大多数连卖主都不知道有什么用途，而王大珩却如获至宝。他把这些物品拿回来修理一番，很快便令"废品"获得新生。在他的努力下，大连大学应用物理系的硬件设施很快便是全国比较领先的了。

在断壁残垣的旧院落里筹建仪器馆

1951 年，王大珩受中国科学院邀聘筹建仪器研制机构。仪器馆地址选好了，王大珩找来一批人，开始了艰难的创业历程。仪器馆选址在"断壁残垣的旧院落里"。这片废墟里到处是弹片和弹坑，路是泥巴地，坑坑洼洼，一下雨便泥泞不堪举步艰难；残留的房屋更是破旧，北边的山上还有土匪出没。房屋都是通过修旧利废（包括光学玻璃车间的大烟囱也是废物利用），以最少的基建投资，勉强适应科研、试制的最低需求。

那时候长春的条件比较差，气候寒冷，冬天见不到一点绿蔬菜，更别说仪器馆还是一片大工地，设施不齐全。馆内许多人都来自经济条件比较好的南方，不适应这边的气候和生活，已有人萌生退意。王大珩明白其中的难处所在，他一边请馆内负责后勤的同志对南方的研究人员多加照顾，一边身先士卒，带着年轻人投入到了仪器馆的建设中。他等不及妻子办好调动手续，就一个人先到了长春，在单身宿舍生活了一段时间。他住的房子很小、很旧，屋内只有一张铁床、一把小凳子、一个小桌子，生活非常简朴。他白天参加工作，晚上去办公室看书学习，过得很充实。

中国工程院院士潘君骅回忆，那时候仪器馆职工的生活条件比较简陋，"吃饭就在宿舍后面，北面一个房子是旧的厂房，被改成了食堂，我们就在那儿吃饭。王先生也在那儿吃饭。我们那时候吃的是高粱米，还有一个白菜粉丝猪肉汤，我印象很深。"王大珩吃住都和年轻人在一起，丝毫没有领导的架子，令年轻人由衷地尊敬。

邹元爔

不计名利
甘为人梯

邹元爔（1915—1987），浙江平湖人。1937年毕业于浙江大学化学工程系，1947年获美国匹兹堡卡耐基理工学院冶金学科科学博士学位。曾任中国科学院上海冶金研究所研究员、所长。冶金和材料科学家，中国科学院学部委员（院士），中国冶金物理化学活度理论研究的先驱。

心无旁骛，潜心研究

新中国刚成立时，百业待兴。邹元爔到中国科学院上海冶金研究所当研究员。当时，所里决定把"球墨铸铁研究"和"钴土矿提炼金属钴"作为主要研究课题来开展工作。这些课题都事关民生根本，早一天攻克难题，就能早一天为人民造福。为了早日攻克难题，邹元爔夜以继日地奋战着。

邹元爔对物质生活的要求素来简单。在那个物资相对匮乏的年代，他对物质生活的要求更是简朴到了极点。他每天早早就来到科研现场，手里总是提着一只旧旧的热水瓶。热水瓶里装的却不是热水，而是家里提前煮好的白粥，这就是他一日的饮食。到了午饭时间，别人都去吃饭了，他就喝几口粥，然后马上又投入到紧张的科研工作中去。

"文化大革命"刚结束，邹元爔不顾每况愈下的身体，1974年和 1976 年两次北上沈阳，研究砷化镓材料中的"未知受主"这一课题。据一同北上的施惠英回忆，"沈阳的生活相当艰苦，我们在厂里完全和工人一样吃窝窝头、高粱米饭。邹先生不仅带头吃，还劝我们吃。他对我说：'施惠英，你要吃呀，不吃身体不行呀！'东北工学院的老师看我们的生活过于清苦，有时会送我们一点东北大米或山芋，这样我们晚上就能煮一锅稀饭或山芋汤，于当时的我们而言，这就是一顿美餐。"曾有人问过邹元爔，东北的工作条件不比上海好，何苦一定要上东北呢？邹元爔回答："我的科研生命不长了，在东北这里，我能集中精力好好工作。"为了科学事业，邹元爔可以牺牲自己个人的一切。

沈阳的冬天很冷，那个时候房间里没有暖气，从南方来的邹元爔等没有过冬的棉衣，他们只好把被子裹在身上看书。据当时还是学生的谭丽芳回忆："我现在可以说我一生中最艰苦的一段时光就是跟邹先生在东北的这段时候。"可邹元爔不在乎这些，他把被子裹在身上看书、写文章。他甚至还作了一首诗："珠峰在望共登攀，北国风光一夜间。我有壮志红似火，岂因风雪感衣单。"

淡泊名利，不计得失

1953 年，国家亟须开发内蒙古白云鄂博铁矿，建设包头钢铁公司。但该铁矿石中含有大量萤石和稀土元素，为世界所罕见。其高炉冶炼在世界炼铁史上也缺乏成熟的经验，是一项开拓性的工作。当时中国科学院冶金陶瓷研究所所长周仁是中国科学院"两矿"（白云鄂博铁矿和大冶铁矿）领导小组组长，他为中国科学院冶金陶瓷研究所接下了白云鄂博铁矿石高炉冶炼的研究任务。邹元爔则被任命为研究该矿的技术总负责人。他们出色地完成了这个任务，在当时几乎所有人都唯苏联科学家是从的情况下，依然坚持己见，创新性地解决了高炉耐火砖衬问题。

1957 年，国家急于开发攀枝花钒钛磁铁矿，其高炉冶炼也是世界上的一大难题。邹元燨带领学生徐元森等对含钛铁矿在高炉冶炼中炉渣的高温物理化学性质以及矿物组成开展了系统的研究。通过反复实验，他们发现在 1400℃条件下往钛渣里通二氧化碳、空气或氧气后钛渣可以变稀。根据实验结果，他们大胆提出在高炉的出渣口安装吹炼风口的建议，这在冶金史上是没有先例的，炉缸堵塞的问题便由此得到解决。

这两大项目是在邹元燨的带领和参与下所取得的重要成就，项目的成功离不开邹元燨深厚的冶金学造诣。20 世纪 80 年代，中国科学院上海冶金研究所为过去的科研成果申请国家自然科学奖时，当时身为所长的邹元燨在排名次时将徐元森的名字放在攀枝花工作成果的第一位，而包头工作成果的报奖他又把老所长周仁的名字摆在第一位，说那时的工作是周仁领导的。

对于邹元燨的署名问题，邹元燨的学生可能最有发言权。他的学生彭瑞伍曾说："他带我做论文时从来不把他的名字放在第一位。对于我们的文章，他一般不署名。只有他亲自出过点子，或做过重大修改的文章，他才同意把他的名字放在后面。"

甘为人梯，奖掖后学

邹元燨晚年患有严重的心脏病，他的第一位博士生，也是中国科学院上海冶金研究所的第一位博士生汪光裕毕业时他已经缠绵病榻，卧床不起了。中国科学院上海冶金研究所的领导指示汪光裕，让他把毕业论文送到邹元燨家里，并就能否答辩一事做请示，而且给他限定了时间，只能 15 分钟。汪光裕回忆当时的情景曾说："那天我走进他家后先是坐着等，过了 10 分钟，只

● 邹元爔（左三）指导研究生（1987 年）

见邹先生一步一步拖着脚慢慢地走了出来。已经有半年多没见到邹先生了，看到他虚成这样我感到一阵心酸。我立刻走上去向他说明了来意并请他以身体为重，别把我的论文太放在心上了。一看 15 分钟的时间已到，我就起身告辞。邹先生叫住我，'慢点，我一直在想还有两个研究生他们的论文里面有些问题，我找了几篇文献，你把它们带回去。'他立起身来去书架上拿出几篇参考文献叫我写下来带给他们。他对我讲解应该怎么做，正讲着他突然不行了，呼吸急促。这时我十分紧张，赶忙替他解开领口。过了十几分钟，见邹先生总算缓过来了，我就告辞要走，他还坚持要送我到门口，我执意不肯他才作罢。"

邹元爔不仅对学生悉心培养、关爱备至，对于其他科研新秀也给予了无私的扶持与慷慨的帮助。周国治回忆他发表第一篇学术论文的故事时说：

"邹元爔不但能以他渊博的知识进行深入研究，还能带领大家攻坚战斗。"那时，周国治正沿着邹元爔的科研思路继续深入探索，解决了活度计算中出现的积分难题，使计算更具普遍性。邹元爔知道后立即称赞和鼓励他，并将自己所有的计算资料毫无保留地全部寄给他。就这样，在邹元爔的关怀和鼓励下，周国治完成了学术生涯中第一篇学术论文。此后，周国治和邹元爔成了忘年交。改革开放后，邹元爔又将周国治推荐到美国麻省理工学院深造。1995 年，周国治当选为中国科学院院士。

彭桓武

自己给自己"革了职"

彭桓武（1915—2007），湖北麻城人。1935 年毕业于清华大学物理系，1940 年和 1945 年先后获英国爱丁堡大学哲学博士学位和科学博士学位。曾任中国科学院近代物理研究所副所长、中国科学院高能物理研究所副所长、中国科学院理论物理研究所所长。物理学家，中国科学院学部委员（院士），"两弹一星功勋奖章"获得者，中国理论物理学、核物理理论、反应堆理论以及核武器理论奠基人之一。

我只是集体事业中的一分子

1964 年 10 月 16 日，我国自主研制的第一颗原子弹试爆成功，作为专业技术方面的"三大灵魂人物"之一，彭桓武在新疆罗布泊现场观看了爆炸实况。他难掩激动，写下了"亭亭铁塔矗秋空，六亿人民愿望同。不是工农兵协力，焉能数理化成功"的诗句。这首看似简单的打油诗，却饱含了他对第一颗原子弹研制过程的高度概括和总结，以及党和国家给予的深切希望。

1982 年，凭借对原子弹、氢弹理论设计的杰出贡献，彭桓武与邓稼先、周光召、于敏、周毓麟、黄祖洽、秦元勋、江泽培、何桂莲获得国家自然科学奖一等奖（项目名称为"原子弹氢弹设计原理中的物理力学数学理论问题"），其中彭桓武是第一获奖人。当九所的同志将唯一一枚奖章送给彭桓武时，他最初拒绝接受。在拗不过九所同志的坚持后，彭桓武说："这奖章我收下了，就是我的了。我就有权处理它。我把它送给九所全体同志。"他还随即为九所题字"集体集体集集体　日新日新日日新"，表达核武器事业是个集体事业，他只是这个集体事业中的一分子。

将百万奖金设立为纪念赠款

彭桓武一生严于律己。1995 年，80 岁的彭桓武获得何梁何利基金科学与技术成就奖，奖金 100 万港元。从来都功成不居、淡泊名利的彭桓武，一夜之间成为"百万富翁"。但是他没有花一分钱在自己身上，而是把全部奖金设立为"彭桓武纪念赠款"，将钱分赠给当年一起为"两弹"事业奋斗的同事或其亲属，每一笔款项他都亲自到邮局汇出。在 1996 年至 2004 年的 9 年间先后赠给 35 人，直到全部赠完。连他唯一的儿子彭征宇，也是在患骨癌后

● 彭桓武在 1995 年何梁何利基金科学与技术成就奖颁奖仪式上

生命的最后几年，才得到一点奖金利息补贴。

2003 年，中央电视台《大家》栏目主持人曾在访谈中提及这 100 万港元奖金，认为它对普通人来说足以使之过上舒适的生活。彭桓武立即回答："（钱）对我来说没用，我生活足够了，加这 100 万或不加这 100 万（都一样），这 100 万等于白搭。因为你一个人只能用那么多钱，（就）像我现在吃，大夫给我限制得只许吃这么多东西，一天只许吃一个鸡蛋，吃两个鸡蛋都不行。那个钱有什么用？"看似调侃的言语，实则说明他心里少有自己。

自己给自己"革了职"

对于名誉和职务，彭桓武也很淡然。他曾担任三届全国人大代表和一届全国政协委员，但因从未提过提案和从未发过言而自己给自己"革了职"。

完成核武器理论研制后，彭桓武认为已经完成中国年轻一代核物理工作者的培养任务和使命，便主动申请回到理论物理研究领域工作。1972 年，他先回到中国科学院高能物理研究所工作。1978 年中国科学院理论物理研究所成立后，彭桓武担任所长。五年任期一结束，他便向中国科学院领导写信请辞所长，推荐更加年轻和有领导能力的周光召担任所长。当时，有同事建议他担任理论物理研究所名誉所长一职。他认为："不要这样为好，我也很不愿意要这样挂名的'名誉'。近年来我在担任理论物理所所长期间，主要工作均委托年轻同志去办，已经担任过'名誉'所长，但我对这种状况早已厌烦。长此下去对工作不利，且我所是一个新所，建立时院领导即指示我所要有一个新的作风。由于历史较短，在我所尚未形成长期一贯的所长制。所以我建议理论物理所从一开始即根本不设名誉所长职务。如在追溯历史有需要时，只标明某某所长（起讫年月）即可。"

他捐出了他的毕生所有

2006 年 9 月 25 日，为了表彰彭桓武院士为中国科学研究和国防建设事业做出的杰出贡献，中国科学院、中国科学技术协会在北京举行了隆重的命名仪式，将一颗编号为"48798"的小行星命名为"彭桓武星"。91 岁高龄的彭桓武出席仪式并接受了"彭桓武星"的命名证书。

2007 年 2 月 28 日，彭桓武走完了他光辉灿烂的一生，享年 92 岁。他列举清单捐出了他的此生所有——捐出遗体、全部积蓄、"两弹一星功勋奖章"等，将导师玻恩的签名赠书以及其他个人藏书赠予中国科学院理论物理研究所图书馆。去世前，他立遗嘱，将自己的骨灰与夫人刘秉娴的骨灰合并，不存放公墓，归返自然，不搞任何纪念会。而那些他使用过的电脑、打印机及其附件，包括书桌、椅子与上网号码，彭桓武都一一注明了该归还到哪里。

2008 年 6 月 27 日，中国人民革命军事博物馆收到了一份特殊的藏品，根据彭桓武的遗愿，中国科学院理论物理研究所将国家授予彭桓武的 515 克黄金铸造的"两弹一星功勋奖章"赠予中国人民革命军事博物馆收藏。这是中国人民革命军事博物馆收到的第一枚"两弹一星功勋奖章"。

彭桓武以一颗纯真的赤子之心追求真理，报效祖国。他不计名利，不计得失，无私奉献，倾其所有，只留清气满乾坤。他身上体现的"热爱祖国、无私奉献，自力更生、艰苦奋斗，大力协同、勇于登攀"的"两弹一星"精神将永远照亮我们前行的路。

吴征镒

为学无他，
争千秋勿争一日

吴征镒（1916—2013），江苏扬州人。1937年毕业于清华大学生物系。曾任中国科学院党组成员、中国科学院昆明植物研究所所长。植物学家，中国科学院学部委员（院士），国家最高科学技术奖获得者，长期从事植物分类学、植物区系地理学、植物多样性保护以及资源可持续利用的研究。

为学无他，争千秋勿争一日

1940年起，吴征镒在西南联合大学授课和野外考察之余，在西南联合大学标本馆的洋油筒上，整理了秦仁昌先生、吴韫珍老师从国外各大标本馆带回来的3万多张模式标本照片。他甘坐冷板凳，耗十年之功，制成记录植物学名、中名、分布、生境和文献的3万余张卡片，含288科植物。此工作为其编撰《中国高等植物图鉴》《中国植物志》及各地方植物志提供了重要参考。

从编委到第四任主编，吴征镒完成了《中国植物志》三分之二的编撰任务。他发表和参与发表的植物新分类群达1700多个，是我国发现和命名植物最多的植物学家。"为学无他，争千秋勿争一日。"这是吴征镒治学的座右铭。"做学问，一定得沉下去，做'大'事，不要看眼前的小利。"吴征镒说，搞清楚我国高等植物到底有多少，看上去很简单，但

❀ 3万余张模式标本卡片

需要静下心来认真钻研，才可能做好。

中国科学院院士王文采回忆："吴征镒先生经过十年的不懈努力，完成了中国植物名录的整理这一重大工程。但他对做出的上述大量文献卡片并不只独自利用，大约在 1952 年，他将全部卡片由清华大学转到中国科学院植物研究所资料室，供大家参考、利用。我在 1955 年承担《中国主要植物图说》毛茛科和 1965 年承担《中国高等植物图鉴》荨麻科的编写任务时，都借用吴院士的有关卡片收集文献，节省了许多时间精力。吴院士将自己的研究成果供给大家利用的崇高精神值得我们终身学习。"

20 世纪 50 年代，吴征镒领导并参加了橡胶宜林地的考察工作，为橡胶树在北纬 18º—24º 大规模栽培打下了初步基础。中苏联合进行云南热带、亚热带生物资源综合考察，在云南西双版纳建成我国首个生态站——云南热带森林生物地理群落定位研究站。此时吴征镒深感要做出一些成绩，方能不负学部委员的头衔。1958 年，他请调中国科学院昆明植物研究所任所长，放下北京优越的生活条件，举家迁到昆明，扎根边疆，潜心植物学研究，实现他

"立足云南，放眼中国和世界植物"的宏图大愿。

吴征镒凭借对科学的信念和自己的社会责任感，在"文化大革命"期间失去自由和大量宝贵时间的情况下，默默地完成了《新华本草纲要》的初稿，为中华民族的医药学做出了巨大贡献。1974 年，吴征镒将补发的 2 万多元工资，全部作为党费交给上级党组织。他把履行党员应尽的义务当作对党忠诚的试金石。

提携后学，不取虚名

吴征镒一生严谨治学、不取虚名，在学术上有求必应，为后辈指明科研方向。吴征镒第一个博士后、中国科学院植物研究所研究员王印政回忆："有一次请吴先生修改我的一篇比较解剖学论文。先生在几个地方提出了修改意见，并表示'我对你的上一篇论文提出了实质性修改意见，所以我同意作为合作作者，但对这一篇论文仅仅提出了几个小建议，不足以作为合作作者'，建议在作者中删去他的名字。"

中国科学院南京地质古生物研究所研究员郭双兴曾参与过吴征镒领衔主持的重大课题，他回忆道："有次在总结报告会上，有位年轻人写了一篇有意义的论文，请吴先生审阅、修改并署名。吴先生说：'让我看看，提点意见可以，署名就算了。因为，你的文章我没有参与工作。'实际上，吴先生领衔的这项百余名植物学家参加的课题，吴先生对总课题、分课题和编写的文章都提出过很有价值的意见、建议和评论，却从不署名。"

吴征镒对论文署名的明确态度尽管只是一件小事，却反映了他严谨治学的科学精神，也体现了他为人治学的风范与朴素的人生观。

"正确的人生观不以索取为目的，而以服务为目的"

吴征镒站在国家利益的高度，提出建立自然保护区和野生生物种质资源库的建议，为我国生物多样性的保护和资源可持续利用做出了前瞻性部署。以他和胡先骕、秦仁昌等为代表的三代中国植物学家改变了中国植物主要由国外学者命名的局面。他和他的合作者们基本摸清了中国植物的家底，指导解决了资源有效保护和合理利用的理论问题，为构建中国植物区系地理学派奠定了基础，改变了世界陆地植物区系分区格局。他立足东亚、放眼世界，提出创新观点，为中国植物学工作者在国际学术界站稳脚跟做出了重要贡献。

❋ 吴征镒在腿脚不便的情况下继续为科技人员讲授植物区系地理学

吴征镒在为云南大学研究生所做的讲座中说过，一个科学家首先应该是一个正直的人，一个诚实的人（科学是老实的学问，来不得半点虚假），一个勤劳的人。学无止境，学如逆水行舟，不进则退，这就要求科学家要具备良好的科研素质。科学技术以自然为研究对象，是没有国界的，但科学家是有祖国的。搞科学的人首先要自觉树立正确的人生观和世界观，正确的人生观就是人的一生不要以索取为目的，而要以服务为目的，为人民服务就是一切。

2007 年，任继愈力邀吴征镒主编《中华大典·生物学典》。家人顾及他的身体和眼疾，建议他不要再工作了。但 91 岁高龄的他毅然接下了这份重任，把党员应尽的责任放在首位，直至生命的最后时刻。

吴征镒在获得国家最高科学技术奖时说："我的工作只是尽了一个植物学家、一个中国公民应尽的责任。我没有辜负国家和民族。我能够给中国人在世界（的植物学方面）上占一席之地。"

施雅风

不要人夸颜色好
只留清气满乾坤

施雅风（1919—2011），江苏海门人。1944年获浙江大学硕士学位。曾任中国科学院兰州冰川冻土研究所研究员、中国科学院南京地理与湖泊研究所研究员。地理学家、冰川学家、中国科学院学部委员（院士），中国冰川学的奠基人，中国冻土学和泥石流研究的开创者。

大公无私，关心爱护同事

中国是山地冰川大国，但对冰川的研究一直处于空白状态。1958年，中国科学院应国家开发西北地区的需求，组建高山冰雪利用研究队。面向国家需求，施雅风联合数十家单位，组织7个研究团队同时考察祁连山冰川，完成了我国第一部冰川学专著《祁连山现代冰川考察报告》，促进了我国冰川研究事业的长足进步和发展。

20世纪60年代初，国家面临经济困难，这让初见起色的冰川冻土事业随时面临解体风险。但施雅风从未动摇，他坚信困难是暂时的，既然从事了一项有重要意义的科学研究，就要坚持下去。

1960年夏天，施雅风毅然做出决定，举家从北京搬迁至生活条件十分艰苦的兰州，为其他科研人员做出了榜样。

施雅风的二女儿施建平回忆："我们家一到兰州，就住在乙等宿

● 施雅风（右）在野外考察

舍 13 单元两间背阴的房间。冬天窗户被大风刮得吹开，玻璃窗摇摇欲坠，直到母亲晚上开完会回来，才关上了窗户。当时副食品供应不足，很多人都吃不饱，母亲浮肿，我和姐姐也患上肝大疾病。"

据施雅风的同事苏珍和王宗太回忆，当时兰州生活用品供应艰难，吃饭成了大问题。许多人吃不饱，每天只能靠定量的杂粮面糊糊和窝头过活，一些人甚至出现浮肿现象。在这种情况下，施雅风拿出自己的工资，买了一篮鸡蛋分给大家。科研人员们都非常感动，许多人把这件事记了一辈子。

高风亮节，做好示范表率

在几十年的科研生涯中，施雅风始终保持对理想的坚持、对事业的热爱、对工作的负责，坚持求真求实。他胸怀大局，坚守初心，将个人得失置之度外。

1978年，时任国务院副总理的方毅在全国科学大会上作报告。报告分三个部分，一是我国社会主义科学技术事业发展的新阶段；二是树雄心、立壮志，向科学技术现代化进军；三是全党动员，大办科学。

施雅风听完报告后激动万分，怀着满腔热情投入到中国科学院兰州冰川冻土研究所的建设之中。为适应改革开放的新形势，施雅风果断先抓人才培养，提升科研人员的职称和待遇。

当时，政策规定所有职工每两年进行一次考评，被评为一级的可升一级工资。一级的人数按总人数百分比计算，数量有限。那时工资多年不变，升工资早被大家翘首企盼，必须慎重处理考评问题。对此，施雅风说："大家工资都太低，领导要做出榜样，不要挤兑群众。"

最终，所务会议做出决定，5名所级领导均不参加一级的评比，皆定为二级，空出5个一级名额给职工。这一决定执行了4年，其间历经两次考评，所领导为职工增加了10个升工资名额。这件事充分展现出施雅风的高风亮节。

省吃俭用，捐资助学助研

施建平回忆，父亲一生捐资修建了多所学校，捐助了多名学子，但对自己却十分苛刻。他一件喜欢的衬衣穿了又穿，领子磨破了还让妻子把领子反过来缝上再穿，拎包和水杯也用了多年。

施雅风在南京的住房有90平方米，里面住着施雅风夫妇和施建平一家共五口人。尽管稍显拥挤，但施雅风毫无怨言。1997年，施建平一家搬出后重新装修了这栋房子，施雅风从兰州回来看到后十分高兴，说"感觉挺幸福的"。

"子女和他的学生后来的住房条件都比父亲的好,但父亲仍然喜爱他在九华山大院的老房子。那里离办公室近,一张电脑桌、几件从兰州带回来的简朴家具和书架,甚至还有上世纪50年代从北京带来的藤椅子。父亲就在这个房子里完成了多本科学著作的编写和出版。"施建平说。

施雅风曾于1997年、2006年分别获得何梁何利基金科学与技术进步奖和甘肃省科技功臣奖。他将何梁何利基金科学与技术进步奖奖金中的一部分,用于补充出版学术著作经费及支持中国科学院南京地理与湖泊研究所图书馆建设;将甘肃省科技功臣奖奖金中个人可支配的20万元捐给希望小学改建破旧校舍。

不仅如此,施雅风还以个人积蓄常年捐助江苏家乡的中学,并在甘肃省康乐县设立以其爱人名字命名的"沈健女士奖学金",资助贫困地区的女高中生。

病重期间,施雅风多次表示要用剩余积蓄成立施雅风科学基金,奖励在冰冻圈学科及其相关领域做出杰出贡献的科学家。最终,家属依照他的遗愿,将100万元积蓄全部注入施雅风科学基金。目前,该基金仍在运作,资助了许多青年科研人员。

吴文俊

"不为获奖而工作，应为工作而获奖"

吴文俊（1919—2017），出生于上海，祖籍浙江嘉兴。1940年毕业于交通大学数学系，1949年获法国国家科学博士学位。曾任中国科学院数学与系统科学研究院系统科学研究所研究员。数学家，中国科学院学部委员（院士），第三世界科学院院士，国家最高科学技术奖获得者，荣获"人民科学家""最美奋斗者"等称号，中国数学机械化研究的创始人。

"学成回国是天经地义的事情"

吴文俊于1947年赴法留学，师从埃里斯曼，1949年毕业于法国斯特拉斯堡大学，获得法国国家科学博士学位，随后在法国国家科学中心任副研究员。1951年，他放弃在法国的优越条件，回到祖国参加社会主义建设。巴黎的生活条件与环境十分优越；当时他的老师埃里斯曼也在挽留他。但吴文俊不为所动，毅然决定回国。后来，他解释过他的想法："出国留学，学成回国是天经地义的事情，是非常自然的……这个问题倒是应该提给那些滞留在国外的人：为什么不回国？"曾有法国朋友对吴文俊说："你若是晚走几个月，也许1954年的菲尔兹奖就给你了。"当吴文俊被问到此事时，他不在意地笑着说："我并不在乎。"

面对祖国的召唤，无论是丰厚的物质条件还是可遇不可求的荣誉，吴文俊从来没有动摇过自己对祖国的拳拳赤子之心。强烈的爱国热情使吴文俊对国家命运有高度的责任感，对同胞有深厚的感情。他自觉地把祖国的利益放在高于一切的位置上。吴文俊的博士生、中国科学院数学与系统科学研究院研究员刘卓军说："吴先生是个民族自豪感非常强的人，他一直以振兴中国的数学为己任，这对我们年轻一代的影响不是用几个字就能形容的。"

"不为获奖而工作，应为工作而获奖"

吴文俊治学严谨，学术思想活跃，但从来不在意个人名利。无论获得多么高的声誉，他总是勤奋地在科研第一线工作，生活也从来都是简单质朴的。

桂林航天工业学院校长吴尽昭是吴文俊的学生。在他的印象里，老师虽成就斐然，但始终淡泊名利。吴尽昭介绍道："先生常对我们说，'不为获奖

● 吴文俊（左二）在家中客厅与学生讨论问题

而工作，应为工作而获奖'。这正是先生长久以来对待奖项荣誉的态度。读博期间到先生家里学习拜访，满室书卷是先生家里最大的特色，从没见过任何奖杯、奖状被摆放出来。"中国科学院数学与系统科学研究院郭雷院士对此也印象深刻："每次到吴先生家拜访都发现客厅陈设依旧，十分简朴。在我眼里，吴先生是一位真正的大学者。"

"吴先生衣着朴素，谈吐随和。"合肥工业大学教授李廉谈起吴文俊给自己留下的印象，"上世纪 80 年代末，吴先生随政协考察团来甘肃，大约 8 月底，天气还比较热，吴先生一身短裤短衬衣，背了一个很普通的挎包，一个人从下榻的宾馆走到兰州大学来找我，令我十分惊讶又感慨万分……在吴先生身上，我真正领会了如何去做一个纯粹的人的道理。"

巨额奖金与三个基金

2001 年，吴文俊凭借其对拓扑学的基本贡献和开创了数学机械化研究领域获得了首届国家最高科学技术奖，得到了奖励证书和 500 万元奖金。吴文俊拿到奖金后，思考的是：如何用好这笔钱，促进科研的发展。

吴文俊的学生吴尽昭提到："他不肯从数百万的巨额奖金中拿出一部分改善生活条件，却用来开展自主选题的研究，支持优秀项目。"经过吴文俊的深思熟虑，他设立了三个基金支持有关研究。第一个是数学机械化应用推广专项经费；第二个是主要支持中国数学史研究的数学与天文丝路基金；第三个是数学机械化思维与非数学机械化思维研究基金。

吴文俊曾说过："我不想当社会活动家。我是数学家、科学家，我最重要的工作是科研。"他真正做到了一生投身科研，将自己的一切都献给了中国的数学事业。

王绥琯

"真正的治学之道在于求知而非物欲"

王绥琯（1923—2021），出生于福建福州。1943年毕业于重庆马尾海军学校，1945—1950年在英国格林尼治皇家海军学院学习。曾任中国科学院北京天文台台长、中国科学院国家天文台研究员。天文学家、教育家，中国科学院学部委员（院士），中国现代天体物理事业的奠基者之一。

刻在骨子里的家国情怀

王绥琯的女儿王荧曾这样问父亲："中国一穷二白，怎么考虑的要回国？"他说："你问这个问题，你可以看看我上一辈的人，他们有没有回答过这个问题。这是刻在骨子里的一种家国情怀，从小的教育潜移默化中，就感觉是需要报效祖国的。"

1953年，王绥琯毅然放弃了国外优渥的生活待遇和科研条件，义无反顾地投身祖国的建设。1955年，面对国家急需的"大地测量与绘图"任务，他义不容辞地承担了提高授时信号精确度的重任。尽管面临人才稀缺、技术落后、设备有限等重重挑战，他依旧带领团队在短短两年内将授时精度提升至百分之一秒，自此"北京时间"更为精准地回荡在中华大地上。

1958年之后，王绥琯根据国家需求，紧扣国际前沿，开创中国的射电天文学研究。

● 1958 年，王绶琯（中）在海南岛开始创建我国射电天文站

熠熠闪光的"王绶琯星"

　　"王绶琯院士把中国的天文学的基础做起来，然后射电天文在国际上那个时候已经开展得挺好了，我们不能缺席。而且射电天文是跟光学天文互补的，在电磁波段里开展天体和宇宙的测量，所以也必须得尽早开展起来。"中国科学院院士、中国科学院国家天文台研究员汪景琇如此回忆道。此后三十多年，以北京郊区的沙河和密云作为基地，经过艰苦的岁月和奋斗，中国的射电天文设备和队伍都建设起来了。他领导的团队于 1984 年完成了密云米波综合孔径射电望远镜的建设，并于次年获得国家科学技术进步奖二等奖；1996 年完成了全天空射电源的巡测。在这个队伍中的年轻学生南仁东，后来建成了"中国天眼"FAST（five-hundred-meter aperture spherical radio telescope，500 米口径球面射电望远镜）。

　　天文学是一门观测科学，如果看不到，就无法进行研究。如何在西方先进的技术和研究前沿取得突破，成为中国当代科学家的责任。王绶琯以国家的科研需求为己任，发现了天文学研究的瓶颈是大量天体光谱的测量。于是，他组织年轻同志一起创造性地设计了大天区面积多目标光纤光谱天文望远镜（large sky area multi-object fiber spectroscopy telescope，LAMOST），甚至在预研阶段自费投入到这项伟大的科学研究和学科布局中。

中国科学院国家天文台研究员韩金林动情地介绍了王绶琯推动 LAMOST 项目的经过："现在项目，都是申请各种经费去做各种预研究。先生提出 LAMOST 构想，完成 LAMOST 这样伟大的鸿篇设计，都没有花国家的钱，基本上全是靠他的工资支持、在他自己家里做出来的。"

LAMOST 项目助力了中国天文学在相关领域走向国际前沿，首次实现了天区覆盖、巡天体积、采样密度及统计完备性等方面的重大突破，使中国一跃成为当时国际上获取天文光谱最多的国家，目前数量已经达到两千万条，是国际上其他光谱巡天望远镜发布光谱数量总和的 2 倍多，取得了大量原创性科学成果。1993 年，为表彰王绶琯对天文事业的贡献，中国科学院紫金山天文台将编号为"3171"的小行星命名为"王绶琯星"。

"真正的治学之道在于求知而非物欲"

甘为人梯、奖掖后学的育人精神，贯穿了王绶琯的一生。1999 年，为了多扶持"科学苗子"，王绶琯倡导并创建了北京青少年科技俱乐部，得到了钱学森、王大珩、周光召等 60 多位科学家的支持。当时已年过七旬的王绶琯不辞辛劳，亲自走访国家重点实验室，为顶尖中学生寻找科研导师，为明日杰出科学家创造机遇，邀请著名科学家开设科普讲座，指导科研实践，传承科学家精神。

俱乐部成立之初，经费难筹，王绶琯便慷慨解囊，捐出稿费以支持俱乐部运营。然而每当有记者想要报道他捐款的事迹时，他总是婉言谢绝。

王绶琯淡泊名利、无私奉献的精神风貌，展现了老一辈科学家的崇高风范。尽管在科研领域内取得了举世瞩目的辉煌成就，但他在个人生活上却始终保持着朴实无华的作风，体现了"真正的治学之道在于求知而非物欲"的高尚情操。

王绶琯的女儿王荧是这样评价父亲的，"生活上他是一个满足基本需要就可以的人。如果我不积极地给他去添置一些衣服，他也不会有要求。只有一次他主动地跟我提出来，他说能不能给他换一块手表？我就没注意过他的手表，当时他的眼睛坏了，那个表盘是金（色）的，针也是金（色）的，没有色差，他的眼睛就看不见。然后我就把他的表摘下来一看，我心里就很难过。"

从青丝到白发，从造船到观星，从国内到国外，从科研到教育，王绶琯的每一次选择有偶然，也蕴藏着必然——这是一位科学家对祖国最深情的表白，更是一位老党员对党和国家的忠诚与信仰。

为了介绍王绶琯是多么重视自己的中国共产党党员身份，韩金林给大家讲述了王绶琯交党费的往事："他每次都想亲自恭恭敬敬地拿上自己的党费到党支部那边去交的。在90多岁的时候，先生对我说，'麻烦你，我自己已经不太方便去了，麻烦你把这份党费交给张海燕同志（时任党支部书记）'。他对党真的是一片赤诚之心啊，总是尽心尽力地去完成党交给的使命。"

2021年1月28日，王绶琯在北京安然辞世，留下了光辉的人生篇章。在幽邃的夜空中，"王绶琯星"璀璨夺目，正如在很多后辈学者的心中，王绶琯作为"科学启明星"同样熠熠生辉。

夏培肃

"不义而富且贵，于我如浮云"

夏培肃（1923—2014），原籍四川江津（现重庆市江津区）。1945年毕业于中央大学电机系，1950年获英国爱丁堡大学博士学位。曾任中国科学院计算技术研究所研究员。电子计算机专家，中国科学院学部委员（院士），中国计算机事业的奠基人之一。

"我没有直接参与具体研究，就不能署名"

夏培肃一生坚守科研廉洁，坚决抵制学术不端行为。在她看来，科研成果是科研工作者智慧与汗水的结晶，必须真实可靠，容不得半点虚假。她对论文署名极为严谨，除非自己确实参与了论文的实质性工作，否则绝不允许学生将她列为作者之一。

有一次，一位学生在撰写论文时，因认为夏培肃在研究方向上给予了一定指导，便想将她列为共同作者。夏培肃得知后，坚决拒绝了这一请求，并教导学生说："署名是对科研贡献的认可，我没有直接参与具体研究，就不能署名，你们要靠自己的努力去争取学术认可。"这种对学术声誉的珍视和对科研廉洁的坚守，为中国计算机领域树立了良好的学术风气。

夏培肃一共培养了60余名研究生，在很多学生的回忆里，都有对恩师这个方面的描述。

"记得那时候夏先生指导我写论文，反反复复修改了许多次，每句话，甚至每个标点符号，她都会用红笔做上记号……最后这篇论文终于发表了，夏先生坚持把我放在第一作者上，但是实际上这篇论文的创新思想却是她提出来的。"

"计算所的很多人都知道夏老师的一个学术原则——不同意在学生论文中署名，除非自己在其中有实质性工作。学生们历来十分小心，不敢在自己的文章中随便署上导师的名字。"

胡伟武还记得，在他刚入师门时，夏培肃主持的一项国家自然科学基金重大项目"并行计算机及并行算法"已接近尾声，他只参加了部分"扫尾"工作，在项目主要完成人名单上排名靠后。该项目斩获了中国科学院科技进步奖二等奖，按规定有9人可以获奖。胡伟武意外地收到了获奖证书。后来师兄告诉他："夏老师把获奖名额让了出来。"一个项目获了奖，项目主持人却不在其中，这在学术界恐怕是罕见的。

周知予是夏培肃指导的最后一位博士生。其间她有一篇论文投稿时正赶上夏培肃身体不太好，每天要去医务室输液。"我们就在医务室见面，她会把稿子带上，把需要修改的地方详细地给我讲清楚。"后来论文在《计算机学报》发表，夏培肃坚持把周知予列为第一作者。

"给他们做人梯，让他们踩着我过去"

夏培肃对后辈学生的关心关爱令人动容，她是一位真正把培养人才作为己任的导师。在学习上，她对学生既严格要求又悉心指导。她要求学生的博士论文必须有明显创新，要有自己的思想和理论，对于学生的论文从学术内容到章节安排、单词用法乃至标点符号，她都会仔细推敲和修改。

夏培肃还积极为学生创造实践机会，鼓励他们参与科研项目。比如，在

● 夏培肃在查阅科研资料

她负责的一些重要科研课题中，她大胆起用年轻的学生骨干，让他们在实践中不断提升自己的科研能力。

在生活中，夏培肃对学生关怀备至，如同亲人一般。她了解学生的困难和需求，总是在他们最需要的时候伸出援手。有一位学生家庭经济条件困难，面临着无法继续学业的困境。夏培肃得知后，主动帮助他申请助学金，还从自己的工资中拿出一部分资助他，让他能够顺利完成学业。胡伟武在出任龙芯处理器首席设计师时，她不仅帮其搜集资料，还鼓励他大胆创新，为"龙芯一号"的诞生付出了心血。她对学生的关爱不仅仅局限于在校期间，即使学生毕业后，她依然关注着他们的成长和发展，为他们的每一次进步感到骄傲和欣慰。

她曾多次说："我自己也许不能到达世界最高的顶峰，但我希望我的学生能够。我给他们做人梯，我给他们铺路，让他们踩着我过去。"

"不义而富且贵，于我如浮云"

　　夏培肃的一生，为人低调、淡泊名利，除了专注于科研，就是教书育人，传播计算机科学，凡是和她接触过的同行，都对她敬佩有加。1991年，夏培肃当选为中国科学院学部委员，是由和她素昧平生的王大珩院士和师昌绪院士主动推荐的，他们的依据是她的学术成就与贡献。不管取得多少重大成果，夏培肃从不宣传自己，留下的个人资料和照片都不多。

　　"不义而富且贵，于我如浮云"是夏培肃常说的话，也是她的人生写照。她省吃俭用，古稀之年，依然骑着自行车去上课。生前累计捐款20多万元，去世后其留下的61326.77元也悉数捐出。

　　2014年8月27日，91岁的夏培肃不幸与世长辞，这位坚信"不义而富且贵，于我如浮云"的老人走完了她的人生之路。人生虽已落幕，但她在中国计算机科技发展史上留下的深深印迹却灿烂夺目。

王祖望

不争"帽子"不建组

王祖望（1935—　），浙江宁波人。1960年毕业于南开大学。曾任中国科学院西北高原生物研究所研究员、所长，中国科学院动物研究所研究员、所长。动物生态学家，主要研究啮齿动物种群生态学及防治、生物力能学及生理生态学。

不争"帽子"、不建组的"局外人"

在从中国科学院西北高原生物研究所来动物所之前，王祖望已是动物生态学领域的知名学者，也是青海省优秀专家。若继续沿着科研这条路走下去，或者借一所之长的优势，为自己建立强有力的研究队伍，领衔重大项目，积累更丰硕的科研成果，将会在科研领域有更广的发展空间。但是，王祖望完全没有为自己打算，而是将全部精力投入到动物所的改革和发展上。在任8年，他没有在动物所建立自己的研究组。他的学生王德华博士后出站时才知道，原来王祖望自己都挂在其他研究员课题组内。他亲自组织召集青年人研究重大项目建议，最后让青年人作为负责人申报。

当所长的那些年，王祖望把机会、荣誉都让给了年轻人。如今他昔日的下属、栽培的学生中，不乏院士和学科带头人，但他并未戴上几顶"帽子"。在科研合作中，王祖望从不看重署名，总是主动将通信作者的位置让出去，就连他作为项目申报人和主持人申请到的国家级项目、100多万元的课题经费，也让给了刚回国、没有根基的年轻人。

"没有嗜好"的老所长

在许多人眼里，王祖望几乎是"没有个人嗜好的人"。他不善交际应酬、不讲究穿戴，还曾因穿着过于朴素，被动物所的保安拦下来，要求出示证件。

王祖望不讲究排场。在所里人才引进期间，因办公空间紧张，他把20平

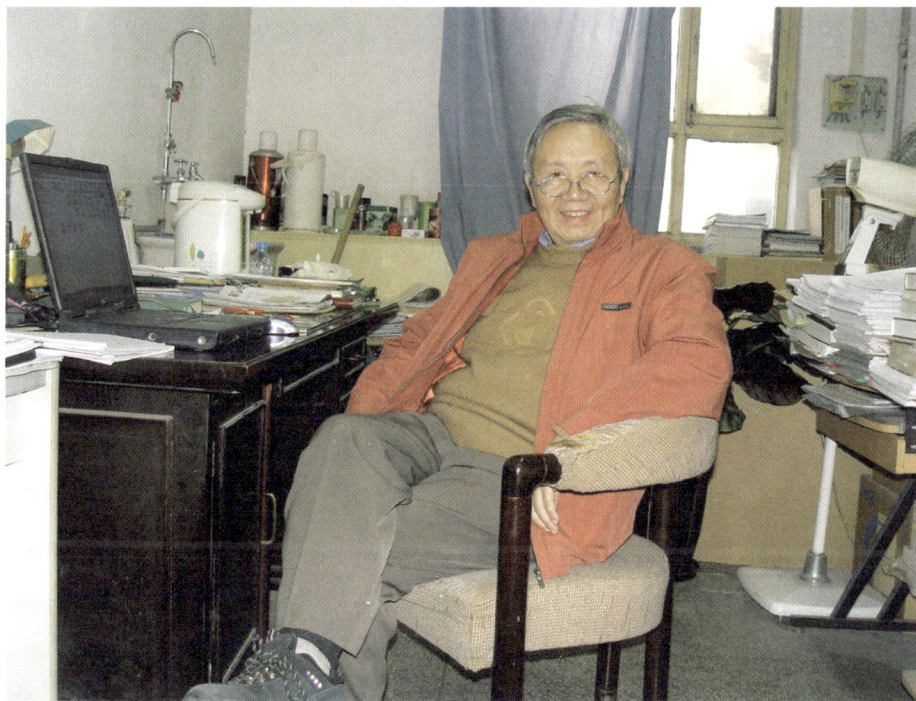

✿ 王祖望在办公室，办公桌和椅子都是自己家里的（王德华供图）

方米的所长和秘书的办公室套间腾出来让给新来的年轻人，自己搬到财务室旁边一个嘈杂的小房间办公。

他的办公室设施也是"凑合"出来的。为了节省所里的桌椅，他从家里搬来写字桌和旧椅子。所里考虑到他腰不好，为他配备了几把带弹簧垫子的靠椅，他也只是在开会时坐坐。卸任所长时，王祖望找到王德华，对他说："你帮我把这几把弹簧椅子还给所里吧。"王德华悄悄告诉他现在没人要这么旧的椅子了。

分房时，总是先人后己

王祖望到动物所任职后，由于没有住房，较长一段时间借住在岳父母家，乘公交车上下班。当住房调整机会到来时，王祖望作为一所之长、研究员，工作时间也很久，又是无房户，理应优先解决住房问题，但他没有伸手，最后搬进了一套小三居腾退房中，直到2000年退休后，他的住房条件才进一步改善。

成为王祖望的学生也要先人后己，不仅享受不到优待，反而要带头让出利益。王德华回忆，20世纪90年代动物所博士后公寓紧张，有一天，老师把他叫到办公室，说了一声"我做主了"，便安排他住到动物饲养房改建的平房宿舍。

在职称评定会上，拍了桌子

早些年，动物所的新学科布局滞后于国际水平，在分子生物学等前沿领域出现人才断层现象，宏观生物学领域还没有挑大梁的青年人，人才队伍面临青黄不接的窘境。王祖望清楚，要解决问题，就得改革；要改革，就得不怕得罪人。

在动物所改革时，他撤并人员臃肿的机构，将有限资源向 3 个国家重点实验室及年轻人倾斜，得罪人是常事。

王祖望最大一次发火是为了给年轻人争取评职称的机会。那是 1995 年的一个秋夜，动物所一个会议室里灯火通明，讨论声此起彼伏。职称评审委员会争论的焦点是几位年轻科研人员的晋升问题。王祖望认为，要"扶老携幼"，让老中青都有所为，同时给年轻人更多机会。但在场的也有人认为，几名年轻人资历不够，不该轻易破格提拔。僵持多时，王祖望大声道："如果再论资排辈，动物所前景堪忧，有些课题组会被拖垮！"在座者意识到，这不仅仅是几位年轻人职称的评定，更是关于动物所未来科研风向之争。凌晨一点多，会议投票通过了两名年轻人的晋升提案。这两名年轻人后来都成为动物所的中流砥柱。

（部分故事改编自孟凌霄：《不争帽子不建组，他只想让中国动物学"站得住"！》，《中国科学报》2025 年 4 月 17 日）

吴积善

"把我的名字划掉"

吴积善（1938—2023），浙江慈溪人。1962年毕业于南京大学地理系，1967年于中国科学院地理研究所研究生毕业。曾任中国科学院、水利部成都山地灾害与环境研究所研究员、所长。泥石流研究专家，长期从事泥石流理论研究与防治实践。

"把我的名字划掉"

吴积善在任中国科学院、水利部成都山地灾害与环境研究所所长的近十年间，很少担任课题组组长，即便带领大家争取到项目，也是主动让其他人当组长。作为学科带头人，他不仅承担了艰巨的科研任务，还往往在荣誉和利益面前优先考虑他人。1991年，某个科研项目在申报中国科学院科技进步奖一等奖时，受获奖人名额限制，有位同志报不上去，产生了抵触情绪。吴积善知道后，当即表态"把我的名字划掉"。后来虽然院里不允许更换，但他先人后己、不计较个人得失的宽厚胸怀赢得了人心，也消除了那位同志的心结。之后吴积善的课题组也在他"大度""能吃亏"的品质带动下，关系融洽，几乎没有因为利益上的事而红脸，课题组的凝聚力、创造力也越来越强。

1999年4月，昆明市东川区

设立小江河谷热区河滩地开发与保护项目，并指定吴积善任项目负责人。吴积善推辞了，向地方推荐了一位崭露头角的副研究员。昆明市项目负责同志起初不同意，觉得有吴老师在才放心。之后经再三劝说，吴积善也只是同意参与项目，但仍然不当项目负责人。在那个申请项目和经费都比较困难的年代，他主动让贤的做法被很多人不理解，甚至有"热心"同事劝他趁退休前正好拿个大项目。吴积善说："我快退休了，年轻的同志就应该出来挑大梁。老头子一直冲在前面，这个队伍就带不好。"

"他的光一点儿都沾不上"

据吴积善身边的同事回忆，20世纪八九十年代，由于我国民航事业刚刚起步，航班少，机关事业单位严格控制乘飞机出差。有次课题组终于有机会乘飞机去北京，这可把大家高兴坏了。可他板着脸说："谁都不要坐飞机去，我看绿皮火车就蛮好的，又省钱又安全。"同样，吴积善带大家出差也是尽量住小旅馆，有时甚至是半地下室，而不是有档次的宾馆。这让同事们叫苦不迭，觉得他"抠门""不会享受生活""他的光一点儿都沾不上"。他笑笑说，这样才能把不多的课题经费花在刀刃上，同事间也不搞特殊，有利于团结。

"不称职"的爸爸

20世纪70年代，吴积善带领一批刚出校门、对泥石流一无所知的年轻人，踏上了成昆铁路黑沙河泥石流灾害防治研究的艰辛之旅。那时凉山彝族自治州野外工作条件十分艰苦，为了便于施工，大家借住在黑沙河附近的林场里，用临时搭建的木板当床，白天带着干粮上山测量，晚上在煤油灯下整理资料。尤其在施工关键期，大家一直守在现场，与民工同吃同住。每人每月只有半斤油、一斤肉的配额，胡豆瓣、厚皮菜拌饭是常态。有的同志因为吃伤了，直到现在都不碰胡豆瓣、厚皮菜。在这样艰苦的条件下，始终没有一个人打退堂鼓，有的甚至连春节都没有回家。吴积善当时是工程负责人，肩上的责任最重。他回忆说，儿子出生时，正是工程最紧张的时候，根本没时间回成都，直到孩子一岁，才第一次见到他这位"不称职"的爸爸。以至于多年后，儿子见到他都远远躲着、不肯亲近。

据吴积善儿子吴剑回忆，父亲衣着简朴，冬天一件灰色呢子短大衣，一穿就是十多年，后来掉色、磨损严重，就让妈妈补补，舍不得扔；夏天几件衬衫，来来回回换着穿，很少给自己添置新衣服。家里吃饭也很简单，一般都是在家里做，变花样做菜和出去吃的时候很少。父亲出差是常态，几乎没有太多时间陪他们。有时为了表达对孩子的亏欠，他偶尔也会带"礼物"，但从来都不是玩具车之类的，而是一些奇奇怪怪的石头和野外工作的故事。这就是一位科学家父亲的"浪漫"。

我们就是要给当地留下一支带不走的队伍

吴积善常说："获奖和名誉算不了什么，能够利用各种机会，多学习知识、减少灾害危害，多为老百姓做点好事、积德行善才是正路子。"1995 年，有同志反映，在昆明市东川区一个重要的泥石流防治工程纪念碑上，只字未提中国科学院、水利部成都山地灾害与环境研究所，而该所科研团队承担了该工程设计和规划等重要任务。吴积善开导说："我们科学院最终就是要给当地留下一支带不走的泥石流防治队伍。"这句话让在场的所有人心平气顺，无不为他的眼界和气度所折服。

退休后的很长时间里，吴积善依然会收到很多来自家乡、地方科协和台站所在地东川区的信函，有咨询问题的，有征求建议的，他都会认真阅读并

🏵 吴积善（站立者）和团队在学术讨论中

逐一回复。遇到不清楚的情况，他还会查阅资料或者请教课题组的年轻同事。家人劝他年纪大了，不必太认真。他说这本来就是一名科研工作者的责任，退休后仍然有地方上的同志有问题时能想到你，就是值得的。

无私奉献篇

陈 焕 镛

**没有小我
只有标本**

陈焕镛（1890—1971），广东新会人。1919 年获美国哈佛大学硕士学位。曾任中国科学院华南植物研究所研究员、所长。植物学家，中国科学院学部委员（院士），中国近代植物分类学的开拓者和奠基人之一。

自筹经费，舍命护标本

"我来信是想告知你，我们的研究所还在，但是几乎无法正常运作，因为我们每天都要躲避3—4次的空袭。此时此刻，随时响起的空袭警报声，是这个死寂的悲惨城市唯一的声响……我们非常担心，我们珍贵无比的标本馆和图书馆将在战火中销毁。"1937年10月14日，陈焕镛在给挚友、美国著名植物学家梅尔教授的信中，透露出对突如其来的战争的万般焦虑不安。他首先顾虑的不是个人安危，而是那些费尽心血采集和收集而来的珍贵标本及图书资料的安全。

20世纪30年代，陈焕镛领导的中山大学农林植物研究所培养了一批优秀人才，建立起拥有11万号标本及20多万份复份标本的标本馆，馆藏图书4000多册的图书馆，以及占地90多亩的植物标本园，成为中国南方重要的植物学研究机构。截至1937年，陈焕镛冠名发表的植物新类群和新组合已超过 200 个。当时研究东亚植物的权威专家梅尔盛赞他为"中国最好的，同时也是最富有成就的植物学家之一"。

然而，1937 年 7 月 7 日的卢沟桥事变无情地打断了这一科研进程。

抗日战争全面爆发后，日军向广州逼近，频频空袭广州。一日，日军投掷的炸弹击中中山大学农林植物研究所旁的一棵树，研究所险遭毁灭。陈焕镛忧心如焚，唯恐半生苦心收集的标本、图书以及仪器毁于战火之下，于是屡次向校方请求迁往香港保存。终于，校长邹鲁前往重庆避难前夕同意，但邹鲁也声明一切费用必须由陈焕镛自筹。

1938 年 1 月，陈焕镛终于筹得搬迁费用，冒着生命危险开始了搬迁工作，先后将 14 多万号珍贵植物标本（包括中山大学理学院采集于瑶山的 4 万号标本）及图书、仪器等重要物品运往香港九龙。同时陈焕镛通过家族亲人的关系，租得九龙码头围道 314 号及弥敦道货仓一所，用于暂存物资。随后陈焕镛家族出资迅速在码头围道 288 号新建一座两层半的洋房存放图书和标本，并作为中山大学农林植物研究所香港办事处。

历经种种险境，陈焕镛竭尽所能地让中山大学农林植物研究所在香港延续下去。迁港之后，此前中华教育文化基金董事会的拨款没有了，而中山大学下拨的经费也很少，员工生活非常艰苦，主要还是依靠陈焕镛向其家族在香港经营的报社借钱垫付维持。陈焕镛妻子的姐妹甚至把房子都抵押了，以解燃眉之急。

中山大学农林植物研究所在陈焕镛的领导下，国际声誉日隆。在这种情况下，研究者纷纷与该研究所联系，欲到研究所从事研究，但香港办事处地方狭小，经费拮据而一时难以接纳，这使陈焕镛备感歉疚。

忍辱负重，与研究所共存亡

1941 年太平洋战争爆发，12 月 12 日香港九龙被日军占领，圣诞节当天港英当局宣布向日寇投降。日军进驻九龙后无恶不作。位于九龙的中山大学农林植物研究所香港办事处被日军包围，原来是有人举报该研究所是"重庆敌产"；又因该研究所的研究经费是由中华教育文化基金会补助的，因此被认定是美国资助的机关。日兵亮着刺刀闯进研究所搜查。研究所办事处被监视封锁，人员不得出入。

"在一个浓黑的夜晚，当敌人的坦克轰隆隆经过我们门口时，我们都决定要坚守在植物研究所，与研究所共生死是我们的命运。"1947 年，陈焕镛在给梅尔的信件中忆起在中山大学农林植物研究所的危急关头，自己已抱定了慨然以赴、与研究所共存亡的决心。

危难之际，伪广东省政府代表向他们伸出了"援手"。原来英军投降后，伪广东省教育厅厅长林汝珩派大批官员到香港访问游说。林汝珩亲自到中山大学农林植物研究所香港办事处，劝说陈焕镛率领全体工作人员及眷属迁回广州。他承诺由伪广东省政府特备专船先行接载他们归来，研究

Botanical Institute, Sun Yatsen University
Hongkong Office

香港辨事處派浸標本室

國立中山大学农林植物研究所

HERBARIUM BOTTLED SPECIMENS

🌸 1938—1942 年，香港办事处时期，中山大学农林植物研究所液浸标本室

所仍由陈焕镛领导，伪广东省政府对于所内的一切行政与人事事务绝不干涉或更动，并保证全部公物由研究所继续保管、自由处理，而经费由伪广东省政府支持。

此时的陈焕镛面临两难选择：困守香港，中山大学农林植物研究所香港办事处的标本很可能会被日寇掠夺；返回广州，标本虽然能够保存，但会背上汉奸的罪名。为了挽救研究所，他已别无选择，于是做出了牺牲个人名节、保护科研资料与成果的选择。

为了将标本、书籍等顺利迁回广州，并得以继续工作，陈焕镛被迫与汪伪国民政府合作，也因此在1945年被诬告并卷入汉奸审查案，差点身陷囹圄。此后幸得国内外植物界同行为他力证清白，才终于在1946年底洗脱冤屈。

抗日战争期间，国内不少珍贵标本皆毁于战火，如北平的静生生物调查所、南京的中央研究院动植物研究所、中国科学社生物研究所等机构，都因为缺乏准备，致使许多珍贵标本资料要么落入敌手，要么毁于战火之中。

香港动植物园的标本则被运往英国，至此留在了英国。其他国家，如德国植物学家伯雷特（Burret）为纪念陈焕镛所做出的贡献，以他的名字命名的琼棕的主模式标本，原收藏于德国柏林植物园暨博物馆，在第二次世界大战中被炸毁，而后选模式标本因保存在中山大学农林植物研究所而得以幸存。此外，该研究所还有一批从菲律宾交换而来的珍贵植物标本，因及时辗转香港、广州，得以完好保存，但其本国的标本则在第二次世界大战中不幸被毁。

多少人类文明成果与生命在无情的战火中万劫不复。正是以陈焕镛为代表的所有守护者不顾个人荣辱与安危，舍生忘死，竭力挽救，中山大学农林植物研究所重要的标本和图书资料等才得以在抗战中较好地保留，并且中山大学农林植物研究所成为我国战后植物研究复兴的主要机构之一，使得植物学研究事业得以迅速恢复，薪火相传。

周 仁

散尽家财，守住
科学救国火种

周仁（1892—1973），江苏南京人。1910年毕业于江南高等学堂，1915年获美国康奈尔大学硕士学位。曾任中国科学院工学实验馆馆长、中国科学院冶金陶瓷研究所所长、中国科学院上海分院副院长、上海科技大学校长。冶金学家、陶瓷学家，中国科学院学部委员（院士），中国钢铁冶金学、陶瓷学的开创者和奠基人之一。

慎独自律，砥砺科学救国之志

周仁年少时求学于上海、南京。1910年7月，他在江南高等学堂完成了高等教育，不久后便考取清华学堂第二批庚子赔款留美公费生，被美国东部的康奈尔大学录取。他没有选择更加热爱的文学和数学专业，而是选择了将来可以制造"利器"的机械学，硕士阶段又转投冶金学。

自美国康奈尔大学冶金学专业毕业归国后，迫于时局艰辛，国家积贫积弱，国民政府不重视科学技术，周仁没能很快施展抱负，辗转于后来的南京大学等高校当教授，传道授业解惑。1919年，周仁事业迎来转机，国民政府邀请周仁担任四川炼钢厂的总工程师试验电炉炼钢，有着科学救国初心的周仁即刻辞去大学教职，加入四川炼钢厂，并亲赴美国购买电炉。周仁到摩尔电炉公司实习，同时验收机器。当周仁与摩尔电炉公司办理购买电炉手续时，摩尔电炉公司要给周仁一笔佣金奖励他推荐购买该公司的电炉。周仁婉言谢绝，并表示如果他们坚持要付，则可作为购买电炉的优惠，从总金额中扣除这笔钱。摩尔电炉公司为周仁的无私廉洁所深深感动，进而希望周仁成为摩尔电炉公司在中国的经销人。这是一个发财的机会，但周仁无心做生意，当洋买办，他一心想早日把设备运回国内，实现开创中国电炉炼钢事业的宏愿。经过一年多的努力，设备如期运到四川。那个年代，从国外购买设备拿佣金是明面上的事，但周仁慎独自律，不为所动。

散尽家财，守住科学救国火种

1927 年，周仁受蔡元培之托，任中央研究院常务筹备委员。次年，中央研究院工程研究所成立，周仁担任首任所长。至此，周仁便把这个新生的研究机构视为生命中不可分割的一部分，在该机构发展过程中的每一个重要关头，他都倾其所有、散尽家财，守住科学救国的这缕火种，为我国现代冶金、陶瓷学科发展开山发轫。

1928 年，周仁以 9000 元开办费，在中央研究院工程研究所建立陶瓷试验场，并从湖南、江苏等处请来八名技工，筑窑烧瓷，开始对陶瓷的研究。1929 年，中央研究院的工程所、理工所、化学所置地于上海霞飞路（现淮海中路）共建理化实验大楼，周仁任筹建会常务委员。他经常亲临工地，对打桩、土建等工作均加以督察，特别注重施工质量。1931 年九一八事变后，抗战爆发，施工中辍，即将完工的大楼临时改作战时难民收容所。1932 年 5 月工程得以重新开工，但经费拮据，原 50 万元的拨款已不敷工程完工之用，缺额 13 万元。为此，周仁上下奔走，筹得款项，才使工程得以在 1932 年全部竣工。抗日战争全面爆发后，1938 年举所迁至云南昆明，中央研究院停止拨款，没有设备、没有厂房，无法进行正常的科学研究，也无法维持员工的生计。这一切都没有难倒周仁，他决心在大后方积极为抗战服务。周仁在善于交际的妻子——曾国藩的外孙女聂其璧的协助下，终于说动了国民党云南省的重要人物缪云台和爱国实业家刘鸿生等人，以公私合股的形式办起了"中国电力制钢厂"，聂其璧也把自己的私蓄、陪嫁拿出相助。周仁任总经理兼总工程师。多数职工都在钢厂任职，这才解决了研究所的经费短缺问题。在昆明的七年时间，中央研究院工程研究所贯彻周仁一切为抗战服务、服从战时需要的指导思想，冶炼钢铁、熔制玻璃，为武器制备、医疗器械等提供材料保障。1946年，研究所回迁上海。1947年，南京国民政府教育部部长、中央研究院院长朱家骅多次授意周仁将研究所迁往台湾，周仁以保全科研设备为由拒不执行，与科研人员共同坚守，终于迎来新中国诞生。

躬行践履，复兴中华陶瓷文明

1949年11月1日，中国科学院成立，次年6月，首批15个研究机构成立。其中，周仁创办的中央研究院工程研究所改名为中国科学院工学实验馆，主要围绕冶金、陶瓷、玻璃进行研究工作，周仁任馆长。

有一件事令周仁永志难忘，1953年周恩来总理指示轻工业部要抓好中国古瓷的研究，轻工业部找到郭沫若，郭沫若说："上海有个周仁，是国瓷专家。"于是周总理下达的中国古瓷研究任务落到了周仁的肩上。他听说一些驻华使节出于对中国陶瓷的崇拜，想购买精美的中国瓷器，但每每失望，国家领导人在接待外宾时，也常因礼品中的陶瓷器皿制作粗糙而难堪。听到这些消息，周仁的心情十分沉重，他认为这是"陶瓷古国的耻辱"，希望继续进行中断了的仿古陶瓷研究，在有生之年深入总结我国陶瓷工艺，使我国古陶瓷艺术重新开出鲜艳之花。现在党为他提供了科研条件，并成立了"国瓷"研究小组。党和祖国的重托，使这位老科学家深感责任重大。他积极开

● 1956 年，周仁（左二）在"国瓷"研究小组指导研究

展对古陶瓷技术的总结和研究工作，并着手恢复历代名瓷的生产。即使他已年逾花甲又担任繁忙的社会工作，他也常去实验室讨论，撰写论文。他率领"国瓷"研究小组多次访问瓷都景德镇，在古窑遗址的废墟瓦砾中挖掘收集古瓷；他不顾年迈体弱，坚持攀上高温窑顶观察分析炉火情况；他多次南下浙江龙泉，在荒芜的山岗陡坡寻找古窑遗址。他的治学态度十分严谨，对每一个窑址都要弄清它的年代及身世。他还请画家把景德镇老匠人的操作画成画册，以传于世。

在周仁的领导下，"国瓷"研究小组用现代科技手段对历史精品进行了化学分析和科学鉴定，并对各地原料作了调查分析，最后选定了几种优质材料进行试制。经过反复试验，一批批具有传统特色的高级瓷器试制成功了，这些瓷器精巧玲珑、晶莹剔透、光彩夺目、典雅美观，再现了我国古陶瓷的水平，有些还超过了古瓷的水平。其间，周仁和合作者还发表了10余篇有关陶瓷的研究论文，受到了国内文物、考古部门的重视和赞扬，有的还经翻译在国外出版。

李俨

无偿移交文物，守护文化瑰宝

李俨（1892—1963），福建闽侯人。1912 年考入唐山路矿学堂土木工程科学习。曾任中国科学院历史研究所研究员。数学史家，中国科学院学部委员（院士），中国科学技术史学科的开拓者之一，中国数学史学科的主要奠基人。

俭朴抵御绑架，廉洁彰显人格

1929 年 11 月 1 日，任陇海铁路局工程段段长的李俨，正身处灵宝十号 B 洞的施工现场进行精密的测量工作。这天，他的生活被突如其来的变故彻底打乱——他被一伙不明身份的绑匪绑架了。消息迅速传回家中，家人得知后惊恐万分，尤其是当绑匪提出必须交付巨额赎金，否则将"撕票"时，全家更是陷入了前所未有的焦虑与无助之中。

在那个动荡不安的年代，巨额赎金对于任何一个普通家庭来说都是天文数字，更何况李俨的家境并不富裕。正当全家人心急如焚，四处筹款无门的时候，李俨奇迹般地在当天晚上自己回到了家中。原来，绑匪在将他带走后，仔细检查了他随身携带的物品和干粮，意外地发现李俨的绑腿破旧不堪，衣着简陋，根本不像是一个有钱人。面对这样一位生活俭朴、廉洁奉公的官员，绑匪最终决定放他回家，不再为难他。

就是这样一个意外事件，与其说是李俨遭遇的大不幸，不如说是对他廉洁品质的一次无声证明。

无偿移交文物，守护文化瑰宝

李俨早年常常需要深入野外进行考察。在一次次的勘探中，李俨有幸发现了大量的出土文物，这些文物每一件都蕴含着深厚的历史和文化价值。然而，面对这些可能带来巨大经济利益的宝藏，李俨却做出了一个出人意料的决定——将这些文物无偿移交给当地的文物管理部门，确保这些文物能够得到妥善保护与传承。

李俨的这一举动，在当时引起了不小的轰动。许多人难以理解，为何他会放弃这样一个发财的机会，选择将文物无偿上交，但对于李俨来说，这些文物是国家的宝贵财富，是民族历史的见证，他深知自己作为一名学者，有责任保护好这些文化遗产，让它们能够得以传承，为后人所研究、所珍视。

正是基于这份无私与大爱，1934 年，李俨被北平研究院和陕西省政府联合组建的陕西考古会聘为名誉顾问，1937 年又被河南博物馆聘为特约专门委员。这些荣誉的获得，不仅是对他学术成就的认可，更是对他高尚品德的赞誉。

搜集中算史料，传承数学文化

除了在中国铁路建设，尤其是陇海铁路建设方面做出重大贡献外，李俨还致力于古代数学典籍的搜集和整理工作。他深知，中国数学文化源远流长，但由于历史原因，许多珍贵的数学典籍已经散佚或流落民间。为了挽救

❋ 工作中的李俨

这些宝贵的文化遗产，李俨以毕生之精力，不遗余力地搜求古代的数学典籍，尤其对于散落在民间的中算史料，更是倾注了大量的心血和精力。

在那个战火纷飞、食不果腹的年代，搜集并保存一批珍贵典籍无疑是一项极其艰巨的任务。李俨为此倾注了毕生的心血。他不畏艰难险阻，四处奔波，不惜重金购买典籍，精心收藏。在他的努力下，许多稀世珍本得以很好地保存，为后人研究中国古代数学提供了宝贵的资料。

1963 年，李俨因病逝世。遵照他生前的遗愿，家人将他毕生的全部藏书无私地捐出，现收藏于中国科学院自然科学史研究所。这些藏书如今已成为国内外专家学者研究中国古代数学的重要资源，它们见证了李俨一生的辛勤付出和卓越贡献。

吴学周

一生的"两怕""两不怕"

吴学周（1902—1983），江西萍乡人。1924 年毕业于东南大学化学系，1931 年获美国加州理工学院博士学位。曾任中国科学院长春应用化学研究所所长、中国科学院环境化学研究所所长。物理化学家，中国科学院学部委员（院士），中国分子光谱研究的开拓者与奠基人。

"丧事从简，把治丧费用省下来用于科研"

1980 年，吴学周心爱的小儿子不幸患脑癌去世。白发人送黑发人，最是人间伤心事，更何况 40 多年来吴学周的大女儿、二女儿、老伴都先他而去，小儿媳在此 3 年前因罹车祸丧生。再次遭遇丧子的不幸，吴学周却出奇的平静，他让女儿带了他写给中国科学院高能物理研究所的一封信去北京，感谢他们在小儿子患病期间所给予的关怀和照顾，要求"丧事从简，把治丧费用省下来用于科研"。

在大多数常人难以摆脱的悲苦哀愁中，吴学周却是这样旷达，他首先想到的还是国家，还是科研。这封信成了一份催人泪下的生动教材，在中国科学院高能物理研究所引起了很大震动。研究所把他的信用大字报形式抄出来，并且加上了按语，号召全所学习一位老科学家的高尚品德，对吴学周来说，这就多少有点出乎他的意料了。因为，他写信的本意是，为了小儿子，已经给研究所添了不少麻烦，如果丧事上再费神大操办，就又增加了麻烦，这会使吴学周心里更加不安。女儿临走的时候，他还再三重申这个意思，千叮咛万嘱咐"少让人家麻烦"。

一生的"两怕""两不怕"

吴学周一生有"两怕""两不怕"：怕养病耽误科研，怕为自己的事花国家的钱、麻烦别人；不怕科研任务重，不怕病痛纠缠。有一年，他风湿性关节炎发作，疼痛难忍却不肯去医院，只让老伴给他做个布口袋，装上砂药热敷。后来中国科学院院长郭沫若亲自打电话让他住院，这才不得不照办，但是3个月的疗程他只治疗了1个月就非要出院。他说，离开工作，不搞科研，生活就没有意义。

1982年9月20日是吴学周80岁寿辰，病魔将他逼进了北京友谊医院。子女们想趁机给父亲过一次生日庆祝一下，但吴学周坚决不同意。女儿想不通，赌气问他："您80岁了，所里为什么不像别的单位对待高龄知名专家那样搞个庆祝活动？"吴学周笑着说出了一大篇人生箴言："所里早就要搞的，我始终不同意。多麻烦呀，为个人花时间、财力，有什么必要吗？应该把精力和财力用到科研上去，多做实事。国家和人民给我的已经很多很多了，可我做得很不够，庸庸碌碌几十年，很惭愧。所以，吉林电视台和长春电影制片厂几次派人上门要我谈经历，准备拍电视，我都谢绝了，后来躲起来不见，人家也就算了。在我心里，是希望他们多采访报道一些人们真正关心的事情。你们以后也要记住，少在个人的事情上花精力，多做实事。"

后来，子女们买了一个蛋糕陪着父亲默默吃完，权当是度过了他的80岁生日。

● 1983 年 9 月 21 日中共中央组织部和吉林省委批准吴学周为中共正式党员，图为支部大会讨论现场

心怀党恩，病床入党

吴学周 1951 年加入九三学社。1953 年在中共长春市委的关怀和支持下，成立了九三学社应化小组。1954 年 6 月 20 日，他又组建了九三学社长春分社，一直担任主任委员。工作中他坚决贯彻党的"长期共存、互相监督、肝胆相照、荣辱与共"的方针，在民主党派中享有很高的声望。

1983 年 9 月 21 日，中共中央组织部和吉林省委批准他为中共正式党员，当时他正在住院。当吉林省委组织部部长到医院看望并正式通知他时，他非常激动，立即叫女儿回所把党费交给党支部，用行动表达了他的组织观念。当他得知他所在的党小组要开组织生活会时，他坚定地表示："我虽然年龄大，但我是新党员，我身体还可以，一定参加生活会。"同志们为他自觉的党性观念而感动，同时也是为了照顾他的身体，决定把党小组生活会改在医院召开。他听到消息，十分激动，做了认真的准备。当党支书和党小组 6 名党员同志来到医院时，吴学周表达了歉意，并激动地说："我一定把党交给我的工作做好，为共产主义（事业）贡献一切。"

1983 年 10 月 31 日，我国物理化学家吴学周——这颗科坛巨星陨落了，其子女根据其生前教诲，将其生前节省下来的 1 万元存款献给了党。

汪德昭

"不愿当大官，只想搞研究"

汪德昭（1905—1998），江苏灌云人。1929年毕业于北京师范大学物理系，1940年获法国巴黎大学博士学位。曾任中国科学院声学研究所所长。物理学家、大气电学家，中国科学院学部委员（院士），中国国防水声事业奠基人。

组织募捐，支援中国人民志愿军

1950年，朝鲜战争爆发，以美国为首的"联合国军"将战火烧到鸭绿江边，公然挑衅我国主权与领土完整，严重威胁东北边境地区人民的生命财产安全。应朝鲜劳动党和政府的请求，中国人民在中国共产党的领导下，毅然投身于"抗美援朝、保家卫国"的正义战争。由于冷战环境下西方国家的阻挠，我国长期被排除在联合国之外，合法席位一直被溃逃至台湾的国民党当局非法占据。

1951年，被推选为巴黎学生会主席的汪德昭组织海外华侨，在法国巴黎升起了第一面五星红旗。大家早就想有一面五星红旗，可是之前谁也没有见过，只好按照国内来人的描述，请法国友人贝纳西亲手缝制了第一面五星红旗，挂在支援中国人民志愿军的募捐大会上。

汪德昭保存着一张珍贵的照

片，照片中的汪德昭身穿黑色西装庄重地站在国旗前号召大家支援中国人民志愿军，他的双手贴在胸口，慷慨激昂地盈泪演讲。

他的声音颤抖着："亲爱的同胞们，过去的一百多年，中国人受尽外国列强的欺侮，这是大家亲身经历过的。中国共产党刚刚领导人民建立了新中国，美国强盗又要侵略我们，把我们拉回到过去当奴隶的时代，我们坚决不能答应！亲爱的同胞们……"会场气氛热烈，大家感动得潸然泪下，每个人的爱国心都同战场上英勇的中国人民志愿军紧紧地联系在一起。

募捐活动共募集到 532180 法郎，321 美元，135 荷兰盾，还有爱国华侨把祖传首饰捐献了出来。汪德昭也捐献出自己一个月的工资，他把这些钱物全部捐献给了中国人民志愿军。

汪德昭还帮助著名力学家吴仲华一家，以及水力机械专家梅祖彦等爱国学者回到新中国，并且为辽沈战役的胜利以及东北工业和文物保护做出自己

🔹 1951 年，汪德昭在法国巴黎组织爱国募捐活动

的贡献。因当时中法尚未建交，汪德昭被誉为"地下大使"。

汪德昭树立的良好家风也深深地影响了儿子汪华。1964年1月，法国成为第一个与新中国正式建立外交关系的西方大国。汪华也成为新中国首批派驻法国的外交官，同父亲汪德昭一样，他多年来为中法友谊做出了积极的贡献。

甘做"工作母机"，创建我国第一支水声学研究队伍

1956年，周恩来总理在全国知识分子问题会议上发出"向现代科学进军"的号召，召唤留学国外的科技工作者参加社会主义建设。汪德昭向国内写信表达了自己希望回国的心愿。不久，汪德昭收到欢迎他回国的信，以及周总理的嘱托："凡是对人民作出贡献的人，人民永远不会忘记。"这句话，汪德昭说自己没齿不忘。

汪德昭放弃了在法国的优厚待遇，回到朝思暮想的祖国，受到周恩来总理的亲切接见。负责领导科学技术事业的聂荣臻元帅亲自点将，授命汪德昭组建中国水声学研究队伍，开展中国水声学研究。

至于回国后怎么干，当时摆在汪德昭面前的有两个选择：一个是选择水声学的前沿课题进行深入研究，写出有分量的高水平论文，在学术上有所建树；另一个是针对国内水声学一穷二白的现状，不把目标放在个人出论文、出成果上，而是甘当"工作母机"，把目标放在培养大批水声学人才队伍上。面对新中国"有海无防"的现状，汪德昭深知国家对自己的需要，他毫不犹豫地选择了甘当"工作母机"。

1958年，汪德昭参加的中国水声考察小组从苏联回国后，汪德昭认识到当务之急是建立中国自己的水声学研究队伍，于是向中央报告，建议立即从全国几所重点大学物理系高年级学生中遴选品学兼优的学生，让他们提前毕

业参加水声学研究。毛泽东主席亲自圈阅了报告，周恩来总理同意抽调 100 名大学生分配到中国科学院参加水声学研究工作。这一措施被形象地称为"拔青苗"。这一时期进入中国科学院从事水声学研究的张仁和、侯朝焕、李启虎等，后来均成为了中国科学院院士。

1981 年，汪德昭和学生尚尔昌把 30 多年的研究心得写成了我国第一部水声学专著《水声学》。汪德昭既重视理论，又强调实践，对学生因材施教，深入指导，严格要求并及时检查。他将自己在多年研究实践中形成的思想和工作方法，毫无保留地传授给了青年一代。

"不愿当大官，只想搞研究"

在特殊的历史时期，中国科学院声学研究所三次改变隶属关系。1977 年 8 月，汪德昭向时任中共中央副主席邓小平写信。他在信中请求恢复中国科学院声学研究所，并表达自己"不愿当大官，只想搞研究"的价值观："希望让我留在研究所工作，留在基层工作，恳请领导不要把我从科研第一线调到海洋局当副局长。""像我这样长期搞科研的人，不发挥我的专长，却要我承担我所不熟悉的副局长工作，对党是不利的。"邓小平同志当即审阅，挥笔批示："我看颇有道理，请方毅同志研究处理。"

后来，声学研究所重新划归到中国科学院，再度担任所长的汪德昭立刻投入科研一线，以 73 岁高龄亲自披挂上阵，率领科研人员远赴西沙群岛海域进行我国首次深海水声实验。面对妻子李惠年的劝说以及家人的挽留，汪德昭认真地说："你们谁也阻挡不了我，这次是非去不可的！""深海实验是周总理的嘱托，又是声学所回归中国科学院后的第一次大实验，我怎么能不去呢？"

出海前，汪德昭叮嘱大家要各自带上一个脸盆和咸萝卜干以防晕船呕吐，在船上即使晕船也要开展实验。由于风浪大，船又小，一个大浪重重地横拍在船上，船身剧烈抖动起来，汪德昭被抛向空中，眼看头部就要和桌角相碰，随行人员眼疾手快，紧紧地抱住了他。

此次实验确切地证明了存在深海会聚区。美国水声专家尤里克看到这一成果，十分钦佩，向我国水声学家表示祝贺。汪德昭也如约实现了自己的誓言："为了祖国的荣誉，我们不能满足于在国际水声大合唱队伍中当一名队员，我们要有雄心壮志，争取有一天当上国际大合唱中的领唱者，不，是指挥者！"

1979 年一年内，汪德昭带领全所完成了近 50 项科研项目，其中意义重大的成果达 14 项。1979 年，中国科学院声学研究所受到国务院通令嘉奖。1984 年，汪德昭主动辞去声学研究所所长职务。1997 年，担任声学研究所名誉所长的汪德昭将荣获何梁何利基金科学与技术进步奖的 15 万港元奖金全部捐献给声学研究所，作为发展声学科学事业的基金。1998 年，声学研究所成立汪德昭声学青年奖励基金管理委员会，汪德昭担任名誉主任，设立汪德昭青年科技基金，用于奖励声学研究所优秀青年科技研究与管理人才。1999 年，声学研究所进行了首届汪德昭青年科技奖的评选，评选出 11 名获奖者。在他们之中，有人已成为研究员、博士生导师、首席科学家等。汪德昭青年科技奖鼓舞着一代又一代青年科技工作者为我国水声学研究做出创新贡献。

汪德昭将全部的时光都献给了他热爱的国防水声事业，正如 1985 年 9 月他在《中国共产党党员登记表》上写的那样："我将一如既往为了正在进行的伟大改革的成果，为了社会主义现代化的胜利，为了共产主义理想的实现献出晚年的光和热。"

钱临照

半薪 40 元，走上科研路

钱临照（1906—1999），江苏无锡人。1929 年毕业于上海大同大学物理系，1934—1937 年于英国伦敦大学进行实验物理研究。曾任中国科学院物理研究所研究员、中国科学技术大学副校长。物理学家、教育家，中国科学院学部委员（院士），中国金属晶体范性形变和晶体缺陷研究以及物理学史研究的奠基人之一。

半薪 40 元，走上科研路

大学毕业后的钱临照曾面临失业的困境。在那段日子里，他在家中度日如年，时常感到无所事事，心情十分焦虑。后经朋友介绍，去广东兴宁县高中当了一段时间的老师。1930 年又到东北大学物理系担任助教。1931 年九一八事变爆发，东三省很快成为被日本侵略者占领的沦陷区，战火让东北大学无法继续正常教学。钱临照不得已离开了东北，陷入了再次无所依靠的困境。从东北仓促离开的钱临照，一时间不知该去哪儿。困顿之际，钱临照想到了曾在上海大同大学教授过他的严济慈老师。严济慈此时已任北平研究院物理研究所所长。于是，钱临照辗转来到北平，暂时寄住在严济慈家中。

此时的钱临照由于没有收入，生活很是窘迫。为了尽快解决生计问题，他四处寻找工作的机会。最终在远在上海英租界的一家电话局找到了一个技工职位，月薪 160 元，这在当时是一份能够缓解他燃眉之急的工作。

去往上海之前，钱临照向严济慈辞行。严济慈认为以钱临照的能力应该从事科研工作，很想将他留在研究所做物理方面的研究。只是当时研究所的条件有限，经费不足，助理员的编制也已满员。严济慈实在不想失去这样一个人才，他思忖再三，还是决定挽留钱临照。于是便询问道："以你的才学，实在应该从事科研工作。但是我这里助理员的职位已满，若是你不介意，我可以破格录用你，但薪水也只好'破额'，发半薪，每月 40 元，你是否愿意？"

钱临照没有想到老师会对他说这样一席话，一边是高薪为洋人效力，一边是低收入为祖国的科技献身。他几乎没有犹豫，毫不迟疑地点头应了下来。他心中清楚，能够继续从事科研工作，参与物理学的研究，才是自己真正的追求。对他而言，薪资多少已经不再重要，为国尽责才是最值得追求的目标。他当即回应道："能和您继续做物理学方面的研究，为国家的科技做点贡献，不

🔷 北平研究院物理研究所部分研究人员合影（左起分别为钱临照、陆学善、严济慈、钟盛标）

要说 40 元，4 元也是愿意的！"就这样，钱临照留在了研究所。

此后几年，钱临照与同事们一起潜心科研，在严济慈的带领下做出了中国本土最早的物理学研究成果。钱临照晚年回忆起自己的选择："当我正准备启程，前往上海赴洋人公司工作时，得知严先生的邀请可半薪留在北平研究院，参与当时国内最前沿的物理学研究，这正是我求之而不得的！我几乎没有思考，就从黄包车上取下了行李。今天看来，这次选择是很有意义的，从此，我走上了科学研究的道路！"在那个动荡不安的年代，钱临照不图名利、不求回报，甘愿为国家的科技事业奉献自己的青春与智慧。

"父亲就是这样的人，从不考虑个人的荣辱得失"

钱临照作为我国科学史研究和电子显微学的创始人之一，当选为中国电子显微镜学会第一任理事长和中国科学技术史学会第一任理事长。他的女儿钱平凯记得，从那时起，她的父亲一边致力于学会的学术活动，加强国际交流，一边又物色新人接替他的理事长工作。他认为一个学会的创建虽属关键，但为了以后的健康发展还必须不断推出新的学术带头人。她在回忆自己父亲时说道："父亲就是这样的人，只要有利于事业的发展，他就从不考虑个人的荣辱得失。"

在晚年，钱临照撰写了大量纪念物理学界前辈的文章，包括书评、前言和综述等，写作这类文章并不容易。"但父亲认为前人为中国、为人类科学做出了贡献，他们的品德必须要发扬，要传给下一代。"对于钱临照来说，只要能为中国的科学教育事业增辉添力，他就会毫不犹豫地承担起这份责任。钱平凯回忆说，父亲在撰写《中国物理学会 60 年》这篇文章时已经 86 岁高龄。在炎热的夏天，钱临照邀请了各领域的专家进行汇报、调研。他不顾汗水湿透衣背，埋头撰写……当书稿完成时，钱临照因劳累过度而生病，不得不在医院住了四个月。"我们儿女们心疼地埋怨他不该太'玩命'，他却欣慰地觉得自己为物理学会做了该做的事。这就是我的父亲，为公、为他人从不吝惜自己付出了什么。"

大公无私，一心为国

钱临照从英国留学回国时带回了一箱工具，由于抗战期间北平研究院物理研究所物质匮乏，他就将自己的工具放到所里给大家公用。中华人民共和国成立后，他被公派去往民主德国工作一年，回国时，他用自己节省下来的资金购买了一台高性能照相机。当得知援藏的科学家急需一台性能优越的相机，而国内又买不到时，他毫不犹豫地将这台相机赠予了他们。

20 世纪 50 年代，研究所新建了一批宿舍楼，钱临照分到一套，这令全家十分欣喜，然而在搬家前夕，一位同事因住房问题向钱临照求助，希望他能暂时让出新房。钱临照立刻同意了这一请求。后来在经济困难时期，国家决定为中国科学院学部委员每人每月增发 100 元工作费。当时钱临照和王竹溪担任《物理学报》主编，他们二人觉得正值国家经济困难时期，不应再每月多拿这 100 元"额外之饷"。为此，他们多次向组织提交报告上交这 100元。尽管最终组织没有接受他们的退款，但女儿钱平凯却清晰记得父亲当时坚决的态度。她还回忆道："1991 年，父亲在为香港中文大学新亚书院钱穆追悼会所作的挽词中，有这样一句——'道德江汉秋阳，文章金石照人'。父亲以曾子的'江汉以濯之，秋阳以暴之'来颂扬国学大师钱穆的道德，我想，这也正是父亲自己高尚情操的写照啊。"

（部分故事改编自钱平凯：《江汉以濯之 秋阳以曝之——纪念我的父亲钱临照》，《物理通报》2002 年第 10 期）

为高能物理事业的发展
呕心沥血

张文裕一贯重视理论与实验相结合，多年来孜孜以求的是建立中国的高能物理实验基地，培养和形成中国的高能物理研究队伍。1972年，以他为首的18位科学家写信给周恩来总理，建议建造高能加速器，开展高能物理研究。1981年，张文裕亲自主持了高能物理研究基地建设调整方案的论证。他广泛征求和听取了国内外高能物理学家的意见，在确定建造北京正负电子对撞机以及选择对撞机的物理目标和能区上起了关键作用。张文裕为发展中国的高能物理事业呕心沥血，贡献了他晚年的全部精力，生病期间还坐着轮椅到对撞机工地了解工程的进展。

张文裕为加强中国与国际高能物理界的合作和交流做了大量工作，为中国的高能物理研究走向世界做出了重要贡献。1956年，

张 文 裕

不留遗产
只留精神

张文裕（1910—1992），福建惠安人。1931年毕业于燕京大学，1938年获英国剑桥大学哲学博士学位。曾任中国科学院高能物理研究所研究员、所长。物理学家，中国科学院学部委员（院士），中国宇宙线和高能物理研究的奠基人之一。

他应邀访问了欧洲核子研究中心。1972 年，他随中国科学家代表团出访英国、瑞典、加拿大和美国。1973 年，他率领中国高能物理代表团出访美国、西欧。他曾担任第一届、第二届中美高能物理合作联合委员会中方主席，开辟了中美高能物理领域合作的局面，为北京正负电子对撞机的建设打下了良好的基础。

最后一份遗嘱：不留遗产，只留精神

1992 年 11 月 5 日，张文裕安详地走完了 82 年的人生旅程，永远离开了他挚爱的亲人、朋友和同事，也离开了他毕生为之奋斗的科研事业。

在最后的日子里，张文裕一再叮嘱妻子王承书院士，一定要履行他们夫妇为身后事所做的约定：不给儿孙留遗产，将全部积蓄捐赠给祖国的教育事业。

送走张文裕之后，他的妻子王承书和儿子张哲遵照张文裕的遗愿，立即将张文裕存款中的 10 万元捐赠给希望工程，用于改善贫困地区的办学条件，救助家境困难的儿童就学；3 万元捐赠给张文裕的母校——福建省泉州市培元中学，用于奖励品学兼优的学生；剩余的部分以及存款利息全部交党费；所有藏书全部捐赠给中国科学院高能物理研究所图书馆。同时，王承书恳切要求中国科学院高能物理研究所代为办理有关捐赠的全部事宜。随后，中国科学院高能物理研究所办公室便与中国青少年发展基金会、福建省泉州市培元中学联系，着手办理相关手续。

11 月 21 日晚，中国青少年发展基金会在张文裕家举行简短的捐赠仪式。面对有关方面负责人和媒体，张哲代表母亲宣布了有关的捐赠决定。中国青少年发展基金会的负责同志在随后的致辞中特别说明，张文裕的此项捐赠是自 1989 年开展希望工程以来接收的最大一笔个人捐款。11 月 22 日，《科技日报》以《他把遗产化为"希望"》为题、《北京日报》以《十万遗产捐助希望工程》为题做了报道。11月23日,《人民日报》又以《一位科学家的心愿》为题报道了张文裕的善举。

中国青少年发展基金会接收捐款之后,为实现张文裕生前愿望,并改善边疆贫困地区办学条件,推动少数民族地区农村基础教育发展,经过认真调研,于1993年11月决定,用张文裕的10万元捐款在西藏自治区日喀则市萨迦县建设一座希望小学,并建议学校名称定为"扯休乡文裕希望小学"。

● 张文裕捐助希望工程的证书

1994年9月1日,萨迦县第一所寄宿制的完全小学——扯休乡文裕希望小学开学,周边村庄的藏胞都兴高采烈地把孩子送来读书。与此同时,在张文裕无私奉献精神的感召下,中国科学院高能物理研究所职工响应所党委号召踊跃捐款43951.46元(含暂存银行的利息),以改善该校师生的学习、生活条件,并通过西藏青少年发展基金会向该校转交了这笔助学捐款。尽管那时该校只有4名老师和60余名学生,但他们从此有了明亮、宽敞的教室,全新的课桌椅,以及学生宿舍中全套的床具、被褥和师生共用的饭堂,彻底摆脱了以前在破旧教室里坐在地上把书本放在大腿上上课的窘境。

院士夫妇的简朴生活

张文裕一生简朴,在他家里几乎看不到一件"时髦"用品。40升容积的

● 1994 年建成的扯休乡文裕希望小学

冰箱在 20 世纪 90 年代已很少见；蓝色单缸的洗衣机，印象中是白兰牌早期的产品；使用了多年的柜子，柜门已经扭斜关不严实了。就连他们夫妇最为钟爱的宝贝——书籍，也只有一部分摆放在 3 个普通书柜中，更多的书只能放在 4 个拉了布帘的简易书架上……如果不是亲眼所见，真不敢相信张文裕夫妇就是过着这样节俭、简朴的日子。积攒了多年才有了十多万元存款，却在最后的日子里，一再叮嘱全部捐出。

为了感谢张文裕的助学功德，当地藏胞特意刻制了一座用汉、藏两种文字书写着"希望小学·中国著名的物理（学）家张文裕援建"的石碑矗立在校园内，并且把张文裕的感人事迹写入校史，让师生牢记。

满满六书架的"存款"

周立三

满满六书架的"存款"

周立三（1910—1998），浙江杭州人。1933年毕业于中山大学地理系。曾任中国科学院地理研究所副所长、中国科学院南京地理与湖泊研究所所长。经济地理学家，中国科学院学部委员（院士），中国自然资源综合考察、综合农业区划和国情分析研究的开拓者和奠基人之一。

周立三是我国现代地理学的开拓者，但在其妻子眼中却是"人间一怪"，家里藏书近万册却连一本小说也未读过，唯独爱他的地理事业，一生只看游记等真人真事或与业务相关的著作。

大女儿周蜀恬回忆里的父亲是酷爱书籍的，不论去哪里，都要逛书店，每次回来都不空手。他平日里的工资除了家用，其余主要用来买书。所得稿费、奖金和审稿费等则各有去处，有的留给所里作为公用基金，有的分给其他同志，有的退还原单位。正因如此，家里的储蓄不多，周立三妻子曾指着满满六书架的书说，这就是周立三的"存款"。

周立三一辈子向着大地，心系祖国和人民。46岁时组织新疆综合考察，为新疆资源开发和经济建设做出了不可磨灭的贡献；69岁时主持《中国综合农业区划》专著编写，为中央调整农业生产布局提供重要科学依据；77 岁时领衔承担中国国情分析研究，建立"资源节约型国民经济体系"的战略思想。他把全部精力都投入用科学研究服务国民经济的事业中，休息的事一拖再拖，带着未了的"退休后专看小说三年"的夙愿走了，但留下了宝贵的科研成果和精神财富。

周立三常说："生活上要知足常乐，工作上要不知足常乐。"他是这么说的，也是这么做的。他一生清贫，一生科研，最后连六书架的"存款"都捐赠给了中国科学院南京地理与湖泊研究所图书馆。

公与私的界限

周立三是从旧社会过来的，经历过饥饿和困苦，所以对待自己和家里人总是格外严厉，始终以公私分明为律己之尺。他办私事从不坐公车，经常挤公交。1991 年，周立三到长江路参加党员评议活动，年过八旬的他坚持不坐安排好的车，说"这是党内活动"，言下之意是不能搞特殊。后来妻子生病要常跑医院，亦不肯用所里的车。

周立三不仅严于律己，对家里人更是严格约束。女儿上小学时，有一次拿了一张印有地理研究所的格纸写作文，被周立三严厉批评："这是公家的纸，以后不能随便拿。"平时给地理界的老朋友写信，信纸、信封以及邮票，都是自己掏腰包买的，不拿公家一分一毫。

有时，周立三又会打破公私的界限，把自己的留给集体。作为编纂《中华人民共和国国家农业地图集》的成员，周立三倾注了大量心血，圆满完成国家交给的任务。分配奖金时却把自己那部分给了研究所，他说："你们有时需要用钱，如不方便，就用这个钱。"另有一次，周立三分到 1540 元的课题奖金，他的妻子摸都没摸上，反被索要了 60 元现金凑够 1600 元，分给所里参与工作而没列上名次的同事，类似的例子还有很多。

● 周立三（左三）同《中华人民共和国国家农业地图集》课题组成员讨论问题

病危之际的歉意

晚年缠绵病榻时，周立三仍念念不忘三个读博的学生，其中一名来自甘肃兰州的学生再有一年就可以毕业了，可惜生命的红灯已经亮起，他满怀愧意地说，很对不起那名兰州的学生。一句抱歉，感人至深。

一直以来，周立三非常注重人才培养，只要发现思想活跃有功底的年轻人，就敢委以重任。他邀请几名年轻人参与《中国农业区划的理论与实践》的编写，给他们锻炼机会。事实上，周立三在拟定编写提纲、补充资料以及成稿后逐字逐句修改上所花费的精力远远超过亲自动笔，但他宁愿自己辛苦一点，也要带着年轻人在科研实践中快速成长。此外，周立三还十分鼓励后辈多出去走走，一些重要的学术会议都带年轻人去参加并向诸多老科学家引荐。1980 年，正值出国热潮，大家千方百计争取出国，唯有周立三把去法国考察的机会让给了年轻人，后来把去日本和东南亚国家的名额也无私让出。

1997 年 9 月，周立三获得何梁何利基金科学与技术进步奖，15 万港元的奖金是给个人的，但他执意拿出 10 万港元留给中国科学院南京地理与湖泊研究所，奖励有突出贡献的中青年科研人员。这笔奖金在研究所的支持下被设立为周立三科研奖励基金，20 多年来，被奖励的青年才俊有些已经成长为科研领军人才，他们传承周立三的精神，接续奋斗，矢志报国。

杨澄中

以国家利益为重的"折扣父亲"

杨澄中（1913—1987），江苏武进人。1937年毕业于中央大学物理系，1950年获英国利物浦大学哲学博士学位。曾任中国科学院近代物理研究所所长、中国科学院兰州分院副院长。核物理学家，中国科学院学部委员（院士），中国原子核科学事业的开拓者之一，中国重离子物理研究事业的奠基人。

抱着一管气，回到了祖国

1951年，38岁的杨澄中在祖国的召唤下，辞去英国利物浦大学物理系教职，毅然回国，是新中国成立初期第一批回到祖国的科学家之一。

在离开英国前，杨澄中精心计划，自费购买了开展实验需要而我国当时紧缺的仪器和材料。其中包括开展原子核实验测量所用的电子管及核探测器中使用的氩气。考虑到这些东西非常娇贵，杨澄中决定随身携带电子管和氩气管，却将那些珍藏多年的胶木唱片与行李一起托运。从英国经香港、广州、武汉长途跋涉回到北京途中，为防止氩气管被碰坏，杨澄中一路提着，必要时还抱着，终于安全将其带回到实验室。而那些唱片却因托运过程保管不当人部分损坏了。

以国家利益为重的"折扣父亲"

孩子们称杨澄中是一个"折扣父亲"。他去日本作学术报告，按规定，日方支付的酬金归私人所有。当时他的女儿让父亲从日本给她带回几盘索尼录音带，结果杨澄中一盘也没带，还将本应私人所有的全部酬金上交了研究所。他说："国家眼下需要外汇，国内市场上也有索尼录音带，我们可以在国内购买。"

据杨澄中的妻子陈奕爱回忆，一次在给杨澄中整理到北京出差的费用收据时，看见皮夹子内又另放一叠几十元的出租汽车票。杨澄中叮嘱妻子，千万不要把这叠票放进报销单内，那是去机场接孩子的租车费。后来，听孩子讲，那天研究所里一位领导也因公前往机场，杨澄中知道后，主动邀约其一同乘车，但选择自己付费，以便为所里节省开支。

杨澄中在英国自费购买了一些金箔，他小心翼翼地将这些金箔夹在书里，用于回国开展核物理实验。一天夜里，单位实验用的金箔破了，派人来向他讨要。杨澄中没有拒绝，将自己珍藏的金箔送给了他们。孩子们对送金箔之事愤愤不平，杨澄中告诉他的孩子们："我们国家的科学还有很多落后的地方，要靠大家的努力去改善，我们要以国家利益为重，不能闹个人意气。"

中国科学院院士胡仁宇曾回忆道："杨澄中先生真切地关注和关心着中国的情况。他经常告诉我们，当下国家比较困难，大家开展工作一定要节俭。有一年，我们要自己做高电阻，里面用钨丝，做的时候我用得多了一点、长了一点。这些钨丝是杨先生从英国带回来的，他知道后将我训诫一顿，并语重心长地说，这个东西来之不易，用完之后就没有了，再用就需要用经费去买。我们国家目前处于困难时期，我们一定要节省开支。"

1973 年杨澄中提出在兰州建造一台大型重离子加速器的建议，并亲自

● 杨澄中（左）与所领导班子讨论 1975 年研究计划

主持和参与了相关概念性设计及立项论证。他一再强调，重离子加速器建成后，应该尽可能地服务于国家科技发展、全国高校和科研单位的基础研究以及国民经济建设。

在杨澄中生命的最后时刻，负责加速器建造的科研人员前去探望他。从进门的一刻他就不断地询问建设的进展情况，并动情地叮嘱大家："加速器建成了，大家如果不多做些物理工作，我即便是死了也无法向国家交代。国家在建加速器上花了很多钱，如果日后能做出成绩，我在九泉之下也就可以安心了。"

把自己的名字挪到最末一位

杨澄中热衷于核科学事业发展，但从不追名逐利，不赞成那种不进行实际指导而四处挂名的做法，更反对学术界存在的那种以领导者的身份弃学术、挂空名、搭便车的陋习。他曾在公开场合表示："作为一个科研单位的领导者，提出自己的看法和意见，给青年人予以指导，是自己的职责所在。"

中国科学院近代物理研究所原副所长邬恩九回忆道："1966年，我在杨先生的指导下完成了一个中子物理实验研究课题，实验总结作为成果上报给了二机部，并推荐到了《原子能》杂志编辑部，决定署名发表。我们修改署名后，请杨先生审阅。他看后的唯一修改是，把自己的名字从第一作者挪到了最末一位，把我的名字放到了第一位，并对我说，这个课题是以你为主做的，你应该是第一作者。并且告诉我，今后他不再在发表的文章上署名，对一般性的指导也无须署名。"

陈宗基

多次请求减薪，与国共渡难关

陈宗基（1922—1991），出生于印度尼西亚爪哇岛，祖籍福建安溪。1954年获荷兰德鲁浦科技大学博士学位。曾任中国科学院土木建筑研究所土力学研究室主任、中国科学院岩土力学研究所副所长、中国科学院地球物理研究所所长。土力学家、岩石力学家，中国科学院学部委员（院士），中国岩土工程、岩石力学与工程学科的奠基人。

无论走多远，也要回来建设祖国

少年时期，陈宗基便在浓厚的爱国氛围中成长。虽然身在海外，但他始终铭记自己是中华儿女，对中国充满了深切的怀念之情。早在学生时代，为挽救民族危亡，支援抗日战争，陈宗基就自发捧着小铁盒在华侨中募捐，这份赤诚之心在后来的人生中更加绽放光芒。1940年至1942年间，陈宗基在印度尼西亚万隆工学院水利系学习。日本侵略者占领印度尼西亚后，陈宗基只能辍学在家，出于对黄河泛滥成灾的忧虑，他决定继续求学。1946年，他前往荷兰德鲁浦科技大学攻读水利工程系。他始终铭记故乡黄河泛滥的灾难，发誓要为治理祖国的江河贡献力量。在荷兰留学期间，陈宗基参加了一个华人学生组织，后来成为该组织的领导之一。他与其他华侨留学生一道，通过一系列活动，激发当地华侨的爱国热忱，积极动员华侨学生回国参加建设。经过刻苦学习，陈宗基只用了 3 年时间就读完了 5 年的课程。

1955 年，陈宗基响应祖国号召，回国参加社会主义建设。当时，陈宗基已是所在领域崭露头角的青年专家，精通五国语言，联合国教科文组织、美国、印度尼西亚、荷兰的多家科研机构都以高薪争相邀请。看到祖国百废待兴，急需人才，他便毅然谢绝高薪邀请，宁可被印度尼西亚索取数万美元罚款，并抄收全部家产，还是毅然决然地回到了朝思暮想的祖国的怀抱。陈宗基对每一家争聘单位的回答都是一样的："我选择好了，我回到我的祖国——中国，我要去治理那条老是泛滥的黄河。"他深信只有中国共产党才能把祖国建设好，实现华侨的爱国理想。

多次请求减薪，与国共渡难关

回国后的陈宗基毅然选择扎根科研第一线，不畏艰难。陈宗基先在哈尔滨的中国科学院土木建筑研究所工作。当时研究所生活条件十分艰苦，陈宗基刚到哈尔滨就遇上了零下 45℃ 的严寒天气，这对于从小习惯了东南亚热带气候的他来说，无异于严峻考验。没多久，陈宗基便感染了肺炎。他身在病房中，心在研究所，不等病情彻底好转，就迫不及待地出院工作。1958 年，国家决定开发长江水利资源，兴建三峡工程。随后，国家科学技术委员会决定成立三峡岩基专题组，挂靠在长江流域规划办公室（简称"长办"），陈宗基被任命为科技组长。他又举家从冬天滴水成冰的哈尔滨搬到了夏天酷热难当的武汉。"长办"的领导得悉陈宗基即将到来，十分高兴，特意为他安排了宾馆，配备了专车，但都被他婉言谢绝。他认为自己从海外归来，应该尽量和群众打成一片，不需要特殊的生活待遇。在他的再三要求下，"长办"只好在附近为他提供了两间简易住房。安家后，陈宗基便立即率领大家夜以继日

● 1987年中国岩石力学与工程学会的收据上写明"收到陈宗基退奖金款伍佰元整"

地投入紧张的工作之中，很快便取得了一系列高水平的实验研究成果。

20世纪60年代初，他携家人回印度尼西亚探亲。有亲人劝他留在印度尼西亚或转道欧美，免得回国忍饥挨饿。陈宗基果断拒绝，他说："如果我是为个人活着，我当年就不会回国，我是为我的祖国而活着、而奋斗的，我要与祖国共患难。"探亲假一结束，他立即回国，与全国人民一道节衣缩食，多次请求减薪，与祖国共渡难关。中国岩石力学与工程学会在建设初期，缺少活动经费，陈宗基主动将工作奖金全部退回。这种无私奉献的精神在那个年代尤为珍贵，折射出一位科学家的高尚品格。

（部分故事改编自李慧君：《陈宗基：志在振兴中华》，《小康》2022年第21期）

郭燮贤

背着氧气袋，穿梭于会场

郭燮贤（1925—1998），浙江杭州人。1946年毕业于重庆兵工大学应用化学系。曾任中国科学院大连化学物理研究所研究员、副所长。化学家，中国科学院学部委员（院士），长期从事催化化学领域的研究。

对待学术一丝不苟

在学术问题上一丝不苟，严格要求并以身作则，是郭燮贤一贯的作风。他平时虽然有说有笑，但审议学术会议的论文时没有半点马虎。大家都知道他要求严、把关紧，从审稿到试讲，从科学内容到英语表达，他都要亲自把关。

郭燮贤对学生严格要求是出了名的。他很少表扬哪位同学，但在学业和思想上却非常关心爱护学生。作为郭燮贤的学生，李灿院士保留了几篇郭燮贤改过的文章，无论是逻辑推理还是英文语法，都被郭燮贤用铅笔非常仔细地修改过，并且他还在空白处加注了许多修改建议。

1965年中国科学院大连化学物理研究所承担了全国工业交通技术革命重点攻关项目——合成氨原料气净化新流程三项催化剂的研制任务。郭燮贤主攻当时被认为最难的低温变换催化剂的研制。在艰苦

● 郭燮贤批改的文章

条件下，他与同志们一起反复分析研究，在筛选配方过程中，十分重视制备工艺，要求准确、可重复。在大量试验结果的基础上反复进行对比总结，有时甚至还会争论，以求得新的正确方案。在工作中，郭燮贤经常强调做科研要严格、经得起考验，绝不可存有侥幸心理，要多想问题和可能的失败，在遇到困难时要努力，在成功时还是要努力，留有余地，精益求精，绝不能说假话，乱吹，这样才能永不满足，永远进取。正是在坚实的学术基础上，他们团队在半年时间里就完成了研制三项催化剂的国家任务。

背着氧气袋，穿梭于会场

郭燮贤对研究工作极其投入，经常通宵达旦地工作。晚年，郭燮贤患了肺气肿，身体非常虚弱，上楼梯都要歇息几次。尽管如此，他却坚持经常到实验室工作。李灿回忆道，有一次他看见郭燮贤伏案整理文章，手边放着一卷又一卷的实验记录和原始数据，郭燮贤正在亲自核实实验数据。李灿不忍心郭燮贤过度劳累，便建议由他来帮郭燮贤核查。郭燮贤谢绝了，坚持自己核对。那时候，他已是七十余岁的老人了。

在郭燮贤家中的一个角落里，放着一个氧气瓶。他经常编写科研计划和文章到深夜，有时候呼吸困难，便戴上氧气面罩继续写。让大家印象极为深刻的就是"氧气袋"的故事。1996年，第八届全国催化会议召开，当时郭燮贤身体羸弱，大家都以为他不会参会了。没想到，大家在会场看见了他。他背着氧气袋穿梭于会场内外，大家都被他为科学献身的精神感动。

郭燮贤的妻子梁娟后来回忆道："1997年出差参加会议、处理合作事项，老伴由于过分劳累而不幸病倒，病后休养了3个月。稍好一点，又开始工作，刚完成两篇论文，第二天就感冒、发烧，住院后一病不起。他身体太弱，过于劳累，有严重的肺气肿，可供维持生命的氧气不多，全部用到脑子里去了……我悔恨万分，没有照顾好他。当他工作时我也误认为他身体好而没有及时提醒他注意休息。"

不同意见写在黑板上

郭燮贤心胸宽广，有话当面讲，不怕得罪人，从不搞小动作，不背后议论人。研究室内经常召开学术讨论会，为了一个学术观点或研究结果进行激烈的讨论和辩论是常常发生的事情。

中国科学院大连化学物理研究所辛勤研究员回忆说，他和郭燮贤在开放实验室的管理上想法相左，在会上发生了激烈的争议。会后郭燮贤在一块小黑板上写上"实验室必须开放，任何人都可以来实验室使用仪器"，并将黑板放在他的实验室门口。以郭燮贤当时的地位，完全可以撤掉他这个不听话的组长，安排其他人来干，但郭燮贤容忍了他的反对，依然在后续各项工作中给予他巨大的支持。

徐晓白

无偿转交技术，解决国家急需

徐晓白（1927—2014），江苏苏州人。1948年毕业于交通大学化学系。曾任中国科学院生态环境研究中心研究员、学位评定委员会主任。无机化学家、环境化学家，中国科学院院士，中国环境化学学科的开拓者之一。

虽出身书香门第，但生活十分节俭

徐晓白虽出身于书香门第大家族，却不愿被传统大家闺秀的规范所束缚，选择了劳动人民所秉持的勤俭节约的生活方式。

1927年，徐晓白出生于江苏省苏州市一个书香门第之家。父亲徐祖藩一生从事航海和航海教育，曾任吴淞商船专科学校校长、招商局总船长。抗日战争时期，徐祖藩因不愿为日伪政权工作，在家赋闲，倚靠昔日积蓄维持一家七口生活。尽管生活拮据，徐祖藩对子女的教育却从未放松。在父亲的严格管教下，徐晓白不仅学习十分刻苦努力，成绩始终名列前茅，还养成了勤俭节约的习惯。

中学时代，徐晓白就读于上海市南洋模范中学，在校六年，每学期成绩皆出类拔萃。1944年，她以优异的成绩考入交通大学（重庆总校）化学系，开启了她的学术生涯。在大学期间,她学习刻苦,成绩始终名列前茅,并获得了学校的奖学金和《申报》报社的贷学金。然而,生活的压力却时常让她面临辍学的危机。为了继续求学,徐晓白只得靠做家庭教师来补贴生活费用。

在女儿胡永洁眼中,母亲徐晓白从不追求外在的华丽,更注重的是内心的充实和精神的富足。在女儿的记忆深处,徐晓白的形象总是那么质朴而真实,似乎从来没有把心思放在衣着打扮上,总是以一种极其自然、朴实无华的状态出现在众人面前。即使是拍摄院士标准照时,她也没有刻意去打扮自己,只是穿着平时的衣服,梳着简单的发型,就那样静静地站在镜头前,留下了那张充满岁月痕迹却又不失庄重的照片。

徐晓白的丈夫胡克源回忆,一次,徐晓白踏上了前往美国的短期访问之旅,计划在美国进行为期三个月的研究工作。在这段异国他乡的日子里,她并没有选择舒适的居住环境,为了节省国家经费,租住了一间仅需 200 美

● 徐晓白(右)在美国加州大学伯克利分校做访问教授时与同事合影

元的小屋。为了能够按时到达实验室，她每天都早早起床，踏上前往实验室的路途。为此，她每天都要花费几个小时在路上，早出晚归。但她并不觉得苦，认为这是自己的选择，是自认为正确的选择。

无偿转交技术，解决国家急需

20 世纪 50 年代初，她投身到新中国急需的技术攻关中。当时，我国日光灯生产主要依靠进口荧光粉，不仅价格昂贵且不易购得。徐晓白等人在国内最先成功研制出卤磷酸钙新型日光灯荧光材料，并将此技术全部无偿转交给南京灯泡厂。其成本远低于进口材料，且发光性能更好。此后，徐晓白先后承担了土壤硅化地基加固、盐湖化学、稀土研究等课题项目。在历时七年研制出制备六硼化镧（阴极材料）的技术后，徐晓白和同事将全套技术资料无偿交给上海泰山耐火材料厂；之后研发的三硫化二铈等合成技术资料也无偿交于营口某耐火材料厂。

为节省课题经费住最简陋的房间

1991 年 8 月，徐晓白前往日本参加分析化学国际会议。旅途中，同行者注意到徐晓白脚上沾着泥土，问她是何原因，她笑着回答，前一天夜里一直在赶制研究报告，看到该出发了，匆匆穿上这双鞋就出门了，没顾得上清理。这虽然是一件不起眼的小事，却透露出徐晓白对科研工作的认真与执着，以及她生活的简朴。

抵达日本后，面对会议组织者安排的多种住宿选择，尽管她有资格选择条件好一些的房间，但为了节省课题经费，她选择了最为简陋的四人合住榻榻米房间。在这种少有私人空间、条件相对较差的房间里，徐晓白再求其次，主动选择了靠近卫生间和门口的位置，只因担心自己打呼噜会影响同事们的正常休息。她的这些选择与做法，同行的同事们看在眼里、记在心上，都为她的节俭和关爱同事的举动而感动不已。夜深了，当大多数人已经沉入梦乡时，徐晓白为不打扰同房间同事们的休息，于是便站在走廊里，借着走廊的灯光完善研究报告。凌晨五点，当他人还在酣睡时，她又早早起床，提前开始了新一天的工作。

时间流转至 1998 年 4 月，在德国色谱及相关技术新进展中德学术会上，徐晓白的身影再次成为焦点。这一次，她依然选择了价格更为亲民的双人合住房间，却在学术报告会上大放异彩，以其深厚的学术功底和前瞻性的研究成果，赢得了与会者的广泛赞誉。会议主席亲自向她致谢，并邀请她参观交流。这一荣誉不仅是对她学术成就的认可，更是对她科研精神和人格魅力的高度赞扬。

周望岳

没日没夜，
以实验室为家

周望岳（1929—　），浙江磐安人。
1953年毕业于大连工学院化工系。
曾任中国科学院兰州化学物理研究
所研究员。物理化学家，曾荣获国
家科学技术进步奖特等奖，在我国
顺丁橡胶生产技术研发中做出突出
贡献。

中国第一块合成顺丁橡胶

为给下一步工业化做准备，
1965年，国家科学技术委员会决
定开展顺丁橡胶工业化研究与开
发大会战，主战场就定在锦州石
油六厂。

1966年2月，刚过完春节，
中国科学院和石油工业部、化学
工业部、机械工业部、教育部一
起组织全国34家科研机构在锦州
"会师"。红旗飘扬、人头攒动的
"橡胶大会战"现场，参与人员达
上万人。

各单位的科研骨干都拿出了
"看家本领"。其中，时任中国科
学院长春应用化学研究所四室主
任欧阳均、助理研究员沈之荃负
责丁二烯聚合技术和工艺，中国
科学院兰州化学物理研究所派周
望岳负责丁烯氧化脱氢用催化剂
的制备工艺和技术、反应系统的
工艺和运行参数的确定等。

"全流程物料平衡测试开
始！"一声令下，大家各就各位，

各司其职。终于，在周望岳解决了物料"进多出少"的问题后，第三次测试获得了预期中的理想数据。会战进入设计工业生产全流程阶段，再一次明确了各部门、各单位的分工。这次，中国科学院长春应用化学研究所负责对镍系纯溶剂、催化剂进料工艺、连续聚合挂胶堵管等三大问题进行攻关，锦州石油六厂负责建设万吨级工业装置，中国科学院兰州化学物理研究所继续负责催化剂性能等攻关。

1966 年 9 月 30 日，锦州石油六厂诞生了我国第一块顺丁橡胶。在一个不到 200 平方米的厂房里，灯火辉煌，一块顺式聚丁二烯胶料经挤压干燥成一个新产品。这是我国诞生的第一块合成顺丁橡胶，共 50 千克。后来，它被制成了一个 900-20 型号的汽车轮胎，在全国工业学大庆展览会上展出。

持续 1440 小时的一次实验

1966 年上半年，周望岳等在锦州石油六厂驻厂三个多月后，受到政治形势的影响，被迫提前回兰州。此时中国科学院兰州化学物理研究所已处于动乱之中，他们的科研组被解散了，周望岳等被下放。随后几年，六家万吨级生产丁烯装置的工厂出现了严重的管道堵塞、设备挂胶和排放污水中化学副产物含量严重超标的所谓"一堵二挂三污水"的问题，其中两套装置被迫停产。

1972 年，中国科学院兰州化学物理研究所决定恢复以周望岳为主的顺丁橡胶科研小组，将"丁烯氧化脱氢并发研制第二代锡系催化剂"列为重点课题。但由于时局不宁，他们的工作时断时续，到 1975 年底还是被迫中断了。

直至 1978 年，在科学的春天里，周望岳被提升为副研究员，并受命重建丁烯氧化脱氢制丁二烯课题组，研发第三代铁系催化剂。周望岳带领课题组，经过一年半左右的艰苦摸索，终于获得成功。1980 年 11 月，周望岳等带着他们的新成果参加了化学工业部在湖南岳阳召开的顺丁橡胶科研生产技术经验交流会，受到了化学工业部领导和许多厂家的重视。课题组在对第三代催化剂进行了一系列改进后，在 1981 年初启动了 1000 小时以上的催化剂寿命实验。

这一实验，要求在 45 天以内，连续 1000 小时以上中间不停止运行。但第一次实验运行到 300 小时后，出现了催化剂活性下降的情况，不得不重新开始实验。连续第二次、第三次、第四次和第五次实验，都失败了。在此期间，周望岳晚上都住在实验室，不知道有多少个日日夜夜坚守在工作岗位上。当第六次实验进行到 700 小时的时候实验设备出现问题，周望岳亲自组织修复有关设备，历经 37 小时终于解决了问题，使实验得以持续进行。此后，他也每天坚持到半夜才离开实验现场，每天的睡眠仅有 4 小时左右。

第六次实验持续了 50 天，终于取得了成功！随后，中国科学院兰州化学物理研究所决定与锦州石油六厂共同开展丁烯氧化脱氢制丁二烯第三代铁系催化剂工业中试放大实验。周望岳和他的大学同学张国栋分别代表研究所和厂方来领导这一工作。1982 年春节前后，他们开始中试放大实验，可是一连五次实验，中间都出现了反应温度降至催化剂启动温度之下的"灭火"现象。而每次中试放大实验都要花费一二十万元，连续遭遇"灭火"造成了巨额的损失，种种风言风语都出现了。周望岳坚持在现场，针对问题找原因再制订新方案，最终他从通常忽视的反应器内部找到了原因。他亲自改装了反应器。1982 年 3 月 5 日，第六次中试放大实验重新开始，直至 5 月初，连续正常运行 60 天共计 1440 小时，实验获得圆满成功。同年 10 月至 12 月，工业试生产获得成功。这一次，周望岳和他的团队在锦州石油六厂工作了两

● 1981 年，周望岳（右）与张国栋（左）在锦州石油六厂

年多。

　　1983 年 10 月，周望岳抱病带队到锦州石油六厂参加丁二烯聚合生产顺丁橡胶的工业生产，取得圆满成功。同年 12 月，国家科学技术委员会主持的成果鉴定会认为，周望岳等开发的铁系催化剂（H-198）使我国在氧化脱氢催化剂的开发研究上跃入世界前列，并产生了巨大的经济效益。顺丁橡胶工业生产新技术的问世，打破了国外的封锁和垄断，是我国在石油化工领域里的第一个完全自主的生产工艺。

"荣誉并非我一个人的"

　　1985 年，"顺丁橡胶工业生产新技术"获得国家科学技术进步奖特等奖，次年 5 月，周望岳和张国栋分别代表中国科学院兰州化学物理研究所和锦州石油六厂在北京召开的颁奖大会上捧起奖杯和奖状。30 年后，他在接受作家薛媛媛采访时说："我拿到奖杯的时候，深切感到这份荣誉并非我一个人的，而是大江南北、长城内外众多协作单位历经 20 多年共同拼搏的成果。特别是我身边的人，他们的每一声叹息、每一个欢乐的笑容和每一滴汗珠，都是为了国家的顺丁橡胶。"

郭景坤

醉心陶瓷、甘为人梯的灯塔人生

郭景坤（1933—2021），广东新会人。1958年毕业于复旦大学化学系。曾任中国科学院上海硅酸盐研究所研究员、所长。无机化学家、材料科学家，中国科学院学部委员（院士），第三世界科学院院士，世界陶瓷科学院院士，中国陶瓷基复合材料及高温结构陶瓷材料研究领域的开拓者和学术带头人之一。

为国立志，醉心陶瓷

20世纪60年代到90年代，郭景坤在无机非金属材料研究的路上越走越宽，尽情挥洒着自己的才华与汗水，差不多每十年就有新的科研成果。1960年，国家需要研制一种长距离通信装备——速调管，他在其中负责两种高铝陶瓷与无氧铜环的封接研究。由于大学所学专业与这一研究领域有较大出入，为此，郭景坤一头扎进书海恶补这方面的知识。在经过多次失败和改良后，他终于完成了大型陶瓷与金属封接件的研制任务。后来，"高铝氧质陶瓷的制造与封接工艺"获得了国家发明奖二等奖。

郭景坤在陶瓷基复合材料上历时多年取得的突破，也是其响应国家号召，解决国家之所需，躬身实践，刻苦钻研的结果。1972年，周恩来总理做出"科学院的工作应往高里提"的指示，郭景坤深受鼓舞，并立即向所里提出要做"改善陶瓷脆性"这一研究课题。随后，郭景坤及团队比较系统地研究了纤维（或丝）与各种陶瓷的理化相容性问题，并最终研制出一种新的补强陶瓷基复合材料，这种材料具有极为优异的综合性能，很适宜用作隔热材料。这是陶瓷基复合材料首次得到实际应用的范例，填补了我国在这一领域上的空白，开辟了利用补强陶瓷基复合材料作为烧蚀材料的新途径。该研究成果于1978年获全国科学大会重大成果奖，并于1981年获国家技术发明奖一等奖。

郭景坤经常对年轻学子这样说："虽然当初的科研条件比不上现在，但是我们做科研的作风是很踏实的，也没有急功近利的思想。做补强陶瓷基复合材料的时候，知道研发成功并应用于国家尖端领域时，那种喜悦的心情是难以用语言和文字来表达的。我的心得体会是，科研工作需要从基础研究做起，一步一个脚印，来不得半点马虎。"古稀之年时，郭景坤在《新民晚报》上发表文章《用我微弱的光为国家再做点什么》，文末写道："只要我的微弱的光能为国家再做点什么，能为家乡和祖先前的长明灯中添上一点油，吾愿足矣！"

喉癌手术前的最后一场学术报告

在碳/石英复合材料相关的一项重要研制任务中，当时作为项目负责人的周国红发现，恢复该产品生产的难度竟然如此之大。团队经历了两次失败后，在惊讶于20世纪70年代首创碳/石英复合材料并成功应用是何等的智慧的同时，向郭景坤进行了汇报并请教首批研制过程中的经验教训。已经80多岁高龄的郭景坤没有任何犹豫，到基地生产现场亲自指导，令团队成员深受感动、备受鼓舞。如今团队不仅成功完成了重要产品的生产任务，还将该材料应用于更多型号任务，为我国航天事业做出了应有的贡献。当团队主要

🌸 郭景坤在做喉部切除手术前作学术报告

负责人带着新研制成功的碳 / 石英复合材料，兴奋地到郭景坤家里汇报时，郭景坤抚摸着复合材料部件，露出会心的笑容。

郭景坤晚年患了喉癌。在做喉部切除手术前，他最后一次用自己的嗓音在"青年学术沙龙"上作了学术报告，让年轻科研人员非常感动并深受鼓舞。在如此的身体条件下，加上工作繁忙，他却时常惦记着学生的科研进展情况，坚持对学生亲自指导。他借助声音发声器，与学生讨论课题，一讨论往往就是一小时。

2005 年 11 月，也是郭景坤生病后的第二年，古陶瓷科学技术国际讨论会在上海如期举行，大家欣喜地看到郭景坤作为大会主席稳稳地坐在台上。2009 年古陶瓷科学技术国际讨论会和 2012 年古陶瓷科学技术国际讨论会是两届到外地召开的古陶瓷国际会议，郭景坤非常赞成组委会"走出去，扩大影响力"的办会理念，并亲赴北京故宫和景德镇参加了会议，还在 2012 年古陶瓷科学技术国际讨论会开幕式上借助电子喉向大会致辞。

郭景坤的学生回忆道，郭景坤不仅是学术导师，生活上也给予了他们无尽的关心照顾和指导。学生经常去他家"蹭吃蹭喝"，郭景坤和他的妻子每次都精心准备好各种饮料、点心、水果等。学生说："老师和师母拿我们当自家孩子，我们心里感到无限温暖，除了美食，我们还学到了很多处世哲学。"

"光不在强，有热则明"

熟悉郭景坤的人提起他，都对他乐观坚韧的精神赞叹不已。郭景坤积极乐观、多才多艺，书法、绘画、小提琴、大提琴等艺术爱好为他的人生增添了很多快乐，陪同他走过艰难岁月，激发了他在科研创作上的灵感，也感动和鼓舞着后来人。尤其是郭景坤晚年患了喉癌后，他一直不屈不挠地与病魔斗争，勇敢地生活、工作、前行。每当提起郭景坤的往事，大家都会忆起郭景坤与同事、学生相处谈笑的每个瞬间。郭景坤的爽朗与豁达、关爱与鼓励，成为很多人的珍贵回忆。

郭景坤幼年时，一家四口住在 12 平方米的阁楼中，生活仅维持温饱。成年后，是求知和读书改变了他的人生。郭景坤生前对年轻学生关怀备至，除了学业上悉心指导，生活上也总是给予关心照料。

2004 年，郭景坤获何梁何利基金科学与技术进步奖，随即将奖金 10 万港元捐给了中国科学院上海硅酸盐研究所（简称上海硅酸盐所）。时值郭景坤病重期间，正承担着医疗费用的高额支出，但他仍然心系上海硅酸盐所的发展，义无反顾地捐出这笔在当时堪称"巨款"的奖金。

2022 年，郭景坤的家属遵从其遗愿，提议并联络郭景坤生前指导过的两家企业，合计出资 35 万元，共同设立了"郭景坤奖学金"，以此发扬光大老科学家精神，激励研究生传承历史、奋发向上、创新进取。"郭景坤奖学金"每年评奖 1 次，每次 10 个名额。2024 年 6 月，刘家和等 10 位研究生成为首批该奖学金获得者。郭景坤已逝，但风骨长存。郭景坤对科学的热爱，对后人的鼓励，也用这种形式延续着。

在上海硅酸盐所科学家精神教育基地的展厅里，悬挂着郭景坤一幅名为《灯塔》的油画作品。这幅油画作品创作于他最困难的时候，他自喻灯塔，即使面对"白浪滔天、黑云密布"的困难，也无所畏惧，"有一分热便发一分光，光不在强，有热则明"。

灯塔象征希望，是郭景坤乐观精神的体现。郭景坤就如灯塔，指引着后来者不断前行。

李佑楚

一个令人"意外"的遗愿

李佑楚（1939—2021），湖南溆浦人。1962年毕业于天津大学化学工程系。曾任中国科学院过程工程研究所研究员、中国科学院化工冶金研究所流态化研究室主任。主要从事流态化技术及化学工程的应用基础研究和化工、冶金、能源、材料等新工艺、新技术、新设备的开发研究。

"意外"的遗愿

网上搜索"李佑楚"的名字，看到的是一条简短的百科介绍和他的一些论文，其他信息再无。但就是这样一位"平凡"的科研人员，却留下了一个令人"意外"的遗愿。

2021年李佑楚因肺部感染不幸离世。这个在学生后辈眼中节俭朴素的学术前辈却留下了这样的遗愿：将生活了半辈子的房产卖掉，卖房款全部捐献，用于奖励后学，激励更多的青年人专注颗粒学和流态化研究。

根据他的遗愿，他的妻子沐静秋将607万元的房款悉数捐赠给中国科学院大学教育基金会，该基金会用这笔钱设立了李佑楚研究员奖励基金。

其实，这个遗愿既"意外"，也不"意外"。沐静秋说起卖房的初衷："李佑楚一直认为自己对国家作的贡献还不够，应该再多做出一些创新成果，缩小和发达国家的差距。他写书和捐献房款都是希望能对国家、对研究所有交代，对年轻人有帮助，让年轻人少走弯路。"李佑楚将自己卖房的想法告诉了妻子，并得到了妻子的理解和支持。二人商议后决定搬到养老院，把旧房简单装修收拾了一番，准备售卖。

周围有人认为夫妻二人卖房捐款是"疯了"，但沐静秋说："房款如果不捐出去，或者自己多留一些，也就是自己穿好一点，吃好一点，换个好点的养老院。但是捐献房款的这个决定，是他对国家、对研究所表达的感恩。"

人才流失是李佑楚生前一直关注和痛心的问题。李佑楚曾告诉妻子，人才是对科研事业的传承，他把颗粒学和流态化发展的希望寄托于年轻人，希望在自己有生之年能够看到更多的年轻学子热爱颗粒学和流态化研究，并且能做出更好的成绩；希望能留住他们，并且吸引更多学子回国，为国家作贡献；希望我们国家在这个领域能腾飞、能赶超、能实现科技复兴。这是他多年的愿望和期盼。

"李佑楚一生淡泊名利，要想设立奖学金，达成他的心愿，只能靠我们生活 37 年的住房。"沐静秋谈道。

2024 年 6 月 4 日，中国科学院过程工程研究所（简称过程工程所）举办了庄重而感人的"李佑楚颗粒学和流态化学科发展基金捐助仪式暨李佑楚青年托举计划"启动仪式。

白衬衫和自行车

过程工程所研究员王维师从李佑楚，卢旭晨在博士后期间和李佑楚共事。二人在回忆李佑楚时，都提到了白衬衫、灰裤子、黑皮鞋、自行车，这套着装仿佛成了李佑楚的标签，远远地一下子就能认出来。

在学术研究上取得一系列辉煌成绩的李佑楚却谦虚低调，生活上更是艰苦朴素。研究所师生印象中的李佑楚永远面带微笑，春夏常是一件白衬衫，秋冬就在白衬衫外面套上一件棕色大衣，十几年不变，到食堂经常是打一大盆菜回家跟妻子吃一整天。

王维回忆自己刚开始读博时，还没有决定研究方向的那段时间："我除了上课，就是看论文。有一次还跟着李老师一起骑自行车去清华大学热能系的实验基地驮了几袋煤灰回来。煤灰是当时参加的国家科技攻关项目任务里，做循环床冷模实验的颗粒物料，清华大学当时供热也使用流化床锅炉，所以我们就把煤灰驮回来了。"

王维说的自行车，卢旭晨也记忆犹新："李老师有一辆六七十年代的那种老式二八自行车，好像是永久牌的，印象中很破旧，但却是他最常用的交通工具。"在卢旭晨的印象中："李老师对自己的科研工作认真严谨，但是对工作之外的事情他从来都不追求，穿的用的多年不变。"

沐静秋回忆起李佑楚："他一心一意搞自己的工作，平时挺艰苦朴素的，衣服二十几年都在穿，56 块钱的工资拿了十几年。"李佑楚留下的照片不多，但是照片里的他穿的基本都是那件白衬衫。

一辈子一件事

作为中国科学院化工冶金研究所流态化研究室原主任，李佑楚一生专注流态化技术及化学工程的应用基础研究，"一辈子坚持做好一件事"是他的人生信条。

20 世纪 70 年代，中国科学院院士郭慕孙和李佑楚在快速流态化研究方面取得了令国内外瞩目的成绩，二人等合著的《快速流态化的流动》论文发表在 1979 年的《化工学报》上，1981 年该文被美国 *International Journal of Chemical Engineering*（《国际化学工程杂志》）全文译刊。1980 年，他在美

● 呼和浩特煤系高岭土中试车间合影（从左至右为李佑楚、王维、郭慕孙、卢旭晨）

国举行的第三届国际流态化会议上发表了学术论文"The dynamics of fast fluidization"（《快速流态化的动力学》），成为快速流态化的经典文献，得到了热烈反响和广泛认可。他们的理论模型被国际学术界称为 Li（李佑楚）-Kwauk（郭慕孙）模型，得到广泛引用，并成功应用于循环流化床煤燃烧、低品位资源焙烧利用等领域的工程示范。

　　李佑楚一辈子专注流态化研究，对待学生、后辈，他总愿意"扶上马送一程"。过程工程所党委书记、副所长朱庆山回忆在李佑楚的指导下攻坚克难的往事："李老师从 20 世纪 60 年代起就一直跟着郭慕孙先生做流态化磁化焙烧，非常有经验。我们团队的第一个流态化工程应用项目——10 万吨级难选铁矿低温磁化焙烧项目是在李老师指导下做的设计，可以说我们团队流态化工程应用的起点是李老师开启的。"

　　卢旭晨评价李佑楚："李老师对个人名利很淡泊，从来不去谈论，但是工作上认真敬业，治学严谨，为人正直。他的文人风骨，是我们学习的楷模。"有一件事让卢旭晨记忆犹新："我到所里做博士后的时候，李老师已经60多岁了，但他还是跟我们一起爬上五六米高的实验钢架安装流化床设备和做实验。"在李佑楚的学生王维的印象中，李佑楚没有什么爱好，好像一直在工作，关心学生们学业和工作上的困难，对于王维未来可能做的研究方向，李佑楚给他写了满满两页纸，让他充分了解后再做选择。

李佑楚用这个遗愿，延伸了自己流态化研究的生命，用自己炽热的初心助燃了颗粒学和流态化的薪柴，更用他"平凡"的一生注解了科学家的执着与伟大。

一辈子坚持做好一件事，他，做到了。

蒋筑英

愿意别人踩着我
顺利走好人生之路

蒋筑英（1938—1982），浙江杭州人。1962年毕业于北京大学物理系。曾任中国科学院长春光学精密机械研究所副研究员、所学术委员会应用光学分组负责人。应用光学家，入选"100位新中国成立以来感动中国人物"，荣获"全国劳动模范""最美奋斗者"等称号。

"我就是一块铺路石"

蒋筑英时常随身带着一个小本子，作为他的"备忘录"，记录着一件件别人求助于他的事情。每件他都有求必应，从不耽搁。在利益面前总是最后想到自己，他帮助同事一遍遍修改论文，发表时却不让提他的名字；和别人共同研究取得的科研成果受到光学界的重视，被邀请出席学术会议时，他把机会让给与他合作的同志；研究所评职称、分房子，他多次让给别人。他是所里出了名的有困难向前冲、有好处向后退的利他者。

因为常泡图书馆，他对馆内的文献情况很清楚。为方便大家查阅，蒋筑英主动到图书馆帮助编书目，又到情报室帮助编辑《光学设计与检验》资料索引。他还把自己多年积累的大量文献卡片送给情报室，供大家查阅资料时使用。他自己收集和撰写的宝贵资料，只要别人来找，他也都慷慨地贡献出来，从不计较个人的得失。

曾经有人劝蒋筑英说："以你的学识和才华，何不趁年轻时多写几篇论文？把许多时间和精力花在为别人服务上，太可惜了！"而蒋筑英却回答说："我就是一块铺路石，愿意别人踩着我顺利走好人生之路。"

宽敞的住房让给更困难的同志

1981年，所里分配给蒋筑英一套三居室的住房。他多次找领导说明，自己人口少，孩子又小，有两间就够了，要求把这套宽敞的住房让给更困难的同志。

改革开放后，蒋筑英曾两次出国。第一次是1979年在联邦德国进修，他用省吃俭用积攒的外汇给所里买了1台英文打字机、1部录音机、19台电子计算器和一些光学器材。1981年第二次出国时，蒋筑英自带了一大包四川榨菜，决心从自己口袋里"抠出"更多的外汇，给所里增添更多的光学器材。

在人们的印象中，蒋筑英是一个从来闲不下来的人。无论是搞科研、主持学术会议，还是协助工厂破解难题、帮助研究所解决大大小小的事情，哪里需要，哪里就有他的身影。

1982年6月，组织上派蒋筑英到成都执行一项紧急任务。出差前一天他还收拾了新建的实验室，修好了院子里被损坏的柏油路面，帮助同事家修理下水道。在成都工作期间，蒋筑英因劳累过度，加之多年来积劳成疾，因病抢救无效逝世，年仅44岁。

蒋筑英去世的噩耗传到北京，导师王大珩悲痛万分，老泪纵横，连声叹道："从何谈起，从何谈起啊！中国科学院刚决定把光机所的领导重担交给他时，他却离去了……"

● 蒋筑英（右）与王大珩（左）合影

"孩子，心宽不怕房屋窄"

在子女的教育问题上，蒋筑英以身作则，注重培养他们艰苦朴素、热爱劳动的优良作风。当时，蒋筑英和妻子路长琴的工资加起来只有 100 元出头，还要资助双方的父母和弟弟、妹妹。工作 10 年，蒋筑英没戴过手表，连当时最流行的的确良衬衫也没穿过。他有钱就买书，省下的钱都用在了科学研究上。在蒋筑英的教育下，两个孩子从小就养成了艰苦朴素的品德和爱劳动的习惯。他们每天很早到校，帮助其他同学扫地、打水，放学后还帮助邻居抬煤气罐、打扫楼道卫生，受到邻居的夸奖。

那时，蒋筑英家住房很小，一家四口挤在 11 平方米的房子里。隔壁就是公用厨房，10 个火炉子里有 5 个靠着他家墙。每到炉子生火时，满屋的烟直往家里灌。一天，女儿路平放学回来又赶上满屋是烟，她噘着小嘴跑到外面生闷气。蒋筑英跟女儿谈心，女儿没好气地说："爸，我同学家一点烟都没有，亏你还是个干部，房子住得这么小！"蒋筑英不但没恼，反而笑了："孩子，心宽不怕房屋窄，少年有志不比家啊。"接着，他用岳飞不惧贫寒、精忠报国的故事劝诫女儿："你还小，千万不要跟人家比吃穿，更不要比谁的爸爸官大官小、住房的大小，要把精力用在学习上，自己学习出类拔萃，有真才实学，才算真本事。"听了爸爸讲的道理，女儿心里再没委屈，她跟爸爸表示要做一个有志气的孩子。

林尊琪

服药日记里的科技
报国"誓言"

林尊琪（1942—2018），出生于北京，祖籍广东潮阳。1964年毕业于中国科学技术大学无线电系。曾任中国科学院上海光学精密机械研究所研究员、高功率激光物理联合实验室总工程师。高功率激光技术专家，中国科学院院士，主要从事激光惯性约束聚变、高功率激光驱动器和X光激光研究等。

"研究成果是集体智慧的结晶"

林尊琪淡泊名利是大家公认的。2002年以后，林尊琪把实验室副主任的岗位让给了年轻人。对于比较成熟的技术，他让年轻人自由发挥。他一直强调"研究成果是集体智慧的结晶，要依靠团队"，遇到项目申报，总把自己的名字抹去或往后挪。在中国科学院上海光学精密机械研究所工作的几十年间，他始终工作在科研一线，从未在外兼职或挂名。唯一一次主动请缨的高功率激光物理联合实验室总工程师头衔，也只是为了能更好地部署他魂牵梦绕的三倍频负载能力提高的课题。但在其后实验室的报奖中，他坚决要求不再出现他的名字。

2003年，林尊琪当选为中国科学院院士后，很多单位都发来了工作邀请，但都被他一一婉拒了。他说："一个人的时间和精力是有限的，我全部的人生已经交

● 林尊琪（右四）和他的学生

给了国家激光聚变事业。"

林尊琪先后培养了40多位硕士和博士研究生，可谓桃李满天下。在整理他的遗物时，他的学生范薇发现，林尊琪从2013年开始着手激光等离子体的研究，他要从物理源头入手，寻找神光装置的新突破。"我看到整理了整整十一大盒文件，全部都分门别类做好标记。"范薇说。那是林尊琪给新招收的这个方向的博士生所准备的资料。

老旧的二八式自行车，是他不变的"座驾"

林尊琪一生艰苦朴素，严于律己，数次婉拒单位配车，古稀之年仍坚持骑自行车上下班。在他最后患病住院前，只要不出差，他几乎天天都会去研究所。

从单位到家，大约三千米，十多年的光阴里，一辆二八式自行车是林尊琪不变的"座驾"。这个习惯一直保持到2012年左右，终因他骑车摔跤，在众人的劝说下才不得不放弃。高功率激光装置行政主管陈冰瑶回忆道："有一年生日，学生合伙给他买了一辆新自行车，林院士喜欢得不得了。但过后，他坚持把钱还给学生。"

入院治疗前，中午吃饭时间，人们在所里经常会看到林尊琪从神光大楼缓缓步行到饭堂去用餐。他从不去二楼院士小餐厅吃饭，而是跟普通职工一起排队打饭，然后在饭堂大厅一个不起眼的位置，边吃饭边和学生讨论工作。每次他都会把打的饭菜吃得很干净，也一直告诫学生一蔬一饭皆来之不易，现在日子好了，也不能浪费。

服药日记里记录下的科技报国"誓言"

"油灯已经接近耗尽……但我的任务尚未完成。我必须有信心，做我自己应该承担的任务，决不能消极对待。直到最后一刻！"这是林尊琪在生命的最后日子写下的。他当时已在医院住了不少日子，这段话被他顺手写在了服药方法的记事本里。这次住院是他远离工作最久的一次，差不多有七个月。在病床上他还时刻关心着所里科研项目的进展，关心着学生的学业。因此只

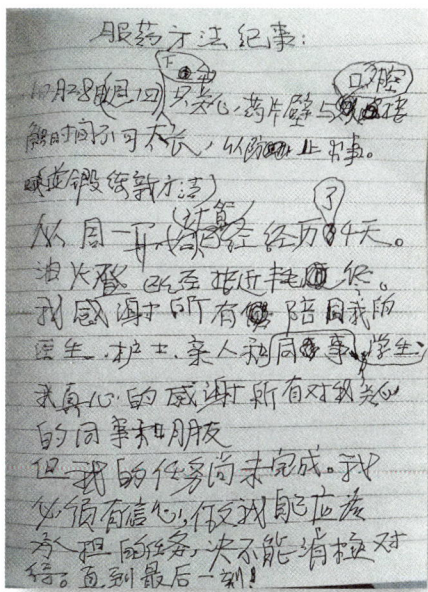

● 林尊琪的服药日记

要有人来探望，哪怕说几句话得休息好久，他所惦念的仍然是实验室里的点滴进展。

学生整理他的遗物时在他的服药日记里发现了上文所写的誓言。目前这份笔记展出在中国科学院上海光学精密机械研究所"与光同行志报国"科学家精神教育基地，每一位参观者看到这段文字无不为之动容。

南仁东

爱护"天眼"，也爱众人

南仁东（1945—2017），吉林辽源人。1968 年毕业于清华大学无线电系，1987 年获中国科学院天体物理专业博士学位。曾任中国科学院北京天文台副台长。天文学家，"中国天眼"的首席科学家、总工程师，荣获"时代楷模""改革先锋""最美奋斗者""人民科学家"等称号。

舍弃高薪，不为所动

1993 年在国际无线电科学联盟大会上，科学家提出要造新一代射电望远镜。而此时，我国在这一领域远远落后，最大的射电望远镜口径不到 30 米，这让南仁东心里很不好受。之后他毫不犹豫地放弃国外优渥的待遇，回国开启"天眼"建设之路。

南仁东在科研工作中始终保持着廉洁自律的作风。尽管他在天文学领域享有极高的声誉，并且有许多国外科研机构向他抛出橄榄枝，提供高薪职位，但南仁东始终不为所动，坚持留在国内，为中国的天文事业贡献力量。

在 FAST 项目的建设过程中，南仁东严格控制项目经费的使用，确保每一分钱都用在刀刃上。他本人也从不利用自己的地位和影响力谋取私利，始终保持着简朴的生活作风。即使在项目成功后，南仁东也没有因此沾沾自喜，而是继续默默无闻地投入科研工作中。

亲力亲为，力臻完美

南仁东，面容沧桑、皮肤黝黑，夏天穿着 T 恤、大裤衩儿。

1994 年开始，他在贵州大山里开展大射电望远镜选址工作，在现场实地踏勘时，在乱石密布的喀斯特石山里，不少地方连路都没有，只能从石头缝间的灌木丛中，深一脚、浅一脚地挪过去。

时任贵州平塘县副县长的王佐培，负责联络望远镜选址，第一次见到这位天文学家，诧异于他太能吃苦。七八十度的陡坡，人就像挂在山腰间，要是抓不住石头和树枝，一不留神就摔下去了。王佐培说："他的眼睛里充满兴奋，像发现了新大陆。"1998 年夏天，南仁东下窝凼时，偏偏怕什么来什么，瓢泼大雨从天而降。因为亲眼见过窝凼里的泥石流，山洪裹着砂石，连人带树都能一起冲走。南仁东往嘴里塞了救心丸，连滚带爬回到垭口。

大窝凼附近所有的山头，南仁东都爬过。在工地现场，他经常饶有兴致

❀ 选址期间的南仁东（前排右一）

地跟学生介绍，这里原来是什么样，哪里有水井，哪里种着什么树，凼底原来住着哪几户人家。仿佛他自己曾是这里的村民。

"天眼"是项庞大的工程，涉及天文学、力学、机械工程和岩土工程等领域，对待科学，南仁东无比严肃和严谨，没有哪个环节能"忽悠"他。工程伊始，要建一个水窖，施工方送来设计图纸，他迅速标出几处错误打了回去。施工方惊讶极了：搞天文的科学家怎么还懂土建？南仁东说："你以为我是天生什么都懂吗？其实我每天都在学。"

爱护"天眼"，也爱众人

在"天眼"馈源支撑塔施工期间，南仁东得知施工工人都来自云南的山区，家里都非常困难，便悄悄打电话给"天眼"工程现场工程师雷政，请他了解工人们的身高、腰围等情况。当南仁东第二次来到工地时，他随身带了一个大箱子。当晚他叫上雷政提着箱子一起去了工人的宿舍，打开箱子，都是为工人们量身买的T恤、休闲裤和鞋子。南仁东说："这是我跟老伴去市场挑的，很便宜，大伙别嫌弃……"回来的路上，南仁东对雷政说："他们都太不容易了。"

第一次去大窝凼，爬到垭口的时候，南仁东遇到了放学的孩子们。单薄的衣衫、可爱的笑容，触动了南仁东的心。回到北京，南仁东就给县上干部张智勇寄去一封信。"打开信封，里面装着500元，南老师嘱托我，把钱给卡罗小学最贫困的孩子。他连着寄了四五年，资助了七八个学生。"张智勇说。

在学生的眼中，南仁东就像是一个既严厉又和蔼的父亲。

2013年，南仁东和他的助理姜鹏经常从北京跑到柳州做实验，有时几个月一连跑五六趟，目的是解决一个10年都未解决的难题。后来，这个问题终于解决了。"我太高兴了，以致有些得意忘形了，当我第三次说'我太高兴了'时，他猛浇了我一盆冷水：'高兴什么？你什么时候看到我开心过？我评上研究员也才高兴了两分钟。'实际上，他是告诉我，作为科学工作者，一定要保持冷静。"姜鹏说。即使在"天眼"工程竣工时，大家纷纷向南仁东表示祝贺，他依然很平静地说，大望远镜十分复杂，调试要达到最好的成效还有很长一段路。

2017 年 4 月底，南仁东的病情加重，进入人生倒计时阶段。正在医院做一个脚部小手术的甘恒谦，突然在病房见到了拎着慰问品来看望自己的南仁东夫妇，这让他既惊讶又感动。"我这个小病从来没有告诉南老师，他来医院前也没有打电话给我。他自己都病重成那样了，却还来看望我这个受小伤的学生。"甘恒谦内疚地说。医院的这次见面，竟成为师生两人的永别。

知识渊博、勇于发表观点的南仁东在国际上有许多"铁哥们"。每次见面，他们都是紧紧握手、拥抱。有一个老科学家，在去世之前，还专门坐着轮椅飞到中国来看望南仁东。

燃尽生命，只为"天眼"

南仁东在 FAST 项目的推进过程中，几乎将自己的全部精力和时间都投入了进去。FAST 项目的选址、设计、建设等各个环节，南仁东都亲力亲为。为了找到最适合建设 FAST 的地址，他带领团队在全国范围内进行了长达 12 年的选址工作，走访了数百个候选地点，最终选定了贵州省平塘县的大窝凼。

在项目建设过程中，南仁东不仅承担了大量的科研工作，还亲自参与了许多具体的建设工作。他常常在施工现场与工人们一起工作，甚至亲自爬上高塔进行检查。由于长期的高强度工作，南仁东的身体逐渐透支，但他从未因此退缩。即使在病重期间，他仍然坚持工作，直到生命的最后一刻。

南仁东这种无私奉献的精神，使得 FAST 项目得以顺利建成，并成为世界上最大的单口径射电望远镜，为中国乃至世界的天文学研究做出了巨大贡献。

不是院士，生前也没拿过什么大奖，但南仁东把一切看淡。一如病逝后，他的家属给中国科学院国家天文台转达的他的遗愿：丧事从简，不举行追悼仪式。

"天眼"就是他留下的比天还大的遗产。

清正廉洁篇

赵承嘏

两盒火柴
公私分明

赵承嘏（1885—1966），江苏江阴人。1914年获瑞士日内瓦大学哲学博士学位。1932年创办北平研究院药物研究所，曾任中国科学院药物研究所研究员、所长。药物化学家，中国科学院学部委员（院士），中国植物化学和现代药物研究的开拓者，中国药用植物化学的先驱。

战火里英勇保护仪器，艰难中建设实验室

在赵承嘏多年的经营下，北平研究院药物研究所拥有了精良的仪器设备，在远东地区颇负盛名。

1941年12月，太平洋战争爆发，上海租界沦陷，滞留在法租界的药物研究所被迫停止工作。日本人对研究所的仪器设备觊觎已久，日本宪兵搜查研究所，赵承嘏多次被日本宪兵司令部传讯，但他无所畏惧，设法将全部仪器保护起来。其间，同在法租界福开森路395号的镭学研究所，一台价值近千英镑的感应电炉被日本宪兵扣押，赵承嘏不顾个人安危，邀法租界公董局官员同时出面，以法国财产的名义与日本人力争，使得已到码头待运的仪器保留了下来，彰显了一位爱国学者的凛然正气。

尽管条件艰苦，赵承嘏依然十分重视实验室建设。他千方百计筹

● 上海市武康路 395 号（原法租界福开森路 395 号）实验室

措资金，为药物研究所添置了旋光计、显微镜、分子量测量仪、比色计及全套微量分析仪器等设备，购买欧美出品的各种有机溶剂，订购英国、美国、德国、法国、瑞士、日本等国家的化学及药学杂志，并设法补全过刊，使药物研究所成为当时国内收藏化学期刊最完备的科研单位之一。

他还亲自动手设计实验室家具，要求实验台、药品柜、书橱等均以上等柚木为材料，请高级木工制作，以达到经久耐用的目的。实验台面则选用国产漆取代国外常用的苯胺黑，耐腐蚀且极具中国特色，该方法后被中央研究院化学研究所采用。

两盒火柴，公私分明

与在实验室建设上的"大方"不同，赵承嘏在研究工作中十分节俭，总

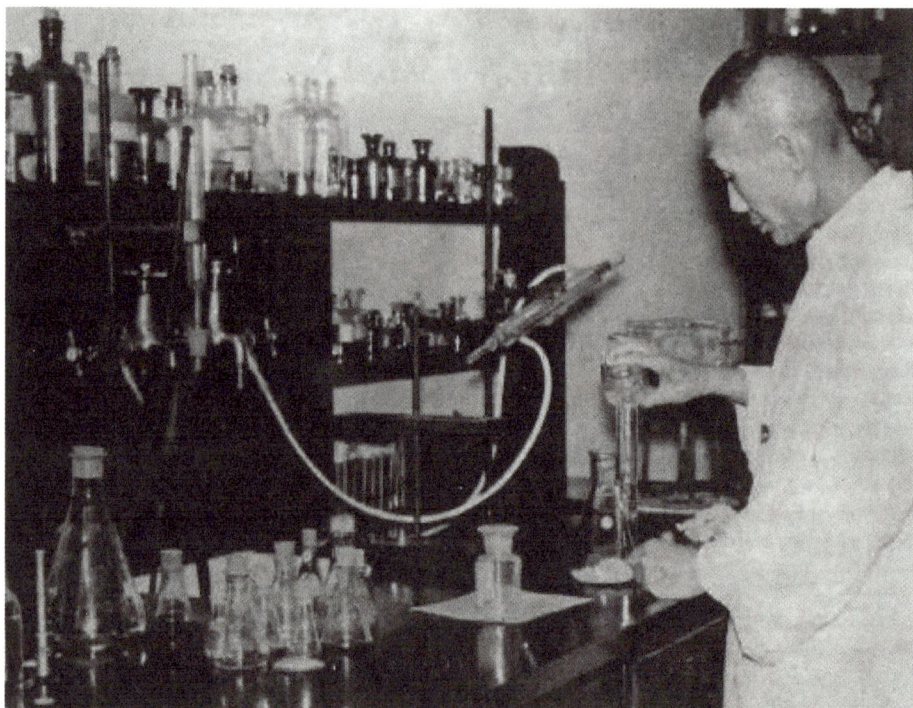

● 赵承嘏在实验室

能把极有限的经费用在最需要的地方。在实验中，他从不浪费玻璃器皿与药品，甚至沸点较低的溶剂（如氯仿、乙醚）使用后均以回收瓶储藏，精制后再次使用。当时，这些试剂器皿都需要从国外进口，他要求工作人员非常小心地使用，不允许随意损坏一件玻璃器皿、浪费一点试剂。

对自己，赵承嘏更是公私分明，绝不混淆。他爱抽烟，平时都会准备两盒火柴放在实验服不同的口袋里，抽烟时使用他自己买的那盒，做实验点酒精灯时则使用另一盒火柴，绝不占公家分毫的便宜。除了在口袋中常备两盒火柴，他办公室的电话机旁边总摆放着一个不起眼却意义非凡的小盒子，每次他打电话回家就会在纸盒里放入相应的电话费分币，绝不公器私用。这样的例子还有很多，他真切地把"清廉自守，志行高洁"融入自己的每一处工作生活细节。

赵承嘏的儿子赵体平回忆父亲时说过这样一段话："我记不得他生前讲过什么豪言壮语，也记不起他有什么特别的事情。他考虑一切事情都从一点出发，就是如何能不受干扰地坚持他的研究工作，埋头于发现新的药物品种。"这是对赵承嘏一生恰如其分的写照。他以如此平常而非凡的一生，为我们留下了一份药物研究的宝贵财富。

为恢复药物研究所殚精竭虑

1949 年春，上海解放在即。李石曾（国民党"四元老"之一）来到药物研究所，告诉赵承嘏船已备好，要把药物研究所转移至台湾。

赵承嘏断然拒绝："这些设备不能拆、不能搬！"他坚信内战结束后，国家安定下来，科学事业会有新的发展机会，而药物研究所是为国所需、制药为民的，绝不能让它迁走。

此时，药物研究所仅剩 4 人，经费断供，工资发不出，每人每月只有一块银元维持最低生活。赵承嘏设法与光明药厂合作，苦苦支撑，直到新中国成立。

由于赵承嘏的坚守，药物研究所的血脉得以保存，而他也终于迎来了为"寻找治疗疾病的新药，为人民解除病痛"的理想继续奋斗的新时代。1949年 11 月，中国科学院成立。当时因药物研究所人员太少，被并入中国科学院有机化学研究所，但专设人员、经费、科研业务等独立的药物化学研究室，赵承嘏任主任。

赵承嘏壮心不已，除了继续开展植物化学研究外，还一心惦念着恢复药物研究所——他想把药物研究所办成一个真正能研发药物、对人民有所贡献的机构。从加强科研力量着手，赵承嘏开始在国内外网罗人才。他给在美国留学的药理学博士丁光生写信："我虽老矣，但希望年轻一代有为者能接上班，使我国药学事业有朝一日大放光彩。"20 世纪 50 年代，在他的努力下，高怡生在牛津大学获得博士学位后立即回国，帮助赵承嘏恢复建设药物研究所；丁光生回来了；蔡润生来了，谢毓元来了；留英归国的药物化学家嵇汝运、留苏回国的胥彬等科研人员也都加入了药物化学研究室。

1953 年，中国科学院药物研究所正式成立，赵承嘏被任命为首任所长。他不负众望，短短几年，药物研究所很快发展成为化学和生物两大学科互相渗透、互相配合、具有研发新药能力的国内为数不多的研究机构之一。

新中国成立之初，美国等西方国家的经济封锁使我国几乎空白的医药工业举步维艰。赵承嘏多次接受中央人民政府的突击任务，帮助解决制药工业生产技术难题。他先是指导解决了青霉素钾盐的结晶问题，为上海第三制药厂的国产青霉素顺利投产解决了关键难题，后又凭借在法国罗克药厂工作时的经验，指导工厂解决了普鲁卡因的生产工艺难题。年轻一代的科研人员继承和发展了由赵承嘏建立的植物化学研究体系，并在他的领导下，对古老的中草药进行了系统研究。赵承嘏多年的研究因此重获新生并大放光彩。

陶孟和

"要好好挑一下，不能全买"

陶孟和（1887—1960），天津人。1913年在英国伦敦政治经济学院获得科学学士学位（经济学）。曾任中国科学院副院长兼中国科学院图书馆馆长。社会学家，中国科学院哲学社会科学部学部委员，中国科学院图书馆事业的创始人，中国新文化运动的先驱者之一。

"要好好挑一下，不能全买"

科学书刊资料是科研人员不可或缺的信息源。陶孟和特别重视文献采购，要求采购人员要广辟书源，积极搜集补充科技文献资料。他认为，由于人力、财力、基本建设等种种条件的限制，除了北京图书馆以外，没有一个图书馆能够进行大量的采购，"必须按照服务对象的日常需要，约束自己的采购"；图书采购"切忌贪多务得，好大喜功"；文献的搜集采购既要买得精，又要切合实用。

对于图书馆工作人员在文献采购工作中表现出来的"贪多求全"的阔少爷作风，认为外文文献最有价值的"厚外薄中"的偏见认识，完全凭个人主观上的好恶决定图书去留的"厚己薄人"的思想，陶孟和认为这些都是不负责任的购书办法，浪费了国家大量钱财，必须根除工作中的这些错误思想，审查乱花钱、乱买书的莽汉们的所作所为。陶孟和曾跟郑振铎说，"有某一个设在外省的研究所，派人拿了好几册国际书店印的外文杂志目录，要求图书馆替他们全部预订一份。如闻其声：'我全要！'但全部是三千多种呢！门类复杂得很，也有些只是'年报'或'会务报告'性质的东西，买了来，根本没用。"陶孟和翻阅后对他们说："要好好挑一下，不能全买！"

要为国家节约外汇

国际书刊交换是科学技术交流的重要渠道。中国科学院成立后，陶孟和便提倡开展国际书刊交换工作。这项工作最初由中国科学院联络局办理，1951 年转交中国科学院图书馆办理，1956 年后由各研究所直接负责。中国科学院图书馆的工作重点转为将其作为补充馆藏的重要手段。

陶孟和亲自指导国际书刊交换工作，并且对交换工作的经济效益极为重视。他对大宗国际书刊交换总是要求分批核算，内部平衡，做到心中有数。他将各国交换机构出版物分成各种类型来计价或估价，每年平衡一次，有时还亲自参加核算。根据书刊质量，他把出版物分为三种类型——高级、中级、一般，有价格的标价，没有价格的根据书刊质量估价。无论采用哪种交换方式，都尽量做到等价等量，每年工作总结都要把当年交换的经济效益算出来，估计一年为国家节约了多少外汇。

中国科学院图书馆的方蓉华撰写的文章中提到，例如，1958 年至 1965年，每年平均收到定期和不定期出版物 3000 种、图书 5960 册（每种定期和不定期出版物平均价格 30 元、图书每种平均 20 元），每年可换回价值人民币约 21 万元的书刊，而图书馆每年订购国内出版物包括寄给国外交换机构邮费在内约花费人民币 4 万元，每年为国家节约 17 万元外汇，八年共节约外汇136 万元。陶孟和以其丰富的国际知识和管理经验，通过与世界各学术机构进行书刊交换活动，既了解了各国的学术动态、补充了馆藏，也宣传了我国的科学成就，并为国家节省了大量外汇。

不以权位谋私利

新中国成立前，陶孟和在北京大学任教时住的是安定门内小三条胡同5号的房子，1952年他就写过材料要捐给中国科学院。新中国成立后，陶孟和住在中国科学院宿舍内。1946年，他因冠状动脉硬化心脏病发作，被抢救过来后，身体健康状况始终处于危险之中。妻子沈性仁去世后，陶孟和身边一直无亲人。一次，陶孟和生病，方蓉华随一位领导去看望他，才得知他身边没有子女，平日外出由警卫员陪同，在家中由一位保姆照顾。陶孟和生

● 陶孟和捐赠的一部图书（中国科学院文献情报中心藏）

活很简朴，室内陈设简单，会客室除沙发日用品外，只有一张放在中间的小餐桌。

陶孟和的儿子陶愉生是中国科学院大连化学物理研究所的研究人员，有时几年也难得回北京一次。但陶孟和从未向组织要求，对他的孩子予以照顾调来北京工作。一次陶愉生在锦州出差，陶孟和与李四光副院长在北戴河避暑。陶孟和写信要陶愉生过来相聚一下，而陶愉生因工作繁忙不能离开，未能前往，陶孟和没有怨言。陶孟和对自己要求严格，对青年人要求也严格，支持青年人把工作放在第一位。

陶孟和逝世后，陶愉生遵照父亲的遗愿，将其全部图书捐赠给中国科学院图书馆，留下的 18000 余元捐赠给了中关村小学和中国科学院幼儿园作办学费用，一切家具赠送中国科学院行政管理局，后发送到灾区救济灾民。留存于后世的，是他为中国社会学奠基的著述，他用心血浇灌的图书馆事业，以及他那无畏无私的风范。

竺可桢

清廉清贫
公权公用

竺可桢（1890—1974），浙江绍兴人。1918 年获美国哈佛大学博士学位。曾任中国科学院副院长。气象学家、地理学家和教育家，中央研究院院士，中国科学院学部委员（院士），中国近代气象事业的奠基人，中国自然资源综合研究的倡导者和奠基人。

"为人极廉洁，
不揩学校的油"

清正廉洁是竺可桢获得师生衷心拥戴、在学校有很强凝聚力的一个重要因素。身为浙江大学一校之长，集全校的教学、财务、人事、建设等大权于一身，他始终坚持校务公开、克己奉公，不利用特权占公家便宜。

他在浙江大学的秘书诸葛麒说，竺校长每次写信，公家的事用公家的信纸信封，私人的事便用私人的信纸信封。竺可桢确认，唯一公家供给是草纸，"余从未向学校领私人应用之物品。唯草纸一项，余个人所用者由学校供给，嗣后余亦当停止使用。"

1944 年 2 月，他每月入不敷出，一家生计困难。由于通货膨胀，物价上涨幅度远高于他的薪水上涨幅度。每月收入 4300 元、一市担米，而一个月光买菜就需 3000 元，油、盐、酱、煤、水至少 1500 元。长女竺梅身体不好，

● 竺可桢（前排左三）任浙江大学校长

长期在湄潭住院治疗，每月需 1000 元，贵重药品另算。他手头拮据，和大部分教授一样，靠辛苦写稿、典卖物品维持生计。

曾任浙江大学农学院园艺系主任的吴耕民教授，对竺可桢廉洁奉公的品质十分敬佩，他说："竺先生为人极廉洁，不揩学校的油。农学院农产品多，如牛奶、牛油、鸡鸭、蛋、水果、西瓜、番茄、花木等样样都有，竺先生以身作则，绝对不揩油白拿，和一般顾客一样都付款购买。我们为他的廉洁道德所感动，也不拿公物送人，自己也不白吃。"

1927 年建立我国第一个化工系的李寿恒教授，在 90 岁高龄时动情回忆："竺校长生活十分简朴，总是以身作则，公私分明，连写家书的信纸都是自己买的。在遵义有时我会打打麻将，后来有一次听人说竺校长的日记上记着李寿恒打麻将一事，从此以后我就再也不打麻将了，把心思都用到学校里。竺校长一直是我学习的榜样。"

公私分明，不搞特殊化

廉洁奉公、不谋私利是竺可桢的可贵品质，他当上中国科学院副院长后，更是严于律己，公私分明。

新中国成立后，根据工作需要，国家给竺可桢配了一辆轿车。他却总是每月买两张月票，一个是公共汽车月票，另一个是北海公园入门月票。除了接送外宾、开会或有急事用小车外，他大部分时间总是步行上下班。从他家到中国科学院院部，必经北海公园。他上下班时，都从北海公园穿过，一来可留心观察物候，二来可练练腿力。十余年从未间断。他回到家后，就将各种物候现象记录在案，积累了很有价值的科研资料。

凡办私事，如去医院、上街买东西、逛书店、游园等，他一律不用公家汽车，而是安步当车，或用公共汽车月票。他更不允许家属、孩子坐他的小车。

他说："我这样做，一是想要给国家节省汽油，不要给司机增添麻烦，二是不让孩子们染上特殊化的坏习气。"

"文化大革命"爆发后，他要求减薪三分之一，组织上未同意，他就每月将工资的三分之一存起来。临终前，他留下遗嘱：将连续八年积下的这笔钱，全部作党费上交。

刘慎谔

崇尚节俭
恪守廉洁

刘慎谔（1897—1975），山东牟平人。1926 年获法国克莱蒙大学理学硕士学位，1929 年在巴黎大学获法国国家理学博士学位。曾任中国科学院林业土壤研究所副所长兼植物研究室主任。植物分类学家、地植物学家和林学家，中国植物学研究的开拓者和奠基人之一。

"西天取经"，科研报国

1929 年，刘慎谔带着 2 万余份植物标本回到祖国。他回国后即参与创办了北平研究院植物学研究所并在此工作近 20 年。同时还在万牲园创建了中国植物学历史上的第一个植物园，用于配合研究所的实验和研究工作。在此后辗转多地的岁月中，他又相继在陕西武功、云南昆明和东北等地创建植物园。他走到哪里，植物学研究的种子就撒播到哪里。

1931 年，刘慎谔参加了由中法科学家组成的中法西北科学考察团，从北平到迪化考察植物和森林。中法西北科学考察团任务完成后，他又只身由新疆、西藏到印度再经上海返回北平，历时近两年，历经千辛万苦。在这段时间里，由于没有他的音讯，大家都以为他已经不在人世了。回来后，刘慎谔发表了《中国西部和北部的植物地理》和《中国西南部植物地理》等论文，为中国

● 刘慎谔（前排左三）在野外开展科学调查

植物地理学研究奠定了基础，填补了我国植物学领域的空白。曾任中国科学院副院长的张劲夫知道他这段冒险科学考察的事迹后，赞誉他具有唐僧西天取经的精神。

在抗日战争时期，刘慎谔为保护珍贵的研究资料和植物标本，历经五次迁移，其间两次栖身于残破的庙宇之中。在昆明西山的庙宇中从事研究工作时，面临经费短缺的困境，他便通过种植西瓜来赚取资金以补充研究经费。每至一处，他都会开展野外调查，搜集植物标本，并致力于建立植物园，普及种植学知识。

20 世纪 50 年代初期，刘慎谔深耕东北植物学研究，并参与筹建中国科学院林业土壤研究所，成立了植物研究室，为植物学、森林学的发展呕心沥血，做出了卓著贡献。他主编出版的《动态地植物学》《历史植物地理学》《东北植物检索表》等专著，产生了深远影响。其动态地植物学、乔灌草结合防沙治沙方案，成功应用于包兰铁路，为国家战略安全做出了特别贡献。

崇尚节俭，恪守廉洁

刘慎谔身为国家一级教授，收入比一般科研人员高出很多，但是他崇尚节俭的生活，外出科研考察或者出差开会，按照规定可以乘坐卧铺的他，却都是和同事们一起坐硬座、住标间，吃住都和大家一样。

1954 年，为了国家安全战略和发展西北地区经济，国家着手修建包头至兰州的铁路。在宁夏中卫县境内，有一段铁路需穿越腾格里沙漠，铁路沿线的防沙治沙工作成为咽喉工程。1956 年，刘慎谔深知国家的迫切需求，毅然承担起这一重任。在治沙过程中，他身体力行，与科研团队成员同甘共苦，骑毛驴、冒风沙进行实地调查研究，并提出了草、灌结合加沙障的固沙方案，为确保包兰铁路如期通车做出了开创性贡献。1988 年，包兰线沙坡头地段铁路治沙防护体系荣获国家科学技术进步奖特等奖。

刘慎谔经常接济所里困难的同事。直至今日，一些当年刘慎谔接济过的老同事，每每谈起来还是非常感动和感激。他还特别关心孩子，所里职工的孩子们特别喜欢去刘慎谔家里玩，吃点心，听他讲亲身经历的故事。刘慎谔始终保持着廉洁自律的风范，从不收受贵重礼品，即使是外出讲学时，对方赠送的礼物，他也及时上交研究所。

在科研经费的管理上，他更是严格把控，亲自审核每一笔支出，确保资金得到最有效的利用。他担任中国科学院林业土壤研究所副所长期间，负责筹建所标本馆和树木园，乃至任沈阳市副市长期间，建设沈阳植物园，他都能坚守清廉原则，高效率使用资金。如今，所东北亚标本馆、树木园、沈阳植物园都成了筹建沈阳国家植物园的核心单元。

不能因为我浪费了大家的时间

刘慎谔非常注重人才培养，特别是年轻人才培养。对待年轻人的请教，他总是将自己的学识和经验毫无保留地、热情地传授给他们。1962 年、1964 年，刘慎谔亲自撰写教案，免费主持了两期讲习会，为一批植物工作者的成长奠定了良好的基础。除了专题讲学之外，他还多次应邀到长春、哈尔滨、北京、武汉、呼和浩特和兰州等地的大专院校及科研单位作"国际植物命名法规"和有关地植物学、植物分类学等方面的学术报告。

刘慎谔热情鼓励和帮助年轻同志钻研业务，并且严格要求。每当年轻同志有问题去请教他时，他总是详细地讲解，一直到将问题搞清楚了为止。有时怕打断思路，他连饭也顾不得吃，一连催他好几次才稍吃一点儿，放下饭碗就说："接着来。"连一刻也不肯休息。他在讲学时总是详细地讲解，讲完了还一再补充资料。有时累得气喘病犯了，他也不肯休息，坚持到讲完。他总是说："大家的时间都很宝贵，不能因为我一个人浪费了大家的时间。"

施汝为

勤勉廉洁是他的一贯作风

施汝为（1901—1983），出生于江苏崇明（今属上海市）。1925年毕业于东南大学，1934年获美国耶鲁大学物理学博士学位。曾任中国科学院物理研究所研究员、所长。物理学家，中国科学院学部委员（院士），中国近代磁学研究与磁学教育的奠基人之一。

勤勉廉洁是他的一贯作风

作为一所之长，施汝为总是相当低调。他是全国人大代表、全国政协委员和中国科学院学部委员，却一直没有领取过相应的津贴。作为一名共产党员，施汝为处处以身作则，按时交纳党费和参加组织活动是他的自觉。多年里，他坚持将每月工资的一半作为党费交给党组织。据统计，他一人交纳的党费竟占到全所党费的半数以上。作为所领导，他却从不搞特殊化。他到食堂买饭，总是和大家一样，排队等候。作为所长，他上下班从来都是安步当车。当时有所里职工看到过在雨天路面有积水的情况下，他是脱鞋赤脚、挽着裤脚、蹚水步行来上班的。年过八旬后，施汝为身体虚弱，还坚持上班。所里提出派车接送他上下班，他不同意，坚持以蹒跚的步伐走着去所里。

作风正派、公私分明是他的办事原则

施汝为一贯作风正派，公私分明，办事公道，不徇私情。他看不惯，更反对吹牛拍马、送礼拉关系那一套做法。新中国成立前夕在南京时，有人想从所里的工程中谋私利，过年前给施汝为家送去一个礼盒。等客人一走，施汝为就让孩子把礼盒送回去。当亲戚想利用他的社会关系找个好工作时，虽数次请求，但他一律按原则办事，不去找门路拉关系。他的大女儿大学毕业，可能要被分配到边远的云南。对此施汝为说："依靠组织，服从分配。"1982年大女儿来京探望父亲，假期将满，可父亲病了，且很虚弱。当女儿在返校与留京侍奉父亲间犹豫时，施汝为明确表示："你有课，当然应该返校。"女儿听从了父亲的要求，不料就此父女永别。受父亲的言传身教，施汝为的儿女在为人处世方面都很正派。

设备是他的武器，科研是他的生命

1937年，日军发动全面侵华战争，施汝为带领磁学室的同事们，设法将一些来之不易的实验设备从上海运到安全的地方，其中就有一台从瑞士购入的约200千克重的小电磁铁。几经辗转到达昆明后，施汝为因陋就简，在仓促建成的实验室里马不停蹄地开始工作，利用小电磁铁等设备开展了磁性晶体的磁畴结构研究等多项国内开创性的工作。

1940年，施汝为奉命带领磁学室前往桂林。在转移过程中，施汝为不顾个人安危，尽力保护随行携带的科学仪器，避免它们毁于战火。桂林天气潮湿多雨，对电磁实验很不利，而且大家需要时刻提防敌机的狂轰滥炸，生活和工作都面临巨大困难。即使在这样的条件下，施汝为依然竭尽全力坚持科研工作，继续发展我国磁学研究，并先后在国内外发表了多篇学术论文。

1944 年，日军由湘长驱入桂，施汝为等被迫迁往重庆。在这段最为艰苦的逃难之旅中，他不仅饱受兵荒马乱、风餐露宿之苦，更在黔东南榕江遭遇了一场让人险些丧命的洪灾。当时洪水来势凶猛，持久不退，人们只好爬上屋顶避难，随身的行李衣物遗失殆尽。施汝为多日粒米未进，身体虚脱，以致昏厥，甚至要依靠水中漂来的一块又小又脏的碎南瓜来充饥。这场灾难损失了大部分图书、设备。所幸这台小电磁铁被完好保住，得以继续发挥作用。抗战期间，小电磁铁如同最亲密的战友，跟随施汝为历经劫难，一路见证了中华民族不屈不挠、浴血抗战的艰苦历程，也见证了老一辈科学家奋发图强、以振兴祖国科学事业为己任的爱国情怀。

抗战胜利后，施汝为将小电磁铁先后带往上海、南京。新中国成立后，施汝为又将小电磁铁带到北京，从此结束了四处漂泊的生活，踏上振兴新中国科学事业的征程。1953 年，施汝为用这台小电磁铁完成了我国第一篇关于

● 1958 年施汝为（左）与外国专家在电磁铁前讨论

铝镍钴合金磁性研究的文章。

施汝为病逝后，他心爱的小电磁铁继续在中国科学院物理研究所的磁学研究中发挥作用，直到 2004 年才光荣"退休"，由中国科学院物理研究所作为历史文物珍藏并展出。

钱宝琮

坚守公平底线
不为女儿谋私

钱宝琮（1892—1974），浙江嘉兴人。1911年毕业于英国伯明翰大学土木工程系。曾任中国科学院中国自然科学史研究室研究员。数学史家、数学教育家，中国数学史研究领域的奠基人之一。

坚守公平底线，不为
女儿谋私

1948年的秋天，钱宝琮的三女儿从浙江大学生物系毕业，怀揣着对教育事业的热爱，渴望能留校任教。然而，现实却给她带来了一丝遗憾——她的分数与生物系规定的留校任教成绩相差1.5分。得知这一消息后，钱宝琮虽为女儿仅差1.5分的成绩所惋惜，但更多的是对原则的坚守。他的好友贝时璋教授时任该校生物系主任，两人早在20世纪30年代初就已相识，且有深交。但钱宝琮并未因此而产生托情求情的念头。在他看来，教育公平是社会公正的基石，作为学者和父亲，他更应以身作则，维护这份公平。他的泰然处之，不仅是对女儿健康成长的最好教育，也是对社会风气净化的一份贡献。

婉拒组织关怀，心系国家建设

1956年，钱宝琮从浙江大学调

● 浙江大学数学系师生合影，前排右五为钱宝琮（浙江大学档案馆藏）

任至中国科学院中国自然科学史研究室担任一级研究员。此时的他，已是 64 岁的老者，而家中七个子女均分散在全国各地工作。面对这份新的职责与挑战，钱宝琮展现出了极高的责任感与使命感。中国科学院的领导出于对老科学家的关怀，主动向钱宝琮提出，可以从外地调一名子女来北京照顾他的生活，但钱宝琮婉言谢绝了这份好意。在他看来，个人的家庭幸福远不及国家的建设大局重要。尤其是当他的小女儿有机会调京工作，且商调单位已落实，只需他在申请书上签字时，他更是以大局为重，毅然决然地放弃了这次机会，并说服小女儿继续留在哈尔滨，为国家的东北建设贡献自己的力量。

清心寡欲少求，甘居简朴生活

钱宝琮对个人待遇看得很轻，对学术追求看得很重。作为中国数学史研究领域的开拓者和奠基人之一，钱宝琮调到中国科学院时，组织上为他分配了六间住房。然而，他却以离单位远、与同志们来往不便为由，自愿选择住在单位附近的一所筒子楼里。筒子楼里的生活条件相对艰苦：没有专门的厨房和卫生间，住户只能在走廊里做饭，空气污浊，房门几乎不能开。钱宝琮却从未有过一句怨言，反而以乐观的心态面对这一切。1963 年，中国科学院学部在干面胡同盖了一栋高研楼，其中也分配给了钱宝琮一套住房，但他拒绝了这份优厚待遇。在他看来，个人的居住条件不是什么大不了的事情，远不及学术研究重要。

乐于无私分享，助力青年成长

钱宝琮不仅是一位杰出的学者，更是一位称职的师长。他长期从事数学教育工作，是数学教育界的老前辈。他注重为人师表，对待青年学生如同自己的子女一般关怀备至。课上，他旁征博引，深入浅出，把枯燥抽象的数学理论讲得透彻生动，趣味横生，通俗易懂。课下，他风趣幽默，平易近人，与学生谈古论今、有说有笑，营造了十分融洽的师生关系和轻松愉悦的学习氛围。为了培养和指导青年人，钱宝琮常常把自己掌握的材料或已构思成熟的题目和主要想法，毫无保留地交给青年人，不求回报，也不署名。在困难时期，他主动将家中的物品分一部分给身体不好或家庭困难的青年。木铎金声，滋兰树蕙，教泽广被，桃李满天下，用这些美好的词汇来形容钱宝琮是再恰当不过的。

童第周

作风简朴、廉洁奉公的一生

童第周（1902—1979），浙江鄞县人。1927年毕业于复旦大学。曾任中国科学院海洋研究所所长、中国科学院动物研究所所长、中国科学院副院长。生物学家，中国科学院学部委员（院士），中国实验胚胎学创始人和发育生物学奠基人之一。

举债购买德国蔡司显微镜

走在生物学这条漫漫长路上，童第周自知行路之不易，但他仍用半个世纪的坚守，在显微镜下细细探索生命的奥秘。

1934年，童第周获得博士学位后毅然放弃了国外安全、优越的科研条件，冲破重重阻力，回到战火纷飞的祖国。凭借对科学的无限热忱，童第周在实验条件简陋、设备匮乏的环境中，开启了对生命的探索之旅。

童第周回国后，先在山东大学任教。妻子叶毓芬是他科研上的伙伴，总是跟他在一起从事教学和研究。抗战期间，童第周一家颠沛流离，先后在中央大学、同济大学等校任教。当时条件艰苦，特别是没有显微镜，使他们难以开展科研工作。一次，童第周在一家旧货店看到一台德国蔡司显微镜，要价6.5万元。童第周爱不释手，于是变卖了家产，再借了债，咬牙买了这台显微镜。

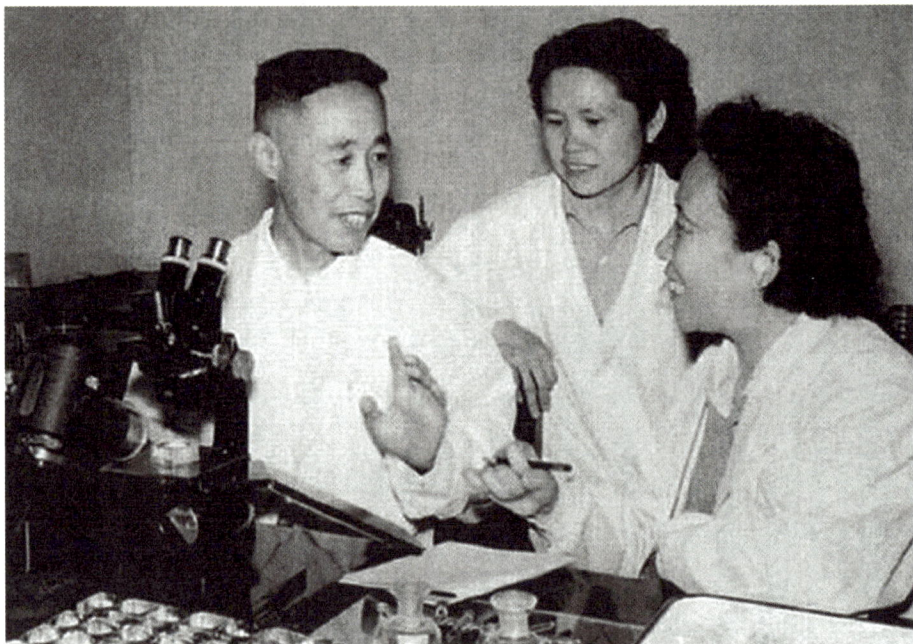

● 童第周（左一）与同事在实验室

为了还债，全家人省吃俭用十多年，才把债还清。但从此可以开展自己所喜爱的科研工作了，为此他们甘愿降低生活条件也在所不惜。

为了避嫌，一次次放弃妻子的晋升机会

童第周的主要论文超过半数都是与妻子叶毓芬合作的。他们同甘共苦，共同献身科学事业。叶毓芬也是一位知名的实验生物学家，论水平和资历，她早就该当教授了。夫妻二人长期在同一个单位工作，童第周是叶毓芬的领导。为了避嫌，童第周一次次把叶毓芬的晋升机会放弃了。一直到去世，叶毓芬都是副教授、副研究员。叶毓芬去世后，童第周流着泪对子女们说："我对不起她，她工作成绩很出色，但由于我，她却未能升为教授。"

作风简朴、廉洁奉公的一生

纵观童第周的一生，他用自己的实际行动诠释了"廉洁奉公"这四个字的真正含义和重量。

童第周出生于浙江的一个贫寒家庭，虽后来成为一名杰出的科学家，但他始终保持着简朴的生活习惯。即使在担任了中国科学院生物学部主任、中国科学院海洋研究所所长等重要职务后，童第周也依然故我，仍是生活素朴，家中陈设至简，家具老旧。在童第周看来，这样的生活方式既节俭，又方便，何乐而不为。

童第周常年坚持每个月只领取规定额度的工资，而从不领取国家额外提供的办公补助。1955 年，童第周被选聘为中国科学院学部委员，虽每年有100 元的学部委员办公费，但他仍然坚持不领取原则。在他被调到北京工作后，中国科学院水生生物研究所青岛海洋生物研究室考虑到童第周每年仍会回到青岛进行文昌鱼的研究，再加上人事关系仍在中国科学院水生生物研究所青岛海洋生物研究室，所以每年会给他 300 元的交通费补贴。但在童第周看来，自己既然已经领过工资，就不能再收这笔钱，所以主动向所里提出不再给他发放。

在童第周担任领导职务期间，始终拒绝任何形式的特殊待遇。组织上为他配备的专车，但凡不是因公外出，童第周从来不用，他坚持与普通科研人员一起乘坐公共交通上下班。他为了将节省下来的时间用于工作，同时也为了不影响司机休息，选择直接带午饭到实验室。在童第周看米，他自己与普通的科研工作者并无任何区别，不需要特殊照顾。

童第周不仅严于律己，在对待自己的子女方面，也是严格要求，不允许自己的子女搞任何特殊。在上学和分配工作这等大事上，童第周的子女始终都是服从国家的需要和安排，哪里有需要便到哪里，在使用公车这等小事上，更是被童第周所严格禁止。有一次，三子童时中来北京出差，想侥幸搭一次父亲的便车去中关村办事，结果被童第周责备了一番，童时中最终还是乘坐公交车前往。

钱学森

抵制不正之风的"七个法宝"

钱学森（1911—2009），出生于上海，祖籍浙江杭州。1934年毕业于交通大学机械工程系，1939年获美国加州理工学院航空和数学博士学位。曾任中国科学院力学研究所所长。力学家，中国科学院学部委员（院士），中国工程院院士，"两弹一星功勋奖章"获得者，中国航天事业的奠基人之一。

"七不"处事原则

钱学森对社会上的不正之风深恶痛绝，采取坚决抵制的态度。他曾提出七条治学与处事原则：不题词、不写序、不参加任何科技成果评审会和鉴定会、不出席"应景"活动、不兼荣誉性职务、上年纪后不去外地开会、不上任何名人录。这些原则一旦定下来，几十年不变，对谁都不开先例。

一个发生在他与郭永怀之间的故事，生动展示了钱学森对"七不"处事原则的坚决态度。

1941年，郭永怀来到加州理工学院攻读博士学位，师从美国航空之父、流体力学大师冯·卡门，成为钱学森的师弟。在这段时期里，钱学森与郭永怀结下了非常深厚的友谊。钱学森后来回忆起这段往事时，曾说道："虽然我们经常在一起讨论问题，但是和我最相知的只有郭永怀一人。"新中国成立后，钱学森和郭永怀就开始筹划回国。1955年，钱学森回国。不久，他便创办了中国科学院力学研究所并担任首任所长。1956年，钱学森远隔重洋给郭永怀写信，邀请其来到中国科学院力学研究所工作，共同建设我国的力学事业。于是，郭永怀回国后便来到了中国科学院力学研究所工作，钱学森任所长，郭永怀任副所长。1968年，郭永怀从青海回北京汇报实验数据，因飞机失事不幸牺牲。钱学森参加了在八宝山举行的郭永怀遗体告别仪式，送别自己的挚友。他叹息："10秒钟是短暂的，但回顾往事，郭永怀同志和我相知却跨越了近30个年头。"1988年，在郭永怀牺牲20周年之际，中国科学院力学研究所俞鸿儒邀请钱学森为郭永怀题词并撰写纪念文章。钱学森在回信中写道："对郭永怀同志去世我早已写过一篇怀念的文章，如硬是为了应付，而勉强写几句本来不想写的话，那也是对不起我的亡友！所以您的要求我不能答应。至于题词之类事，我是从来不干的，所以要我办的事我不能答应。两个不答应！一切恳请原谅！"

钱学森的这番话，初看似乎有些不通人情，实则并没有淡化他对郭永怀的深切怀念，该说的已经说过了，再写就是重复的话，何必再写？从这件往事中，可以看出钱学森坚守原则、不随波逐流的高尚品格。钱学森以自己的实际行动，忠实地践行了他的"七不"原则。钱学森一生中多次推辞做顾问、名誉主席，推辞写序、题词、塑像和获奖等，并且拒绝参加成果鉴定会和别人提出的联合署名等共计上百次。这不仅显示了他对个人成就的谦逊态度，也反映了他对科学事业的纯粹追求。钱学森曾经说过："我作为一名中国的科技工作者，活着的目的就是为人民服务，如果人民最后对我的一生所做的工作表示满意的话，那才是最高的奖赏。"

"我是一名科技人员"

20世纪80年代，钱学森认为自己年龄大了，多次向上级请求辞去各种职务，并极力推荐年轻人接班。中国科学技术协会主席周培源卸任后，大家一致推选钱学森为主席，但他坚决不干，认为自己年逾古稀，应该让位给年富力强者。钱学森专门致信中国科学技术协会党组负责人，请组织不再安排自己出任中国科学技术协会代表。他心中清楚，只要不成为代表，就没法被选为主席。

1985 年，中国科学技术协会召开会议，一致通过建议由钱学森任主席，但他还是不同意。直到闭幕

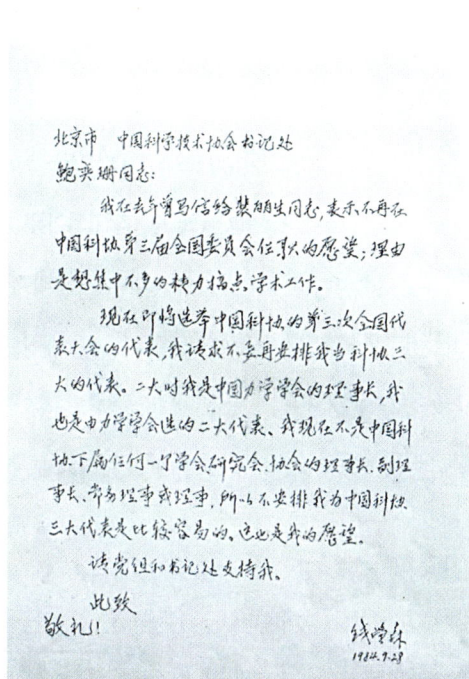

❀ 钱学森 1984 年 9 月 28 日给时任中国科学技术协会书记处书记鲍奕珊同志的信

那天，大家请时任副主席的钱学森致闭幕词，钱学森表示，这个稿子他原则上同意，但最后要加一段话，让他向大家说明他不能出任主席的理由。如果大家同意，他就念；如果大家不同意，他就不念。中国科学技术协会的同志只好同意。但在会场上，当钱学森想要说明自己不适合担任下届主席时，大家就默契地鼓起掌来，使他没法讲下去。后来邓颖超、杨尚昆、方毅等党和国家领导人出面劝说，钱学森才勉强答应出任中国科学技术协会主席一职。1991 年任期一满，他就推荐了比自己年轻的人接任下届主席，而自己坚决不连任。钱学森说："我是一名科技人员，不是什么大官，那些官的待遇，我一样也不想要。"

"一切成就归于党"

从 1982 年至 2009 年 10 月去世，27 年间钱学森只因公离开过北京两次。凡是在北京开会，他从来都是回家吃饭。他在一线工作，到外地出差是工作所需，如去试验基地主持试验，或到外地开现场协调会等；自从他退出一线领导职务后，就再也不去外地开会或作学术报告了，谁请也不去。对那些迎来送往、大吃大喝、铺张浪费、借出差之机游山玩水的现象，他十分反感。他不熬夜，不看电视，不打电话也不接电话，不过节，不应酬。日常生活极为平淡，日复一日，年复一年。

对于别人称自己为"导弹之父"，钱学森说："称我为'导弹之父'是不科学的。因为导弹卫星工作是'大科学'，千百万人大力协同才搞得出来，光是科技负责人就有几百，哪有什么'之父'……所以'导弹之父'是不科学的，不能用。"钱学森特别不喜欢对自己的宣传，包括拍电影、电视剧，出版个人传记文集等这些出名的事，他在世时一律禁止。钱学森对待自己所做工作的态度是："一切成就归于党，归于集体，我个人只是恰逢其时，做了自己应该做的工作。"

从钱学森的诸多"不"中，我们看到了钱学森不为名利所累的崇高道德境界，他德高品馨的大师风范历久弥新、光耀后人，他永远是我们立身做人、治学研修、干事创业的典范。

"我姓钱，但我不爱钱"

钱学森以国家为重、以民族大义为重，立志将自己的一切奉献给祖国，将物欲和功利看得很淡。他一生中多次捐出自己的稿费、讲课费和奖金，去做公益事业。钱学森曾说："我姓钱，但我不爱钱。"

1955 年，钱学森冲破千难万险，回到祖国。此时的新中国积贫积弱，百废待兴。钱学森回国后，中国科学院按照国家特别研究员标准，支付给钱学森每月 335.8 元人民币。

1957 年，钱学森当选为中国科学院学部委员，每月又增加了 100 元津贴。每年年底，中国科学院还给钱学森 500 元奖金。当时正值国家困难时期，钱学森认为自己的工资比普通人高出了许多，心感不安。1963 年，钱学森写信给中国科学院力学研究所领导杨刚毅，主动要求减去自己的部分薪水，他在信中说："现在我所正在进行级别工资的调整，我想用这个机会也提出一个近年来留在我心中的问题。这就是：我的工资除职务上的原三百五十元，还有作为学部常务委员的一百元，每月共四百五十元。我认为这个工资过高，因此请求组织上将：（一）学部常务委员的一百元减去；（二）每月三百五十元的工资也应按一九六〇年组织规定，按比例降低，以前未扣部分，现在补

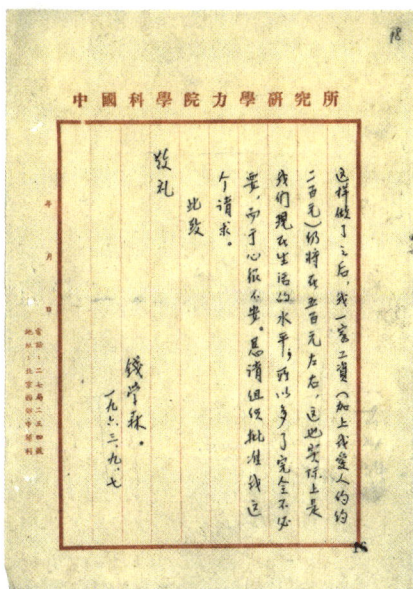

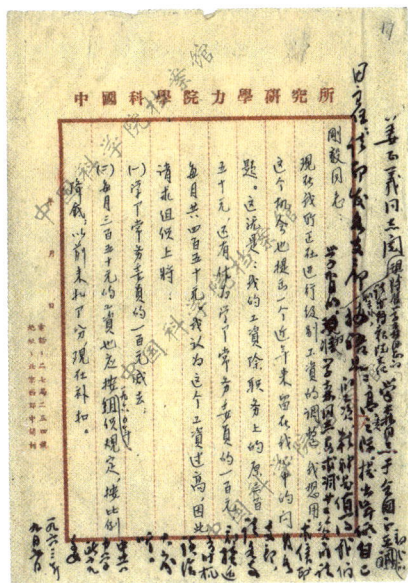

🔵 钱学森要求减薪的信

扣。这样做了之后，我一家工资（加上我爱人的约二百元）仍将在五百元左右，这也实际上是我们现在生活的水平，所以多了完全不必要，而于心很不安。恳请组织批准我这个请求。"当天，中国科学院力学研究所向各支部下发了钱学森要求减薪的这封信，并下发通知，要求大家学习钱学森同志无私奉献的高尚精神。杨刚毅则在致中国科学院党组的信函中写道："目前我们正在提高工资阶段，而钱学森却主动要求减薪，这种精神值得学习。"钱学森"不爱钱"的高尚品行令身边的同事十分敬佩。

1956 年，钱学森应邀赴苏联访问，其间在苏联高校演讲，讲课费十分可观。但钱学森拿到这些讲课费后，随即全部捐献给了中国科学院力学研究所。1957 年初，钱学森所著的《工程控制论》获得了中国科学院科学奖金一等奖，奖金 1 万元。当时他响应了政府的号召，用奖金买了国家公债。待公债期满，钱学森将这笔连本带息的 1.15 万元巨款全部捐献给了他所任教的中国科学技术大学，作为改善教学设备之用，助力科教事业发展。当时许多力学系同学负担不起价格昂贵的计算尺费用，钱学森发现后立即让学校用这笔奖金给每个同学配一把计算尺。如今，当年钱学森所赠的一把计算尺存放在了中国科学院力学研究所建设的中国科学院弘扬科学家精神示范基地的多宝阁中，这是周家汉研究员赠送给中国科学院力学研究所的。

钱学森生前最大的一笔捐赠发生在 1995 年。他获得了何梁何利基金首届科学与技术成就奖，奖金为 100 万港元。对于这笔巨款，他不仅没有心动，甚至都没有经手，而是直接委托秘书将这张巨款的支票捐给了中国促进沙产业发展基金委员会，支援我国西部的沙漠治理事业。

卢鹤绂

一张看似平常的
收条

卢鹤绂（1914—1997），山东莱州人。1936年毕业于燕京大学物理系，1941年获美国明尼苏达大学哲学博士学位。曾任中国科学院上海原子核研究所副所长兼一室主任。核物理学家、教育家，中国科学院学部委员（院士），不可逆性方程的发现者。

结婚十天就踏上了回国之路

1941年，战争的硝烟弥漫在中国大地上，中华民族处于生死存亡的危急时刻。27岁的卢鹤绂，在刚获得明尼苏达大学博士学位后，随即退出了他在美国的研究小组，拒绝了美国高校开出的优厚待遇，与结婚才十天的新婚妻子毅然决然踏上了回国之路。旁人戏称他选择"从天堂坠入了地狱"。他却坚定地说："我的工作岗位在中国。"

回到祖国后，由于国内实验条件十分有限，他就将研究方向转向理论物理，在荒郊野外的古庙里，卢鹤绂给学生讲授理论物理、核物理、量子力学、近代物理等课程，开启了中国的原子核物理教育事业。在他的长子诞生后，卢鹤绂每天背着孩子劈柴、做菜，一日三餐忙完后，才开始在油灯下备课、做研究。每天给孩子吃一点儿白薯是他能够提供给家人最大的"物质关爱"。可就是在这样艰苦的条件下，他先后发表了多篇重要论文，连续创造出不朽的成就。

"知而告人，告而以实，仁信也"的人生信条

卢鹤绂生前经常告诫自己的学生："知而告人，告而以实，仁信也。"这是他自己恪守一生的人生信条，也是他告诫青年科研工作者的箴言。

他无论是谈话、开会，还是上课、演讲，抑或著书、撰文，无不向听众、读者敞开胸怀，真实地报告自己的见解学识、所知所闻。他的"告而以实"，也绝非只是记诵的书本知识，而往往是他对一些问题的深邃看法，是他的治学经验和科学创造方法。他治学严谨，注重学生对基础知识的学习和基本技能的训练，要求学生多读书，但不要死读书，应该"勤用脑，多动手"，对所学知识"须有真切体会和独到见解""能够把许多复杂现象概括起来，做出简单明了的表达"，同时要多动手做实验，注重理论联系实际。在授课上，卢鹤绂的同事、学生们对他有个共同的评价，那就是："讲课是出了名的好！"卢鹤绂十分强调："在讲课时，要使学生明白，必须用自己的语言。"他倡导启发式教学，所讲课程融贯苏联、美国教科书的精华，再加上他自己的独特见解，所讲内容条理清晰、深入浅出、通俗易懂，学生们非常喜欢听他的课。不少很难理解的问题经过卢鹤绂讲解，学生们就会觉得茅塞顿开，豁然彻悟。

在"546 信箱"执教期间，为了使学员们能够真正掌握知识，卢鹤绂经常把学员叫到自己的办公室或者宿舍里，要学员们一一汇报学习心得，听完汇报后他总是连珠炮似的发问，要学员们一一做出回答，如果学员理解得不够透彻，卢鹤绂会讲解到学员彻底弄懂记清才肯罢休。

🏵 学生向卢鹤绂（前排左一）汇报学习心得

一张看似平常的收条

无论成绩多大，他始终践行初心，坚守廉洁自律品质。据多年和他一起生活的孙子卢科士回忆："爷爷是个比较节俭的人，平时他会把用剩的笔头收集起来，也会收集香烟盒，然后把香烟盒摊平、用背面打草稿。他还会把钱省下来投入到教育事业上，把钱捐给小学。"

2014年6月7日是卢鹤绂百年诞辰纪念日。卢鹤绂之子卢永强特地从美国空运回国7箱档案资料，赠予复旦大学档案馆。毕业证书、笔记、院士证、工作证等遗物，讲述着他生前的一个个故事。捐赠的物品中，有一张信纸看似平常，却是教育部的一张收条。原来，1979—1981年，卢鹤绂赴美讲学，美国的大学总计给予他个人5000美元的报酬。1981年在国内，万元户都是很让人羡慕的，但卢鹤绂回国后却决定将这 5000 美元上交教育部。他在日记中写下交钱的理由："我在美国，国家仍旧给我工资，我这笔钱不应该拿，因为我拿工资了，另外的收入应该交给国家。"

刘建康

赴德考察节约的
费用全部上交

刘建康（1917—2017），江苏吴江人。1938年毕业于东吴大学生物系，1947年获加拿大麦吉尔大学哲学博士学位。曾任中国科学院水生生物研究所研究员、所长。鱼类学家、生态学家，中国科学院学部委员（院士），中国淡水生态学奠基人，中国鱼类实验生物学的主要开创者。

赴德考察节约的费用全部上交

1980年11月，刘建康应邀请前往联邦德国进行考察访问。在联邦德国马普学会湖沼学研究所和康斯坦茨湖沼学研究所的三个多月考察中由联合国教科文组织和联邦德国外交部提供费用7770马克。但是，刘建康在繁重的考察工作中，生活十分俭朴，坚持自己做饭，每天除了在外考察吃一顿正餐外，经常吃面包等干粮。在三个多月的考察中，他除了付房租、伙食费外，省吃俭用共节约了4270马克。他用1068马克为中国科学院水生生物研究所购买了一套急需的细菌滤器、滤膜。剩余部分，回国后全部上交给了中国科学院。

不叫公务车和自己贴邮票

"他跟鱼打了一辈子交道，又是长寿的院士，他不仅是一个传奇，更是我们做人做事的楷模。"

中国科学院水生生物研究所研究员、原党委书记王丁说。所里给院士安排了公务用车，但有一次下大雨，王丁开车出门时，却看到年近 90 岁的刘建康一个人淋着雨走路。他赶紧把刘建康接上车询问情况。刘建康却轻描淡写地说："上午省里开个会，想着不太远，不想麻烦别人，就没叫车，打算自己走回家。"王丁还多次遇见近 90 岁的刘建康去邮局寄信，"凡是私人信件，他都（用自己买的信纸）自己贴好邮票，拿到邮局去寄，坚决不拿到收发室让单位出邮资。"有一次刘建康正要出门，"我看见他已贴好邮票，劝他放到收发室，'省得您跑一趟。'但他坚持自己送到邮局，'我怕说不清楚。'"

"增加了 100 元津贴，党费怎么交？"

1980 年 7 月，63 岁的刘建康光荣地加入了中国共产党。他庄严举手宣誓时，从心底深处跳动这样一段誓言："我的一切，包括生命，都是属于祖国的。"

1990 年国务院决定向一批卓有成就的科学家每月颁发政府津贴——人民币 100 元。拿到这份津贴后，刘建康来到了所党委办公室，问道："增加了 100 元津贴，党费怎么交？"

"津贴不是工资，不在交纳党费之列。"党委办公室主任解释道。

"不交吗？规定了一定不交吗？"刘建康一而再，再而三地询问，仿佛是求得一个科学的论证。

"你拿证据出来，我就相信你！"

刘建康一直强调野外调查、实地考察以及实验探究要亲力亲为。1971 年，武汉钢铁厂淡水壳菜堵塞冷却管道出现问题，刘建康在接到问题的第一时间就带领科研人员奔赴现场。钢铁厂的冷却管道狭小，空气稀薄，进入管道可能会面临窒息的危险，然而刘建康却毫不犹豫地钻进管道，进行现场采样。

在接下来的几个月里，刘建康又三番五次冒着寒风潜入冰冷的江水，只为取下船底的活体壳菜，研究壳菜的生物学特征。功夫不负有心人，这些活体壳菜样本为发现壳菜的次氯酸钠灭杀方法打下了坚实的基础。

重视科学实验，着眼社会实践；

不唯上，不唯书，不唯权威；

独立思考，敢于创新。

二〇〇三年九月十一日 刘建康

● 刘建康的治学格言

"一定要亲自去看，年轻的时候都还能够跑，年纪大了之后就跑不动了，所以年轻的时候要去多观察实践，要深入到现场实际去了解情况。"刘建康曾这样教导学生和新一代的科研工作者。

当然，只有亲力亲为的态度还不够，还要结合科学的实验方法，方能取得突破。刘建康始终认为，科学的实验方法是科学研究必需的手段，科学实验方法得出的结论是支撑科学理论的重要基石。

在远渡重洋赴麦吉尔大学攻读博士学位期间，刘建康的实验结果与世界生物学权威魏斯曼的"种质连续学说"产生了明显的矛盾。他没有畏惧权威，也没有对自身产生怀疑，而是在论文中果断质疑"种质连续学说"，认为"魏氏的理论过分着重于重演学说而所提供的事实根据太少"。观点一出，生物学界的同行们纷纷对他的勇气和追求真理的精神致以敬意。当他回忆起这段往事，曾这样描述实验在科学争论中的重要性："你拿证据出来，你是对的，我就相信你，我就佩服你，我就接受你的意见。"

晚年接受采访时，刘建康在回答"您提出的科学理论或建议不被别人理解时，您是怎么做的"这个问题时，他秉持同样的态度："重复做实验，把新的结果一次再次地公之于众，相信终究会得到别人的承认。"

严东生

有情有义生活
为公为廉守责

严东生（1918—2016），浙江杭州人。1949 年获美国伊利诺伊大学陶瓷学博士学位。曾任中国科学院上海硅酸盐化学与工学研究所研究员、所长，中国科学院上海分院副院长，中国科学院党组书记、副院长。材料科学家，中国科学院学部委员（院士），中国工程院院士，中国当代无机材料科学的重要奠基人。

不让家人搭"便车"

半个多世纪的科研生涯中，严东生也曾遭遇坎坷，但都能坚守爱国初心和科学报国的信仰，始终把国家利益置于个人利益之上，真正做到了公私分明、先公后私、克己奉公。

1943 年，严东生与大学同窗孙璧媜喜结连理。1962 年孙璧媜被上海交通大学聘为该校新中国成立后的第一位，也是当时唯一的一位女教授，1979 年任应用化学系首任系主任。

从严东生住的地方到中国科学院上海硅酸盐研究所，刚好路过孙璧媜工作的上海交通大学。孙璧媜 70 多岁那年的一个普通的早晨，她上班时间上有些来不及，严东生问道："到这个点了，你怎么还没去上班？"孙璧媜说："我搭一下你的车，交大也顺路的。"谁知严东生有些不近情理地说道："这个车是国家配给我们单位的，你怎么能坐？"最后，孙璧媜没能搭上便车。据严东生的司机回忆，严东生跟他家里明确提出要求，不准以他的名义叫单位的司机开车。

翻出家底，奖掖后学

严东生一生俭朴，在自己身上舍不得花钱。但却慷慨待人，一直牵挂青年一代能否安身立命，有所进达。

20世纪90年代初，有人推销衬衫，好的名牌衬衫当时五六十元一件，很多人都买了，严东生却只买一件十几元的衬衫。1998年2月10日，是严东生80岁生日，他拿出自己获得的何梁何利基金科学与技术进步奖奖金和日本桥口隆吉基金共20万元，加上中国科学院上海硅酸盐研究所的拨款及一些热心人的捐款，共计42万元，设立了"严东生助学奖学基金"，资助品学兼优的贫困学生顺利完成学业，激励学生奋发向上，创新进取，为国家和社会做出更多的贡献。

严东生的学生高濂追忆严东生助学奖学基金的创立始末时提到："1996年严先生获得了当年何梁何利基金科学与技术进步奖的殊荣，严先生在北京领奖回所后到我办公室，拿出奖金支票和一叠中国银行的定期存单，有到期的，也有未到期的，有严先生名下的，也有师母名下的，看得出来是好不容易拼凑出来的，他对我说，这里一共是大约20万元，你和方向宇到银行帮我取出来，交给所里，作为创立严东生助学奖学基金的款项。当时我和方向宇、周文岳看到这一叠拼凑出来的存单和听了他的这一番话顿时都震惊了，我们明白严先生为此'倾家荡产'了，这不是简单的20万元啊！我们觉得是不是再考虑考虑？但是对于严先生的决定我们素来是很难劝说他改变主意的。在愚园路中国银行，我、小方和驾驶员小郁一起办理取款手续时，一直是热泪盈眶、万分感动的，当我们最后拿到了20万余元时，已经是泪流满面了。"

● 1999 年，严东生助学奖学金授奖仪式（右一为严东生）

　　中国科学院上海硅酸盐研究所原纪委书记杨建华曾担任严东生秘书多年，也是严东生亲自带教的研究生"关门弟子"。杨建华对基金的设立一直难以忘怀，"严先生把家里的钱都拿出来了，还有一千块钱的存单，他也拿出来了，等于把家底都翻出来了。"

　　严东生曾说："虽然基金数目甚微，但体现了我毕生心血所凝结的心意。但愿全国有志青年都能完成他们的学业，用所掌握的知识和自己的智慧为祖国的繁荣贡献力量。"

　　严东生亲属后续又出资捐赠共计约 85.25 万元人民币支持严东生助学奖学基金。截至 2024 年 12 月，严东生助学奖学基金共评奖 25 年（次），惠及在学研究生 360 名。

仅有 8 页纸的项目任务书

　　20 世纪 80 年代初，严东生组织科研人员一起攻克锗酸铋（BGO）项目技术难题，研制生产的 BGO 大单晶被欧洲核子研究中心选用，其质量、数量与性能均居世界第一，但在"坩埚下降法工业生产锗酸铋（BGO）大单晶方法"申报 1988 年国家技术发明奖一等奖时，他却不肯挂他自己的名字。严东生的学生施剑林回忆说："严先生领导了那么多项目，但在获奖名单里他的名字要么不出现，要么就放在了最后。先生一直淡泊名利，甘为人梯。"

严东生坚守学术初心，尊重科学规律，坚持求真、求实、求是的作风，讲真话、下真功夫、产出真成果。2024 年 7 月 1 日，中国科学院院长、党组书记侯建国在全院"七一"专题党课报告中，展示了四十多年前严东生团队的项目任务书。这个任务书充分体现了严东生的求真、求实作风，任务书与科研相关的内容只有短短 8 页，其中目的意义、研究现状只有 1 页，任务目标、主要技术只有半页 160 个字，预期成果、经济效益只有 1 页纸，研究方法、技术路线也只有 1 页纸。虽然项目申请书只有薄薄的几页纸，但丝毫没有影响该项目的重大意义：该锗酸铋晶体的研究与生产项目最终荣获 1988 年国家技术发明奖一等奖、中国科学院科技进步奖一等奖，入选中华人民共和国成立五十周年五十项代表性成果，奠定了我国在这个领域的国际地位。

就在严东生 90 岁高龄的时候，他领导的"大尺寸掺杂钨酸铅闪烁晶体及其制备技术"项目获得了国家技术发明奖二等奖。该技术使中国科学院上海硅酸盐研究所成为国内外唯一能利用下降法工艺，大批量制备出大尺寸、高性能掺杂钨酸铅晶体的单位。当时，有很多人向他表示祝贺，严东生却淡然一笑，说："主要是年轻人在做。"每逢谈起过往成绩，严东生更喜欢列举出他人的种种贡献，他常说："荣誉归功于和我一起工作的同志们。"但谁又能否认，这个历经 14 年探索与攻关完成的成果中，无处不闪耀着这位耄耋院士多年的经验光芒和智慧火花呢？

黄　昆

"公与私的界限，应该是分明的"

黄昆（1919—2005），出生于北京，祖籍浙江嘉兴。1941年毕业于燕京大学，1948年获英国布里斯托尔大学博士学位。曾任中国科学院半导体研究所所长。物理学家，中国科学院学部委员（院士），瑞典皇家科学院外籍院士，第三世界科学院院士，国家最高科学技术奖获得者，中国固体物理和半导体物理研究的开创者之一。

一钱不落虚空地

黄昆特别珍惜国家的科研经费。"基础研究，也应算一算投入产出，算一算为这篇研究论文所花的钱值不值，"黄昆的一个朴素信念是，"做基础研究，花了钱就应该相应地在科学上做出贡献。"

"黄先生这辈子只申请过一次国家自然科学基金。"黄昆的学生、中国科学院院士、清华大学教授朱邦芬回忆。

1983年，黄昆从中国科学院半导体研究所所长位置退下来之后，带领理论组11位研究人员，申请了一个面上项目，为期3年，共2万元。

"项目完成得极好，出了多项具有重要国际影响的研究成果，有力地推动了全国在半导体超晶格微结构这个新兴领域的研究。"朱邦芬说。

经费少，黄昆总是千方百计地让"好钢用在刀刃上"。经费多，他更是遵循"一钱不落虚空

● 黄昆在办公室

地"的原则。每当拿到国家科学技术委员会下拨的大笔经费时，他都如履薄冰，为此写下了四个字：睡不踏实。

"担任所长期间，由于国家重视大规模集成电路的研制，下拨到研究所的经费较多。尽管这些经费不是他自己用，而是研制器件和材料的研究室用，但黄先生唯恐经费用得不合适，没做出预定的成果，浪费了人民的血汗钱。"朱邦芬说。

当年，黄昆特别欣赏实验人员在独特想法的基础上，自力更生、因陋就简地搭建实验装置，再做出有原创性的研究成果。他对有些人只依靠昂贵的"洋设备"，做些测量工作，不以为然。

从不占国家一丝一毫便宜

"黄先生对自己的钱却不在乎，"朱邦芬说，"他对自己要求严格，从不占国家一丝一毫便宜。他把补发的 2 万元工资全都交了党费；从不领取出国的置装费和补助费，大量国内外工作信函的邮资全都自己支付；因私事不得不打电话和用车时，必定交费。"

作为 1955 年中国科学院首批学部委员，按规定可以定级为"一级教授"，但黄昆主动要求定级为"二级教授"，觉得自己与饶毓泰、叶企孙、周培源等老师拿同样的工资，于心不安。

1984 年，黄昆作为"斯诺教授"访美，他省吃俭用，用外方资助生活费节余的钱购买了一台全自动幻灯机及调压器，用于中国科学院半导体研究所对外学术交流。1986 年 2 月，联邦德国马普学会固体物理研究所邀请他参加庆祝弗洛利希 80 寿辰学术会议。结果，黄昆将外方提供的生活费近 80%节余下来买了一台电子打字机，供中国科学院半导体研究所外事同志工作使用。

"公与私的界限，应该是分明的"

黄昆多年来致力于探索物质结构的奥秘。可以说，他在认识物质世界方面是极为富有的；然而，他对物质生活的要求就恰恰相反，十分俭朴和恬淡。他身居简室，衣着朴素，粗茶淡饭，凡是去过黄昆家的人，无不为他的简朴生活所感动。

黄昆是 1951 年回国的，几十年过去了，他仍住在回国后由北京大学分配给他的一套三室的普通楼房里。天长日久，墙壁都变黄了。他任中国科学院半导体研究所所长后，所里要给他装修一下房子，他不同意。他家的陈设都很破旧，一对沙发，还是他回国时购置的，早已失去弹性，几处窟窿用垫巾遮盖着。他是研究所所长，又是名学者，出于外事活动的需要，中国科学院半导体研究所主管部门决定给他家添置新的家具。他坚决不要，生气地对经办人说："乱弹琴，你怎么给拉来，我就怎么给送回去。在这些问题上，我这人特别顽固。"当有人问他为何这样时，他说，"公与私的界限，应该是分明的""公家的东西，用在个人家里，不合适，用起来也不自在""我需要，我自己置，不能以私乱公"。1980 年，为了接待杨振宁回国，他自感家里太简陋，不得不改在哥哥家里接待。

洪朝生

积极抵制社会不良风气

洪朝生（1920—2018），出生于北京，祖籍福建闽侯。1940年毕业于清华大学电机系，1948年获麻省理工学院博士学位。曾任中国科学院物理研究所副所长、中国科学院低温技术实验中心主任、中国科学院理化技术研究所研究员。物理学家，中国科学院学部委员（院士），中国低温物理和低温技术研究的开创者。

所购国债无偿上交国库

洪朝生艰苦朴素，生活节俭。在国家和个人的关系中，他首先想到的是国家的利益。20世纪50年代，洪朝生回国开创中国的低温事业。当时国内困难，洪朝生将其工资和积蓄购买国债，支持国家建设。后来又将购买的国债全部上交国库。在老科学家学术成长资料采集工程中，我们发现了这张公债无偿上缴单，上面清晰地显示，1969年6月30日，洪朝生将他1955—1958年所购买的公债（国债）本息共计5110元全部上交国库，这个数额相当于洪朝生当时两三年的工资。

洪朝生自己非常节俭，但对所内职工却慷慨解囊，把省下来的工资拿来帮助生活困难的职工。几十年来，他多次向贫困地区和灾区人民捐款。1985年，在得知国家将修建中国人民抗日战争纪念馆的消息后，洪朝生以已故双亲洪观涛、高君远的名义向卢沟

● 1969 年，洪朝生将 1955 年至 1958 年所购公债上交国家的凭证

桥历史文物修复委员会捐款，表达了对抗日战争胜利 40 周年的支持。

积极抵制社会不良风气

洪朝生严谨求实，坚持原则，积极抵制社会不良风气。在老科学家学术成长资料采集工程中，我们找到了两封书信，信中字里行间体现了他作为知识分子的社会责任感和道德良知。

1986 年在合肥组织的全国超导会上，会议组给参会人员发了餐具等作为礼品，会后还组织去黄山旅游，洪朝生写信予以严肃批评。他在信中写道："听说会议给每位代表发了不锈钢炊具、餐具，似不妥当。……另外游黄山三天也作为会期（所谓小组讨论）是不恰当的。……我可以想象地方上这种风气也许不算回事，但我认为我们（党内、党外的同志们）务必着眼于为自身和后代创造符合社会主义的精神文明，积极不懈地抵制不良风气，否则我们的国家将没有前途。"

洪朝生作为全国政协委员，多次参加全国政协的考察调研。1996 年他在

政协考察中，发现地方政府接待中存在着不良风气等问题，回京后给考察团团长孙孚凌写了一封信，信中说："参观学习团到达四川后，市内、市外一路上警车开道，声势浩大（去年我参加赴赣南老区参观团时也是如此）。我和几位团员感到很不安。我团并非负有紧急公务，仅只为了保证本团的日程安排（或'安全'？），如此扰民，似乎不妥。另外，接待过于铺张，宴请频繁，住宿和伙食费用大大超过政协标准。从地方上讲算是尊重中央，但是铺张浪费却严重损害了政府、政协在人民群众中的形象，同时也加重了地方和企业负担，他们有苦说不出。"

严肃捍卫科学的清正和纯洁

洪朝生作为一名科学家，恪守科技工作者的职业道德，敢于直陈自己的立场和观点。他疾呼推进科技界的职业道德建设，希望以此来净化科研环境，捍卫科学的清正和纯洁。

2000 年，洪朝生在接受中国科学院《科学对社会的影响》编辑部访谈后，以署名文章《需要有效地推进科技界的职业道德建设》表达了对科技不实事求是地评价和宣传的危害："我担心，不实事求是地评价和宣传科技课题的现实意义、研究和开发工作的成就、科技队伍的真实水平包括青年人员的跳跃式成长等的夸大风气在发展。……这种态度主要是认为虽然不好，但属于'迫不得已'：为了获得科研经费，为了本单位的发展，为了个人的切身利益，以至为了国家宣传的需要等，不得不有所夸大。而在利益资源的竞争中，夸大风又可能扩展。结果是资源分配不当，影响了科技研究与开发重点有效地发展，浪费了宝贵的时间，特别是科研工作的秉性被侵蚀，影响了青年科技队伍的健康成长，后患尤重……"

彭加木

"公家的暗室，怎么好印私人照片？"

彭加木（1925—1980），广东番禺人。1947年毕业于中央大学。曾任中国科学院上海生物化学研究所研究员、中国科学院新疆分院副院长。生物化学家、植物病毒专家，入选"100位新中国成立以来感动中国人物"，荣获"最美奋斗者"称号。

"秃笔也能画出好画"

马克思说："在科学上没有平坦的大道，只有不畏劳苦沿着陡峭山路攀登的人，才有希望达到光辉的顶点。"彭加木不怕困难，常说："秃笔也能画出好画——关键在于你会不会画画。"熟练掌握高分辨率电子显微镜便是他刻苦钻研技术的一个例子。

1962年，中国科学院上海生物化学研究所进口了国内首台高分辨率电子显微镜。由于没有经验，大家在安装、调试过程中遇到许多困难。彭加木听说后，尽管他也是第一次接触这种新技术，却迎难而上，主动求战。经领导同意后，他先是埋头在文献中弄清楚其基本原理与操作技术，接着花费了30多个日夜制作样品、调试、拍片。为节省底片，他找来几盒过期的胶片作为试验品。不过，就这他也舍不得整张使用，而是裁成小条。经过几十次、几百次的调测、试拍，他终于拍出了合格的照片，从外行变成了内行。

曹天钦院士回忆道："我没有听彭加木同志说过'难'字，也没有见他开过空头支票。只要工作需要，他就有这么一股子劲——总要细心探索，刻苦钻研，不彻底解决不肯罢休。当电子显微镜安装后验收时，由于国内还没有鉴定高分辨率技术的经验，我们受了不少肮脏气。为了永远摆脱这种被动情况，为了对人民负责，看看这台仪器的鉴别率到底是多少，是否符合厂方所开列的规格，彭加木同志硬是花了一个月的工夫，通过顽强的探索，测出了仪器的鉴别率。"

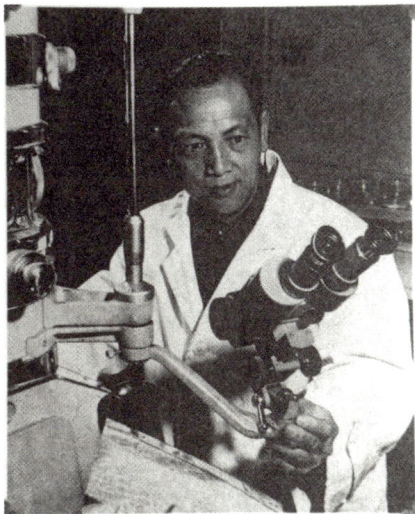
● 彭加木在电子显微镜前工作

把显微镜的"老本"都用出来了！

虽然彭加木学习新技术很辛苦，但他并不藏私，后来他不断被邀请到外地，帮助广州、福州、乌鲁木齐等地也建立了电子显微镜实验室。

之前，彭加木主要研究酶化学和原胶原，电子显微镜帮他打开了病毒学的大门。他借助这台"新式武器"，广泛研究了柑橘、桑树、水稻、小麦、哈密瓜等植物上的病毒，为解决病害、提高农作物产量做出了巨大贡献，成为国内一流的植物病毒专家。

更为可贵的是，彭加木对科学仪器一向爱护备至。1962年进口的电子显微镜，随着时代的发展早已过时，成为"老爷货"，但由于彭加木使用很细心，并为实验室制定了一整套严格的使用注意事项，这台显微镜在很多年后仍在使用，拍出的照片的质量也不亚于新式电子显微镜所拍的。曹天钦称赞道："彭加木把这台显微镜的'老本'都用出来了！"

在彭加木身上，这样的事例数不胜数。他常常一边修理自己的"老爷"照相机或"老坦克"自行车，一边自得其乐，摇头晃脑地背诵《陋室铭》："山不在高，有仙则名。水不在深，有龙则灵。斯是陋室，惟吾德馨……"

"公家的暗室，怎么好印私人照片？"

彭加木待人热情随和。同事向他请教问题，他总是知无不言。同事向他借图书，他总是说："拿去看就是了。"

不过，彭加木对那些爱占公家便宜的人却不宽容。1977 年，他重返新疆参与筹建中国科学院新疆分院。有一天他在电子显微镜实验室的暗室里发现有很多刚洗印好的个人照片。他很生气地叫来管暗室的工作人员，问道："公家的暗室，怎么好印私人照片？"

工作人员不在乎地说："在我们这儿，历来如此。"

彭加木火了，他大声说道："什么历来如此，历来不如此！这暗室是我亲手创建的，从 1963 年以来，从未洗过私人照片，哪有什么'历来如此'？"

他当众宣布："任何人不得在公家的暗室里冲洗私人照片。"

新疆分院初建时期，条件很差。特别是冬天，乌鲁木齐寒气逼人。同事建议彭加木住到宾馆去，那里有暖气，伙食也好一点。彭加木说什么也不肯，宁愿住在新疆分院的一间堆放杂物的平房里。那里连炉子都没有，一个作写字台的大木箱、一张床、一把椅子，便是屋内全部陈设。他说："如果要享福，就用不着到新疆来。我到这里，就是准备要吃苦的。"

从热心集体事务，到投身边疆建设，彭加木无论身处何地、身居何职，都没有考虑过自己的利益。他坦诚地表示自己愿意做一辈子铺路石子："像筑路工人，他们铺好路，自己却不再走这条路。我想建筑工人、筑路工人能够默默无闻地做一些专门利人的工作，我为什么不能做一些科学组织工作，起一定的桥梁作用呢？我想，做一颗铺路石子，让别人踏在自己的背上走过去，也是光荣的。"

不幸遇难，以身殉职

罗布泊，一向被认为是"神秘之地"。早在 1964 年，彭加木就曾对罗布泊进行了初步考察，发现那里钾盐含量丰富，推测可能还有重水资源。他认为罗布泊乍看上去是一片不毛之地，实则是"聚宝盆"。

1980 年 5 月 3 日，他率队从乌鲁木齐出发，打算自北至南纵穿罗布泊，这是历史上的首次。他们于 6 月 5 日成功到达罗布泊南岸的小镇米兰，比原计划提前二十多天完成考察任务。为了多做些工作，给下次考察创造更好的条件，彭加木提出利用余下的时间再作一次东进考察。11 日考察队重新出发，不料一开始就遇到大风、高温，白天前进缓慢，夜间难以休息。16 日考察队到达

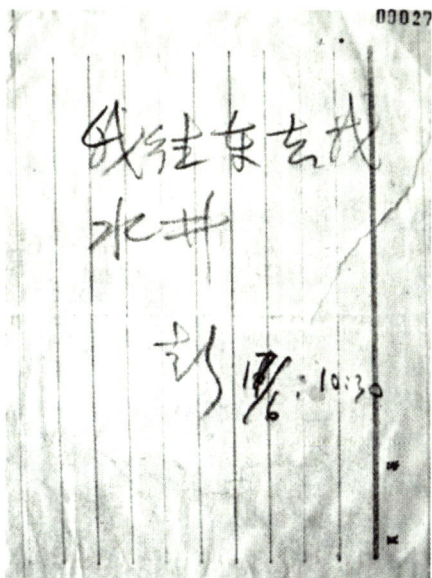

● 1980 年 6 月 17 日，彭加木绝笔

库木库都克附近时，汽油和水只能再维持两天。彭加木希望自力更生解决用水问题。根据地图上标注的水井位置，他认为东面有水井，对考察队的同志说："一边与部队联系，一边向东找水井。如果找到了水井，就通知部队不要再派飞机运水了。"17 日上午他不顾疲劳，冒着高温独自一人外出找水，不幸失踪。

在彭加木失踪一年之后，1981 年 6 月 19 日，中国科学院在向中共中央书记处的报告中将彭加木失踪定为"不幸遇难，以身殉职"，并发表《彭加木同志罗布泊考察遇难寻找工作已经结束，近期将举行追悼会》简报，对搜寻工作进行总结，判定彭加木是在"迷路昏倒后，被狂风吹动的流沙掩埋了"。

"有的人活着，他已经死了；有的人死了，他还活着。"

2009 年，彭加木入选"100 位新中国成立以来感动中国人物"；2019 年，他获"最美奋斗者"称号。

如今，在彭加木长眠的土地上，通往罗布泊的铁路、公路、通信线路为这里注入了勃勃生机与活力，年产 150 万吨的"罗钾"项目投产有效缓解了我国钾肥短缺局面，以彭加木命名的科技攻关突击队不断创造治沙奇迹，推动沙漠化防治技术走出国门、走进中亚、走向非洲……彭加木"把祖国各地都建成乐园"的梦想正在变为现实。

（部分故事改编自叶永烈：《追寻彭加木》，四川人民出版社 2022 年版）

简单纯粹，节俭为先

1957 年，陆埮从北京大学毕业正式步入工作岗位。他深知父亲常年身体欠佳，家庭经济负担沉重，生活拮据。陆埮每月工资刚一到手，便毫不犹豫地将一多半寄回家里，只留下维持基本生活的伙食费和偶尔购买几本学术书籍的钱。

陆埮时常将一件衣服洗得发白，即使打着补丁，也依旧穿着。在饮食上，经常是一碗简单的米粥加清淡的小菜，粗茶淡饭是他的日常。陆埮的生活简单朴素到极致，就像黄庭坚在《四休居士诗序》中所描绘的那般："粗茶淡饭饱即休，补破遮寒暖即休。"

不享特殊待遇，公私分明

陆埮晚年身体欠佳，但他依然坚守在科研一线，积极参与各种科研活动。他对科研事业的执着与热爱，打破了年龄和身体状

陆 埮

简单纯粹，
不享特殊待遇

陆埮（1932—2014），江苏常熟人。1957 年毕业于北京大学物理系。曾任中国科学院紫金山天文台研究员。天体物理学家，中国科学院院士，长期致力于粒子物理、伽马射线暴、脉冲星、奇异星和宇宙学等领域的研究。

况带来的限制。科研工作往往需要持续投入精力、不断探索钻研，而陆埈从未想过停下脚步，依旧为推动科研的进步贡献自己的力量。

陆埈作为院士专家，按规定本可以享受一定待遇，但他出行只选择最经济实惠的方式，机票买最便宜的经济舱，火车坐二等座。由于陆埈身体不好，出差时一般都由妻子周精玉陪同照顾。他坚持从自己的工资里抵扣妻子陪同照顾他的往返路费，婉拒单位报销，还将妻子保存的票据锁在抽屉里，严格地划分了公与私的界限。

一次陆埈生病住院，天文界几位挚友得知后前去探望。当他们来到医院病房时，才惊讶地发现陆埈是与另外两位病人合住在一个病房。他本可以毫无争议地选择住在条件更好、更安静舒适的单间病房，但他却毫不犹豫地拒绝了。在他看来，住单间会给医院和他人带来更多的麻烦，也会造成不必要的资源浪费。他始终坚守着自己一贯的原则，不愿意因为自己的特殊身份而享受特殊待遇，哪怕是在生病身体不适的情况下，也依然坚持着这份勤俭与自律。

一场长达 18 年的通信研讨会

1952 年，陆埈怀揣着北京俄语专修学校二部预备班的通知书，踏上了北上报到的列车。在那趟充满未知与憧憬的旅程中，他与同去北京的学生罗辽复相遇，交谈间惊喜地发现彼此高考志愿的填写顺序竟完全一致。这次奇妙的邂逅，让他们结下了深厚的学友情谊，并在后来的科研道路上成为并肩作战、志同道合的亲密合作者。

1960 年，陆埈和被分配到内蒙古大学任教的罗辽复开启了频繁的通信交流，起初只是针对一些基础物理问题各抒己见，尔后便萌生了共同探索一个感兴趣课题的想法。彼时，在天津工学院授课的北京大学同学杨国琛也加入了这个通信研讨的队伍。

三人明确合作方向后，开启了一段独特的业余科研之旅。他们凭借书信这一传统而质朴的方式，深入探讨粒子物理的前沿难题，写信时罗辽复、杨国琛和陆埈分别以LF、Y、LT为各自编号，信件内容少则两三页，多则十几页，且每周至少有一封信件穿梭于三地之间。为方便后续的讨论、查找以及引用，他们将每封信都精心编号、复写，一式两份或三份，各自留存底稿。常常是前一封信刚寄出，新的灵感乍现，便迫不及待地发出下一封，全然不顾等待回信的常规流程。这种通过书信往来的科研方式，固然耗费大量的时间和金钱，信息的传递也时常滞后，但陆埈凭借着对科研的热爱和骨子里那股坚韧不拔的劲儿，从未有过丝毫退缩。

● 陆埈（右一）等三人讨论科学问题

通信合作产生的所有费用，包括邮费、资料费以及偶尔因交流所需而购买的火车票等，均需每个人自理。陆埃也是如此，每月从仅有的 53 元工资中支出这些费用。1966 年，陆埃结婚，生活的担子愈发沉重，上有老人需要赡养，下有幼子需要抚育，经济压力可想而知。然而，重重困难并未阻挡他前行的脚步。这场通信合作持续了近 20 年，从 1960 年至 1978 年，累计往返信件达 3000 余封，三人合作发表的学术论文达 40 余篇，在当时国内顶尖的学术期刊《中国科学》《物理学报》《科学通报》等上面，时常能看到他们三人联名发表的研究成果。

无数个日夜，他们仅凭一支笔，在纸张上书写下密密麻麻的计算过程与推导步骤，每当得出满意的结果，便迅速通过书信分享，三人经过详细讨论后审慎地接纳或改进。他们一方面全身心地沉浸在对理论要求极高、复杂精深的科研工作中，另一方面又出色地完成了各自的教学任务，始终坚守着工作与科研两不误的原则，在艰难的岁月里，用坚持与执着书写着对科学事业的赤诚与热爱。

方守贤

为人正直
以身作则

方守贤（1932—2020），出生于上海，祖籍安徽太平。1955年毕业于复旦大学。曾任中国科学院数学物理学部主任、中国科学院高能物理研究所所长。加速器物理学家，中国科学院学部委员（院士），中国高能加速器事业的开拓者和奠基人之一。

"造高能加速器是我一生的追求"

1982年的一天，方守贤正在欧洲核子中心（CERN）搞合作研究，接到了中国科学院高能物理研究所所长张文裕的来信，张文裕告诉他国家批准了北京正负电子对撞机（BEPC）工程的好消息，希望他提前回国。喜讯传来，他毅然决定结束在CERN的高薪工作，立即回国参加BEPC的建设。他在给张文裕的回信中写道："建造高能加速器是我国几代科学家梦寐以求的项目，也是我一生的追求，是千年难逢的机遇。"回国后，方守贤被任命为BEPC工程副经理，分工负责储存环的研制并协助谢家麟经理领导BEPC的建设。

1986年5月，根据工作需要，方守贤接任BEPC工程经理，并担任中国科学院高能物理研究所副所长，身上的担子更重了。方守贤一心扑在BEPC工程上，努力拼

❋ 方守贤（左）和谢家麟（右）在调试 BEPC 装置

搏、无私奉献，从不因私事影响工作，从不向单位伸手。

不计名利，全力以赴投身于对撞机建设

BEPC 建设时期，科研工程人员的工资还很低，每月只有 100 多元，比起外面的许多公司差得很多。当时，社会上流传着"搞原子弹不如卖茶叶蛋"的笑谈。工程款的管理很严格，专款专用，不能用来发奖金。在 BEPC 工程后期，国家特批了 6 万元奖金慰问工程建设人员，平均每人每月 15 元。方守贤在一次工程动员会上，语重心长地向大家说："我们的国家还很穷，拿出这么多的钱造对撞机，还为我们提供奖金，我们要发扬'两弹一星'精神，全力以赴建设好对撞机。"

方守贤是这么说的，也是这么做的。他也拿着每月 100 多元的工资、分一样多的奖金，与工程建设人员一起夜以继日地工作。他在办公室放置了一张床，经常住在办公室，以便在建设工地发生情况时，立刻就能赶到现场。艰苦的生活、繁重的工作，使方守贤瘦了不少，身高一米八的他，体重一度降到 112 斤。

榜样的力量是无穷的。在 BEPC 建设中，很多人放弃了出国工作的机会，更多人舍去了节假日，自觉加班加点，不少人克服了家庭和生活上的困难，

长期驻厂工作。科研工程团队坚持高标准、严要求，从材料选用、部件加工到设备运输、安装测试、调试运行，各个环节都做到一丝不苟，确保了对撞机工程按指标、按经费、按进度圆满完成。

为人正直，以身作则的领导者

大科学装置的建设工程性强，学科交叉广，需要上百个部门、上千名甚至上万名科研人员和工人的团结协作。使全部成员都能和谐团结凝聚在一起的关键在于领导者一定要为人正直，凡事以身作则。作为团队的灵魂和核心，方守贤深谙此中道理，而且也是这样做的。他长期从事加速器物理研究及理论设计工作，领导大型工程建设却还是第一次。因此他如履薄冰，谦虚谨慎，不搞一言堂，而是认真听取各种建议，特别是与其相反的意见；一旦发现自己有错，就及时自我反省，勇于承认错误并及时修正。他曾这样形容："这样既可发挥群体的积极性，也可减少决策的失误。"

在 BEPC 工程已近尾声的春节前夕，中国科学院高能物理研究所给辛苦了好几年的 BEPC 科技人员破例发了一次奖金，最高奖 40 元，二等奖 30 元，一般性的奖金 10 元，最少的奖金 5 元。方守贤一直妥善保管着这张油印字迹已近模糊、上面写着"最高奖金 40 块，最低 5 块"的表格，他说这东西值得好好存着，让后人看看那个年代大家是怎么干活的。

在建设 BEPC 期间，还有过这样一段插曲。他妻子的身体不好，长期需要照顾。有一次，他去医院看望住院动手术的妻子后，急于回所加班，在匆忙追赶一辆进站的公共汽车时，由于天黑，他的视力又不好，他被一根拉电线杆的钢丝绊倒，顿时撞晕在人行道上，被两位解放军战士送到医院进行抢救，头部缝了好几针。有同志幽默地说："对撞机还未对撞，你老方的头却先与地球对撞了！"

侯　洵

干部必须走得端，
行得正

侯洵（1936—　），陕西咸阳人。1959年毕业于西北大学物理系。曾任中国科学院西安光学精密机械研究所研究员、所长。瞬态光学和光电子学专家，中国科学院院士，中国瞬态光学与超快光子学领域的奠基者和开拓者之一。

从生活费中挤出的
电动计算机

1979年8月，侯洵与两位同事被派到英国帝国理工学院进修。该学院是一所具有世界顶尖科研水平、师资质量和经济实力一流的著名大学。面对伦敦街头的繁华景象，侯洵暗下决心，一定要学到最先进的理论技术，要在规定的期限内圆满完成学业，用科技力量让祖国也富起来、强起来。

两年进修期间，他将宝贵的时间全部倾注于课题研究和汲取知识上。在此期间，他和两位同行者省吃俭用，甚至还一起从并不宽裕的生活费中挤出经费，为中国科学院西安光学精密机械研究所购置了当时急需的电动计算机。

求学结束后，英国帝国理工学院物理系希望侯洵能够留在英国继续进行深入研究，并承诺给予丰厚的经费支持和物质条件，但是侯洵毅然选择回国发展。他

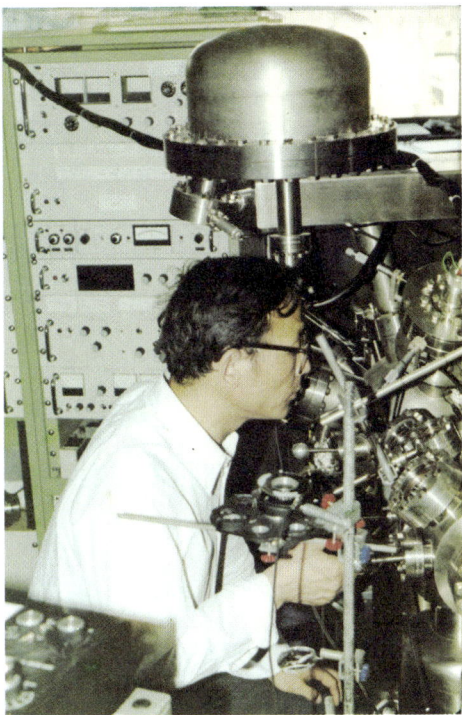

🔵 1980 年，侯洵在英国帝国
理工学院光电子能谱实验室

说："中国科学院成组配套派我们三人出来进修，学成回祖国效力是理所当
然、义不容辞的。"由于有在国外研制纳秒变像管高速摄影机的基础，回国
后，他们很快就做出了属于自己的皮秒条纹相机。

功成不必在我，功成必定有我

1991 年，得悉国家计划委员会利用第六批世界银行贷款筹建一批国家重
点实验室，他立即组织中国科学院西安光学精密机械研究所做了大量工作，
并提交了申请书和建设方案。当时，中国科学院将他推荐为国家计划委员会
遴选国家重点实验室的评审专家，于是他提出由陈国夫研究员担任实验室主
任。一番评审后，需要在 95 个申请中选出 55 个，中国科学院西安光学精密

机械研究所申报的实验室名列第一，成功获批瞬态光学与光子技术国家重点实验室。很多人为侯洵未能担任他亲手筹建的实验室主任而感到遗憾，但他却表示，能为研究所和国家建一个重点实验室就很高兴。

工作中，侯洵总是将拳拳赤子之心、浓浓爱国之情融入生命的底色。无论在任何岗位，他都将自己无私地奉献给科研事业、奉献给社会、奉献给国家，却从不求任何回报。年长后，他在力所能及的范围内，甘愿发挥余热，用自己的行动诠释着对事业的热爱和对社会的责任。

干部要有威信，必须走得端、行得正

关于领导干部，他是这样认为的，干部要有威信，必须走得端、行得正，廉洁奉公、不以权谋私。他是这样说的，也是这样做的。在中国科学院西安光学精密机械研究所当所长的八年多时间里，侯洵出差只坐过两次出租车，还是因为要赶飞机，从没有住过高级宾馆。每次到北京出差，都是住在中国科学院机关招待所。他的大女儿学的是光学仪器专业，毕业时，原本分配到了中国科学院西安光学精密机械研究所，他坚决不同意，要求重新分配。他的岳母 80 岁时，住在他这里，生病时，他就自己用自行车带着岳母到医院看病。

几十年来，侯洵在我国瞬态光学领域做出了一系列开创性工作，取得了一系列突出成就。对于自己取得的荣誉及成就，他总是淡淡地说："每一项科研成果都是团队共同努力的结果。"他始终认为自己所取得的一切成绩都应归功于党的领导，归功于集体，归功于和自己一起奋斗的科技人员及工人同志。

侯洵曾用这段话来形容自己："我们这一代人打起背包就出发，国家叫我们干啥就干啥，我们就是一颗螺丝钉，拧到哪里都能起作用，没有什么个人前途之类的考虑。"他从来都以最高的标准要求自己，却从来以最平常之心看待自己取得的成就。或许这就是侯洵一直坚持的科研之路，他既勇于挑战又保持谦虚，既追求卓越又不忘初心。

林兰英

没有报销的感冒药

林兰英（1918—2003），福建莆田人。1940年毕业于福建协和大学，1955年获美国宾夕法尼亚大学博士学位。曾任中国科学院半导体研究所研究员。半导体材料科学家，中国科学院学部委员（院士），中国半导体科学事业开拓者之一。

艰难求学路，拳拳报国心

在福建协和大学理学院，林兰英是女教师中出色的"三英"之一，本应享受校方的奖学金出国留学，只因学校是教会学校，而林兰英不信教，从不参加宗教活动，从而被剥夺了这一权利。爱才的生物系教授李来荣对校方这一做法异常愤懑，他凭借与美国宾夕法尼亚州迪金森学院生物系一位教授的友好关系，为林兰英取得了该校资助，使林兰英得以继续深造。

1948年，30岁的林兰英怀着报国之心赴美，进入迪金森学院攻读数学，选修物理和化学。她的各门功课成绩优异，数学尤其出众，一年后便获得了数学学士学位。1949年夏，美国大学荣誉学会迪金森分会给林兰英颁发了铸有本人英文名字的金钥匙。中国女学生获得这一荣誉在当时是罕见的。

处在异国他乡的林兰英，并

没有被优越的生活条件打动，她更关心的是祖国的发展。

1949 年，当新中国成立的消息传到大洋彼岸时，林兰英异常兴奋。为了要看一部新中国成立的纪录片，她冒着美国特务对留美学生跟踪盯梢的危险，几经曲折，终于看到了开国大典那壮丽的历史画卷。林兰英心潮澎湃，久久不能平静。

1956 年 12 月，她以母亲病重为由，向美国政府提出了回国的申请。

当时与新中国为敌的美国，对林兰英这样有造诣的华裔科学家，是不愿意"放虎归山"的。林兰英谢绝了公司同事们的热情挽留，冲破了美国联邦调查局的利诱、威胁和恐吓，终于办成了回国手续。

一间简陋的卧室

2003 年，获悉林兰英逝世，在北京参加十届全国人大一次会议的莆田市委副书记、市长詹毅和赴北京出差的市委副书记、纪委书记林光大，于 3 月 12 日特地前往林兰英家里表示亲切慰问。詹毅仔细观察林兰英的卧室，发现仅有十几平方米，摆着一张旧床、一张办公桌、一把椅子，以及书架、衣柜，别无他物。他感动地说："想不到这么著名的科学家，住的地方却如此简朴。"据林兰英的弟弟介绍，林兰英多年来每天早上只把白木耳就冰糖煮一下，就算早餐了；至于午餐，则用铝饭盒装上一点饭菜带到所里，中午与其他工作人员一样，到开水房放到锅炉上加热吃。

没有报销的感冒药

林兰英终身未婚，生活的轨迹基本就是家与单位间两点一线。生活简朴的背后，是她把自己的全部精力都奉献给了我国的半导体事业。

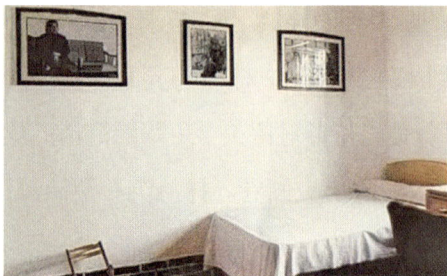

● 林兰英生前简陋的卧室

林兰英的侄孙女林岚谈道："奶奶生活特别简朴，对她自己和家人的要求也十分严格。2001 年的时候，奶奶有一段时间总是咳嗽，医生已经确诊不是感冒。后来妈妈去帮奶奶拿药，当时院士的医药费是可以全部报销的。奶奶看到拿回来的药里有感冒药，就说：'医生说我不是感冒，那为什么里面还有感冒药呢？'那一次的医药费是 200 多元，奶奶就没有拿去报销。清廉是一种习惯，奶奶就是这样影响着家人和同事，也影响着我，在我小的时候就种下了这个种子。"

共用一辆车上下班

林兰英和她的团队承担了大量的国家科研任务，科研经费也随之不断增加，可她却从来没有想过为自己谋半点福利。为了节省中国科学院半导体研究所的行政开支，几十年来她都与黄昆院士共用一辆汽车上下班，为了节省黄昆的时间，她总是提前一段时间坐进车里，然后再让司机去接黄昆，这样一来她每天上下班就要多花费一个多小时的路程时间。林兰英的办公室在二层，80 多岁的她从来不坐电梯，一直坚持步行上下楼。她在工作中也总是能省就省，一个包装镓（元素）用的塑料盒就是她的铅笔盒，铅笔头用得短到没法再用时，她还会用纸卷起来接着用。

简朴励行篇

恽子强

"对个人来说，求得温饱就可以了"

恽子强（1899—1963），出生于湖北武昌，祖籍江苏武进。1920年毕业于南京高等师范学校数理化部，1924年毕业于东南大学化学系。曾任中国科学院党组书记、中国科学院编译局副局长、中国科学院东北分院副院长。化学家，中国科学院学部委员（院士）。

细致耐心，诲人不倦

1944年6月，恽子强担任延安自然科学院副院长。此时，自然科学院共设六个班，其中包括化学工程系两个班。恽子强主要负责讲授普通化学和半微量无机定性分析等课程。在延安任教的两年里，恽子强以其细致耐心、诲人不倦的教学态度，深受学生们的爱戴，同时也给同事们留下了深刻印象。

据延安自然科学院化学工程系教师华寿俊回忆，恽子强在授课时总是深入浅出，注重学生的理解与吸收。对于学习进度较慢的学生，他从不指责，而是耐心地帮助他们解决疑难问题。华寿俊特别提到："恽子强有时为检查学生理解程度，还亲自出题组织学生讨论，让学生把讲过的课程讲给他听，为了启发青年的智慧，在教学工作中，子强同志不断地改进教学内容和教学方法，以求把工作做得更好。"

恽子强的学生、化学工程系一班的吴路青，一直珍藏着恽子强分发给每位学员的《半微量无机定性分析》油印本教材。吴路青回忆道："恽子强同志总是一一详加审阅学生的实验报告，使每个学生都能掌握定性分析的知识和具体操作。"

除了在教学上尽职尽责，恽子强对学生的生活也关怀备至。1944年正值延安的艰苦岁月，物资极度匮乏。即便如此，恽子强依然经常将组织供给他的物品分给他人，帮助那些更需要的学生和同事。在华北山沟里的晋察冀军工局化工研究所工作时，组织上为照顾他，特意派来一位勤务员。然而，恽子强不愿让勤务员为其个人生活多花时间，而是将其派到实验室协助大家工作。

恽子强的努力与奉献，使其成为延安自然科学院乃至整个边区教育工作者的杰出代表。1944年12月，恽子强被陕甘宁边区文教工作者代表大会选为模范工作者，12月8日的《解放日报》报道："自然科学院副院长恽子强同志，为人刻苦、朴素，用唯物观点教授化学，切合实际，以浅显、具体事实说明原子构造等问题。张（张宗麟，时任延安大学教育系副主任，编者注）、恽两同志都是积有二十余年教育或科学事业的专家，对延大教育有显卓成绩，深得同学们之敬爱，均被选为模范工作者。"

"对个人来说，求得温饱就可以了"

1949年中国科学院筹备过程中，党中央安排恽子强参与筹备工作。1949年9月29日，竺可桢前往恽子强家中与他见面。到了恽子强住处后，竺可桢惊讶地发现，时任华北大学工学院院长的恽子强，其居所竟是一个仅约10平方米的小房间。屋内陈设极为简朴，除了简单的台桌外，再无任何华丽的家具或装饰。竺可桢对此深感震撼，在当天的日记中写道："真所谓一身之外无长物也……如恽君亦可称为共产党之代表人物矣。"

● 穿着制服的恽子强（中）与友人合影

原中国科学院数理化学部办公室主任冷冰在悼念恽子强的文章里回忆道："他平时总是穿一身磨光了毛面的制服，穿一双后跟偏斜了的旧皮鞋，从不吸烟、饮酒，非待客绝少品茶。但他的经济收入并非不可以吃好点，穿好点。但是他说，'对个人来说，求得温饱就可以了'。"

恽子强的办公室陈设极为简朴。据冷冰描述，其办公室内仅有一套旧沙发，且弹簧已失效，坐上去甚至硌人。同事们曾建议给他的办公室更换新沙发，但他拒绝，认为"客人都是同行，不要紧……在新四军和延安自然科学院工作时，哪里想到过办公室要摆沙发啊"。

按照规定，恽子强可以配备轿车，但他经常独自乘公交车从中关村进城开会或工作。有一次，因公交车拥挤，他不慎从车门口摔倒。此后，院部决定让他与童第周共用一辆轿车。即便如此，恽子强依然尽量照顾童第周的用车需求。

"这样也能开好会议的"

在中国科学院学部领导工作中，恽子强更是力戒铺张，注重实效。1959年，学部布置会议室时，他取消了一些同志申领沙发、围屏的计划，仅摆放了两排旧长桌、两套旧沙发和一些木椅子。他说："这样也能开好会议的。"

郭永怀

"用最省钱的方法解决问题，才是真本领"

郭永怀（1909—1968），山东荣成人。1935年毕业于北京大学物理系，1945年获美国加州理工学院博士学位。曾任中国科学院力学研究所副所长、中国科学技术大学化学物理系主任。力学家、应用数学家、空气动力学家，中国科学院学部委员（院士），"两弹一星功勋奖章"获得者，中国近代力学事业的奠基人之一。

"这本是人民的财产"

1965年1月12日，中国科学院领导收到了一封特别的来信，信中这样写道："本着总理节衣缩食、勤俭建国的指示，现将早年在国外的一点积蓄和几年前认购的经济建设公债共48460余元奉上，请转给国家。这本是人民的财产，再回到人民手中也是理所当然的。"这封信就是郭永怀和他的妻子李佩所写。在当时，48460元可是一笔巨款，普通人一个月的工资只有几十元，一套四合院也不过两千元左右，郭永怀却把自己所有的积蓄都捐赠出来了。时任中国科学院力学研究所党委书记杨刚毅找到郭永怀，请他考虑是否全部捐赠，问他家庭生活是否有困难，郭永怀态度非常坚决。

1968年，郭永怀牺牲后，李佩坚决要求将郭永怀的存款5600元作为党费上交。李佩在给领导的信中说："我相信您们了解我愿

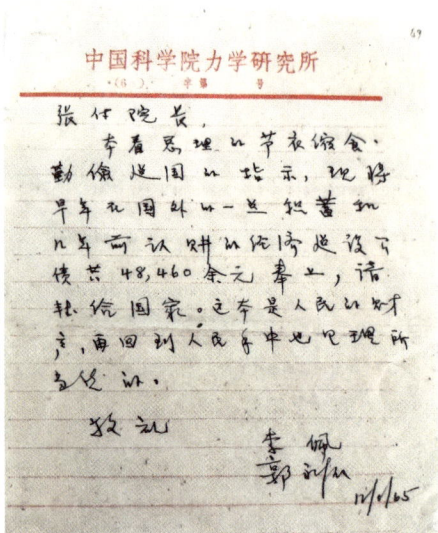

● 郭永怀、李佩夫妇捐款的信

将郭永怀的存款作为他的党费上交的心情，党的事业就是我们以及子孙万代的前途和生命，我这样做，或能稍微弥补他没有机会完成他对党的事业尽到最大努力的遗憾。"2008 年，李佩又将她在美国的积蓄换成人民币，再加上工资存款共 60 余万元，分别捐赠给了中国科学院力学研究所和中国科学技术大学。

不署名有利于青年人成长

郭永怀严于律己，注重实干，不务虚名。他一心扑在工作上，十二年如一日，他从不休星期天和节假日，他无论寒冬酷暑，总是徒步上班、早出晚归；除了行政工作外，他每天都要抽出时间埋头书案，查阅大量文献资料。在个人生活上则简单朴素，他把从美国带回的电冰箱、风扇、电动计算器都交给公家使用，把稿酬作为党费上交。

郭永怀从不计较个人名利得失，对奖掖培植后辈却不遗余力。他曾说过："我们回国主要是为国家培养人才，为国内的科学事业打基础，做铺路人。我们这一代，你们以及以后的两三代，要成为祖国力学事业的铺路石子。"郭永怀给他的学生一种"特权"：只要有学术问题向他请教，什么时候都可以。凡有年轻人找他，他都立即放下手里的工作，认真回答所有的问题。空气动力学家张涵信院士曾就读于中国科学院力学研究所，师从郭永怀。在他将研究结果写成论文投送给《力学学报》时，论文署名中有郭永怀，郭永怀看到后把自己的名字勾掉并说道："我从回国之日起，已把个人科研上的得失置之度外，我认为不署名有利于青年人增强独立工作的意识，有利于他们迅速成长。"

用最省钱的方法解决问题，才是真本领

1958 年初，中国科学院力学研究所成立激波管组，郭永怀指定年仅 30 岁的俞鸿儒担任组长。风洞被称作"飞行器的摇篮"，能够人工产生可控制气流，模拟飞行器在空中飞行的复杂状态，从而发现设计缺陷并改进。国际上风洞建造费用高昂，工艺要求高，需要大量资金投入。当时中国的经济和技术基础，决定了不可能效仿国外路线。郭永怀说："钱少亦可以工作，应该学会用最省钱的方法解决困难问题，那才是真本领。"

1967 年，当郭永怀看见一座大尺寸高性能激波风洞在实验室安装起来以后，他非常生气。一向和善的郭永怀训斥俞鸿儒从什么地方弄来许多钱建造这样昂贵的设备。当了解到俞鸿儒他们充分收集利用废旧设备，寻找便宜的加工厂，加工费仅支出 8 万元，郭永怀继而转怒为喜。1969 年，俞鸿儒带领激波管组成功建成 JF-8 激波风洞。它的性能堪比国际大型激波风洞，造价却极其低廉。在俞鸿儒看来，导师郭永怀让他领悟到：科研最关键的是人，是创新，而不是钱。有创新，再少的经费也能用自己的办法做出世界上独一无二的工作。没有创新，用再多钱仿制国外再多的先进技术也做不出真正有价值的科学成果。

用血肉之躯把重要文件完整保存下来

1967年6月17日，郭永怀领导和参与研制的我国第一颗氢弹空投爆炸试验成功。随后研究团队马不停蹄地开始了我国第一颗新型核弹的研制，这次是采用钚作为核燃料。郭永怀作为第二机械工业部第九研究设计院核弹武器化的主要负责人，负责核弹弹头的结构设计和环境试验等任务。为此他付出了巨大的努力，数次前往青海221基地亲自领导攻关。1968年10月的这一次远行，就是为这项新的核弹试验做准备。王淦昌、彭桓武、朱光亚、程开甲、邓稼先等一大批科学家也先后来到221基地，可见这次试验的重要性。

他们在基地投入到紧张的工作中，试验的各项准备工作紧张有序地进行。郭永怀一边工作，一边还牵挂着第一次离家下乡插队的女儿郭芹、困境中的妻子李佩和在家乡患病的兄长。

1968年10月20日，他给女儿郭芹写信告知自己已经离京到青海出差，鼓励她在农村好好接受锻炼："芹女，我是三号离京的。上礼拜接妈妈一封信，知道你一些情况，甚慰……我在这里还要工作几个星期，希望你能来信谈谈工作情况。"

几天后，他收到女儿的来信，女儿在信中告诉他插队的农村太冷，想要一双过冬的鞋。周末，他约上王淦昌一起来到基地商店，结果因为不知道郭芹的脚有多大而没能买成。他又专程到总体部的同事刘敏、朱志梅夫妇家里咨询：棉鞋是否分男款女款？买什么样的合适在内蒙古插队的女儿？朱志梅一一解答，让他先问清楚郭芹的脚有多大再买。得到答复后，临走送给刘敏夫妇一大块巧克力，那时候的巧克力可是稀罕东西。作为一位科学大家，他解决了那么多的科学难题，但是在那个寒冷的冬天，他却没能为女儿买一双过冬的棉鞋。多年以后，每每想起这件事，朱志梅都会遗憾地说："我那时候真应该替郭院长给郭芹买双鞋。"

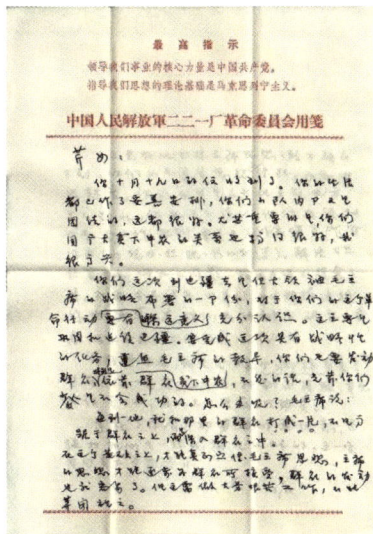

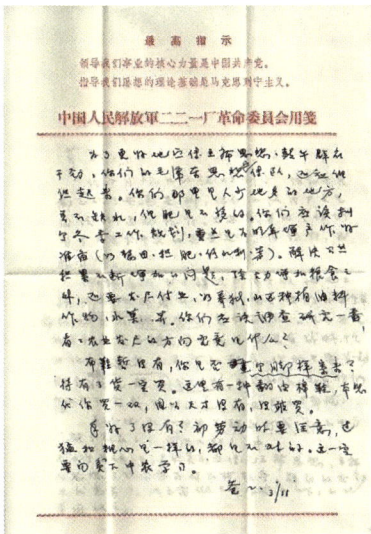

🌸 郭永怀写给女儿郭芹的信

    原本预计 11 月 20 日就可以完成的试验准备工作，一直到 12 月初才终于完成。完成了准备工作的郭永怀急于返回北京。一方面北京有很多工作在等着他回去处理，另一方面他心里惦记着插队的女儿，惦记着正在接受审查的妻子，惦记着荣成老家患病的兄长。他匆匆忙忙预订了 12 月 5 日从兰州飞往北京的机票。

    1968 年 12 月 5 日凌晨，飞机在降落时失事，机上人员遇难。当人们从机身残骸中寻找到郭永怀时，吃惊地发现，他的遗体同警卫员紧紧抱在一起。烧焦的两具遗体被吃力地分开后，中间掉出一个装着重要文件的公文包，竟完好无损。国家最高科学技术奖获得者郑哲敏院士曾经这样评价："在飞机失事起火的那一刹那，郭先生以火一般的爱国心、科学家特有的冷静与机智，以自己宝贵的生命为代价，用血肉之躯在熊熊烈火和重要文件之间构筑起一道烧不透的墙，把文件完整地保留了下来。"同年 12 月 25 日，郭永怀被追授烈士称号。

葛庭燧

"舔光"的盘子
和退掉的生活费

葛庭燧（1913—2000），山东蓬莱人。1943年获美国加州大学伯克利分校物理学博士学位。曾任中国科学院金属研究所研究员、副所长，中国科学院合肥分院副院长，中国科学院固体物理研究所所长。金属物理学家，中国科学院学部委员（院士），金属内耗学科领域的创始人之一。

为他人慷慨解囊

葛庭燧对自己的穿着打扮从不讲究，非常随便，上班时常穿着一件不起眼的劣质皮夹克。在办公用纸方面，他也表现得极为节俭，一张纸用了又用，直到不能再用为止。就连用过的日历，他也舍不得丢弃，总要设法再利用起来。然而，尽管在个人生活上如此简朴，葛庭燧却怀揣着强烈的"为国分忧、为民解难"的情怀，在赈灾救灾、帮助他人方面表现得异常慷慨。每当需要伸出援手时，他总是毫不犹豫地拿出千元、万元甚至更多的资金。幼儿园的孩子每年都会收到葛庭燧精心准备的礼物。而他也积极捐款支持中国宋庆龄基金会，大量购买国家公债和国库券，为亚运会捐款，为安徽遭受特大洪灾的地区先后四次慷慨解囊。

20世纪60年代初，中国科学院金属研究所里职工的生活极为困难，肚里没有四两粮，身上缺少御寒衣。沈阳市统战部为了照顾国家级的科学家，每月发给他们几张高价餐券。葛庭燧拿到餐券后舍不得用，他首先想到的是学生和室里的科技人员，总是带着大家一起去餐厅改善生活。有一次，大家为了一个全国性的大型学术会议忙碌了好几天，葛庭燧看到同志们脸色发青，忙问有什么困难，当他得知是由于"胃里亏"时，他心中十分难过，喉咙哽咽。他环视了一下在场的工作人员后说："今晚我请大家吃肉，改善改善生活。"

那时，一般的科技人员和大学生月工资都在 38 元至 56 元之间，有些同志上有老下有小，经济十分拮据，到月底就要去财务科借钱。由于审批手续比较麻烦，财务科也深感为难。葛庭燧了解这一情况后，自己拿出一万元放在财务科，供困难职工临时借用、周转，解决了许多家庭的燃眉之急，也减轻了审批部门的压力。一万元在当时的分量可想而知，这件事至今依然让很多中国科学院金属研究所的老职工难以忘怀。

回国了，他却带了两双旧皮鞋

1979 年 11 月，正在联邦德国马普学会金属研究所担任客座教授的葛庭燧应邀到日本参加国际学术会议，之后回国。临行前，他往行李里塞了两双旧皮鞋。助手不解地问："远道回国，带旧皮鞋干嘛？"

葛庭燧说："带回去补一补。"原来，葛庭燧到联邦德国之后，住处较远，他和助手一起乘公交车上下班，因为走路多，把皮鞋底磨坏了。为了省下修鞋的钱，他特地把旧皮鞋带回家，请研究所门口的师傅修补好。助手曾对 68 岁的葛庭燧说："您那么大年纪了，不要再跟我们挤公交啦。"葛庭燧笑着说："我们国家是在经济困难情况下搞'四化'的，多节省一马克外汇，就是对'四化'建设的支援。"

"不乱花一马克"是葛庭燧在联邦德国工作时常讲的一句话。

回国是为了参加建设，而不是贪图享受

1980 年，中国科学院决定调葛庭燧到合肥科研教育基地，负责筹建中国科学院固体物理研究所。于是，他像久经沙场的战士来不及掸去身上的烟尘，便又匆匆转战合肥。下车伊始，他同夫人何怡贞即踏上西郊董铺岛察看地理环境，觉得虽一片荒凉之地倒也十分僻静，是个搞科研的"风水宝地"。

由于科学岛离市区偏远，生活和交通都不便利，组织决定安排他们住在城里一套舒适的房子里，一套二层的楼房。葛庭燧看了后就提出，离工作地方太远，路上要花很多时间，对工作不方便，最后在岛上的服务楼招待所住下。当时科学岛园区建设了大套房，单位给了葛庭燧一套，但他始终未搬进去。他说："岛上还有许多研究人员住房条件不行，就让给他们吧。"葛庭燧和何怡贞住处非常逼仄，没有什么高档的东西，屋里除了旧冰箱、旧饭桌、旧床，到处堆满了书。谈起这些，葛庭燧十分坦然地说："我从国外回来，目的就是参加祖国的建设，而不是贪图享受。"

当年的交通极不方便，车队一位同志负责给葛庭燧开车。葛庭燧对他提出了三条要求：一是今后不要为住房找我；二是不要为了孩子的事情找我；三是我的时间很重要，希望你能给予保障。这简单的三条，成了车队同

❋ 葛庭燧与何怡贞在科学岛的家中

志一直恪守的工作纪律。葛庭燧的公正无私影响着身边人，那就是什么岗位都必须以公为重，不讲私利。

"舔光" 的盘子和退掉的生活费

20 世纪 90 年代初，有一次葛庭燧与学生聚餐。葛庭燧说："今天中午何先生请客，她已经在所食堂预定了三个菜。"在用餐时，何怡贞首先放下了筷子，葛庭燧仍然在"埋头苦干"。随后，学生陆续放下筷子。这时葛庭燧仍然在"埋头苦干"直到最后一片菜。这时三个盘子就像被"舔光"了一样。葛庭燧说："那时候盘子都是舔光的。"葛庭燧所指的那时候是三年困难时期。但当时已经是 20 世纪 90 年代初，几乎所有的餐馆都罕见吃完后仅留光光的白盘子的情况。何怡贞轻轻地说了一声："会不会认为给少了？"当食堂经理进来，葛庭燧马上站了起来，对他说："不是菜少了，而是我们怕浪费。"

有一年过年放假，葛庭燧要去安庆石化总厂，深入企业帮助解决生产中的难题。出发前他向随行人员打招呼，要每个人从家里带上干粮。当行驶到中午时，车就靠在马路边上，大家把各自带的东西放在车盖上，有说有笑品尝各家的食物。晚上一行人入住了招待所，才像样地坐在一张桌子上用餐，那都是按标准自己掏钱的。大家边吃边聊天，就在快吃完时，葛庭燧把一盘盘剩菜剩汤都倒进自己碗里吃得干干净净。

还有一次学生陪他去青岛出差，他住在宾馆里一个普通的标准双人间，既无套间，也无空调，只有一对沙发和 ·张办公桌。邀请单位为他安排的生活费为每天 25 元，并不算高。但是，当他听到服务人员说自己每顿饭吃不到 2 元时，便主动退掉 15 元，每天只安排 10 元的伙食。

把经费用在"刀刃"上

"今年内耗与固体缺陷国家开放实验室的经费是 12 万元，够了，量入为出。"葛庭燧在科研经费的使用上一直秉持着勤俭持家的原则，坚持将资金用在最关键的"刀刃"上。他常说的一句话就是"用最少的钱，做最大的事"，并坚决反对将科研经费挪作他用或用于提成等非科研目的。他经常向所里的同事强调："国家经济建设任务很重，要花钱的地方很多，科学家也要体谅国家的困难，不能一味地埋怨，甚至不给钱就不干。有些研究要花大钱，有些也不一定要花大钱，做到花小钱办大事，少花钱多办事，也是可以的，就看你怎么干。如果总是等条件具备了再干，就永远做不成事。"他还说："搞市场经济，有各种新的诱惑，想搞科学就要沉下心来，不要去攀比，努力扮演好自己的社会角色，担负起个人的历史责任。正如古人所言，'风物长宜放眼量'，度量要大些，眼光要远些，才会在奋斗和拼搏中找到乐趣。"

陈芳允

给自己理发的
科学家

陈芳允（1916—2000），浙江黄岩人。1938年毕业于西南联合大学物理系。曾任中国科学院电子学研究所研究员。无线电电子学家、空间系统工程专家，中国科学院学部委员（院士），国际宇航科学院院士，"两弹一星功勋奖章"获得者，中国卫星测量、控制技术的奠基人之一，北斗卫星导航系统创始人之一。

给自己理发的科学家

陈芳允对于自己时间的管理极其严格，几乎把所有时间都用在了科研上。为了节省时间，他甚至学会给自己理发，他认为理发是极浪费时间的行为，不是理发师在等待客人，就是客人在等待理发师，这中间浪费的时间都是极其可惜的。所以不知从什么时候开始，他练出了一手绝活儿——自己给自己理发。

"我印象中父亲从来不穿带拉链的衣服，因为他有一次被拉链卡住了，弄了好久才修好，浪费了好多时间，自此以后父亲就再也没有穿过带拉链的衣服了，因为他觉得时间宝贵，要把每分每秒都用在有意义的事上。"陈芳允的儿子陈晓东回忆道。就是在81岁高龄，一旦衣服破了需要缝补，仅凭一种感觉和经验，陈芳允仍能将手中细细的线轻松地穿进那个小小的针眼。

不坐头等舱的院士

"四十京兆一技人，爱研求实不爱名。一称专家已过誉，惭愧国人赶超心。"这是陈芳允的自谦与自勉。"一是要爱国，二是要努力工作，三是要淡泊名利。"这是陈芳允对家人提出的要求。他经常对子女说："节俭一点，清爽一点。"在一次出差时，助手已经买好了头等舱机票，陈芳允对助手说，国内出差路程短，不用买头等舱。之后的数年，即便80岁高龄，陈芳允坚持与助手乘坐经济舱，到宾馆也只住标准间，不住套间。

直至20世纪90年代后期，当大部分家庭已经用上一台或几台25英寸大屏幕彩色电视机时，陈芳允家里还只是一台14英寸电视机；屋里陈设着两个简单的单人沙发，一张铺着塑料布的折叠饭桌和几只小圆凳。他的卧室里只有一张铁管硬板小床，一台老式打字机，以及摆满了各类书籍的书架，书架中间的托板已经变形，有的书甚至就直接放到了地上。直到他病逝前，家里也没有一件像样的家具，就连褪色的布窗帘他也舍不得换。

❀ 陈芳允在简陋的家中工作

● 陈芳允生前用过的计算器

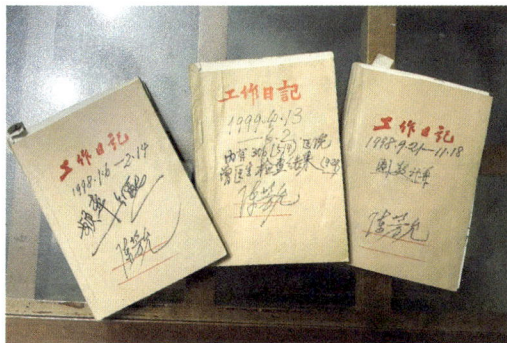

● 陈芳允的工作小本子

终身治学的大先生

生活至简，祖国至上。陈芳允对待生活是低要求，而对待工作却是高标准。他有一个好习惯，就是什么事儿都拿个小本子记下来，因此家里留下几十个密密麻麻写满文字、草图和公式的小本子。那种蓝色或土黄色封皮的小本子上，每一个都写着起止时间，记录了很多运算公式和图解等内容。在陈晓东的记忆里，父亲不知道用坏了多少个计算器，记了多少个笔记本，哪怕是"文化大革命"时期也从未间断过。

除了日常工作外，节假日陈芳允夫妇也不会全休，总有一天会去加班，而这一天对他们来说真是太好了：安静，没有人打扰。陈晓东的妻子回忆："我公公、婆婆每次加班回来都很高兴，因为解决了他们想要解决的一些难题而感到特别轻松。所以直到现在，我们家节假日观念也很淡薄，春节也是如此。那时候的春节，公公除了会去看望老师外，其他时间都是和婆婆去图书馆看书学习。"

吴仲华

"为国家节省外汇，应当是自觉行动"

吴仲华（1917—1992），出生于上海，祖籍江苏苏州。1940年毕业于西南联合大学机械系，1947年获美国麻省理工学院科学博士学位。曾任中国科学院力学研究所研究员、副所长，中国科学院工程热物理研究所所长。工程热物理学家，中国科学院学部委员（院士），叶轮机械三元流动理论的创始人，中国工程热物理学科和中国科学院工程热物理研究所的奠基人。

唯一的"特殊"就是自己带了一瓶酱菜

为照顾吴仲华，领导让他住"部长楼"，他不去住，反而表示："离研究所、同事们远了，工作不方便。"

"文化大革命"期间，吴仲华家中没有电视机，同志们托人给他买了一台，他知道后大发脾气，让马上退掉了。后来通过正当途径为他买了一台，他却拿到办公室让大家看。1972年，尼克松访华时，由于吴仲华家里没有电视机，晚上他就到办公室和大家一起看新闻。

吴仲华没有秘书，都是他亲自收集、编辑、整理科研资料。每次出差去沈阳、西安等航空发动机研究所和工厂工作，他就住四人一间的招待所。在食堂吃饭时，唯一的"特殊"就是自己带了一瓶酱菜。

"没有一个代表团的领导是这样省钱的"

吴仲华一生严于律己，廉洁奉公。带团出国考察，买机票、订住宿地点，甚至一日三餐，他都精打细算。

1979年，他曾率领一个由中国科学院、航空部、第八机械工业部等组成的九人代表团访美考察。美国政府与有关工厂等都十分重视他的访问。美国空军甚至专门派出一个五人小组，事前、事后跟踪访问。美国通用电气公司专门派了两架六座总裁专机接送，升中国国旗欢迎，连正在研究的最新型发动机也邀请他参观。这样一位备受重视的科学家对自己却"苛刻"得出奇！他从来不乘坐头等舱，由于托运行李常常"晚到"，因此对于重要资料，他一定随身携带。常常连东西带人与大家挤在一起动弹不得。

● 1979年吴仲华（左三）率团参观美国空军研究中心

在美国，为了买折扣机票，吴仲华去旅行社买票；为了省出租车费，他租了一辆面包车，为大家开车；同样为了省钱，他把九人代表团带到他在美国的同学家中住宿，大家打地铺，甚至引起了同行者的不满。有一次住公寓式旅馆，只有双人床，就两人挤在一起。他要求大家自己做饭，有人"埋怨"在家中从不做饭，到美国却要自己做饭了！他对自己更为苛刻，为了买画图的工具，他跑遍了纽约，到吃饭时，他舍不得进饭馆，就在马路边买两块比萨饼充饥。他为国家省了很多钱，我国大使馆专门给中国科学院写了表扬信：没有一个代表团的领导是这样省钱的。

1986 年，吴仲华去香港开会，出发时仅带了美元，需要换成港元，当他知道在地铁站的汇丰银行外币兑换点兑换最合算时，果断带着助手朱荣国走了好几站路，寻找汇丰银行营业点。朱荣国劝他，别计较这点钱，能换就行，省得再跑路了，但他坚持要找到汇丰银行营业点，以换得最多的港元。朱荣国说："教授，您的时间也是值钱的，换港元反正有收据，多少回去都一样报销嘛！"结果他不但没有止步，反而说："你们年轻人就是不会为国家省点钱。"一句话让朱荣国惭愧不已！每想到此事，朱荣国都感慨万分。

"为国家节省外汇，应当是自觉行动"

"为国家节省外汇，应当是自觉行动，没有人强迫我们这样做，这是人的觉悟问题。"吴仲华每次出国都会用省下来的经费买一些实用的办公用品带回来。

1985 年，吴仲华出差去英国，将省下来的经费存入伦敦的中国银行内，用于科研考察或购回办公用品，一分钱也没有用在与科研业务无关的地方。还有一次，用省下来的经费买回了一台台式计算机，这是研究所的第一台电子计算机，后来又为该计算机增配了一块数据采集板，使其与实验室仪器实现联机数据采集。2007 年，中国科学院工程热物理研究所与中国工程热物理学会共同发起设立了"吴仲华奖励基金"，基金的资本金一部分就来自吴仲华生前科研、国际合作、学术交流、稿费等经费结余。

刘东生
简朴的"超级老头"

刘东生（1917—2008），天津人。1942年毕业于西南联合大学地质地理气象系。曾任中国科学院地质与地球物理研究所研究员。中国地球环境科学研究领域专家，中国科学院学部委员（院士），第三世界科学院院士，国际欧亚科学院院士，国家最高科学技术奖获得者，中国第四纪和环境地学研究的奠基人之一。

简朴的"超级老头"

一代宗师、地学泰斗、黄土之父、大家风范、远见卓识、超级意志力……正是因为刘东生有诸多美誉，所以被同行和晚辈唤作"超级老头"。但"超级老头"从不认为自己是个大人物，他既是这么自我认定的，也是这么践行的：生活一向俭朴，衣食住行诸事从简。

在刘东生的世界里，只有国家和工作，却很少考虑到自己。灰色的西装、褐色的毛衣、袖口磨破的衬衣……这是同行和晚辈印象中刘东生的穿着。野外工作使用的地质锤跟随刘东生一生，地质背包少说也有十几年的历史了。刘东生所用的办公木桌是当年杨钟健送给他用的，虽然年代久远，却保养甚好，丝毫没有损坏，看书、写字、开关抽屉依然非常舒适。办公室吱吱作响的旧椅子修一修继续用着。其中有一两把椅子必须借助墙壁的支撑才能坐人，但他还是舍不得换新，还对试图扔掉椅子的学生说："还能用呢，扔了多浪费。"

刘东生简朴的例子不胜枚举。大家都认为刘东生和蔼可亲、平易近人，因为他丝毫没有架子。

"超级老头" 不搞 "特殊"

野外地质考察是地学研究的基础，其中的艰险不言而喻。"远看像逃难的，近看像要饭的，仔细一看是搞地质的。"从这句谑语中，地质人的外在形象可见一斑。尽管如此，刘东生依旧非常重视野外地质工作，从事地质工作60多年，他的足迹遍布祖国的东西南北，74岁奔赴南极、79岁出征北极、84岁再登青藏高原……但每次野外工作可以搞"特殊"的他却从来不搞"特殊"，始终以一个普通考察队员的身份参加野外考察，和大家一样风餐露宿、吃苦耐劳。每到一处，他都认真观察取样，仔细素描记录，一丝不苟地开展工作。

2004年9月，已获国家最高科学技术奖、87岁高龄的刘东生欣然应邀参加罗布泊科学考察。组织方考虑到刘东生的身体状况和科考环境的恶劣，为刘东生安排了医疗保障。从北京出发前，刘东生就拒绝了配备医生随同考察的安排；飞临乌鲁木齐后不做停留马上转机库尔勒，风尘仆仆地奔赴科考营地，开启他又一次不搞"特殊"的科学考察之旅。

一团和气、一脸清气、一身正气

深受马克思主义和中华优秀传统文化影响，刘东生养成了一团和气、一脸清气、一身正气。1980年初，黄土研究急需磁性研究和年龄限定。为节

● 刘东生考察黄土高原，画地质素描

约科研经费，刘东生只身一人背着黄土样品前往苏黎世联邦理工学院开展研究，面对连续多日的通宵实验也毫无惧色。

刘东生对学术问题总是一丝不苟。凡是他主持的研究项目，总是亲自带队开展调查研究，在实验室也多亲自动手。凡是证据不足的，从不急于下结论，从不轻易发表意见。他对科研成果署名也是严格要求。虽然他对晚辈的指导无微不至，从科研思路、实验操作到论文修改都耐心指导，但他却对学生说："科研中只有我做出具体工作的才可以署我的名，其他的一概不应署名。"晚年的刘东生早已功成名就，但他还在工作记录本上写下"保持晚节"四个大字，以时刻提醒自己。

刘东生对家人也严格要求。伉俪情深、相伴一生的胡长康对刘东生的评价是：老实、诚实、勤奋、自律、吃苦耐劳。2004 年，刘东生儿子刘强体检发现患有肾癌后，希望父亲托关系帮助找一家有名气的医院治疗。他虽然着急，却明确告诉儿子："我没有这样的关系。"儿子刘强最后等了一个月，才在体检的医院做了切除手术，身体得到了康复。对女儿刘丽也是一样，即便是在自己病危弥留之际，刘东生给女儿刘丽留下的最后一句话是："放心去工作，一定要谦虚谨慎啊！"

顾震潮

"记住我是个普通劳动者"

顾震潮（1920—1976），上海人。1942年毕业于中央大学地理系。曾任中国科学院地球物理研究所与中央军事委员会气象局联合天气分析预报中心主任、中国科学院大气物理研究所所长。气象学家、大气物理学家，中国大气科学研究的开拓者，中国数值天气预报事业的奠基人之一。

放弃博士学位，毅然回国

1950年1月，顾震潮收到中央军事委员会气象局局长涂长望先生的信，信中迫切地希望他能早日回国参加新中国气象事业的建设，这更坚定了他回到祖国的决心。然而，由于回程需经过英联邦地区，英国政府拒不发放签证，他只能在瑞典等待。直至1950年3月，经导师罗斯贝教授亲自到英国大使馆担保，英国才发放了签证。得到消息，顾震潮放弃了即将得到的博士学位和罗斯贝先生邀请他去美国工作的机会，毅然决定立刻归国。

我国气象学家、顾震潮的学生巢纪平院士在后来接受采访时这样评价："顾先生没拿博士学位对他很吃亏，人家说起来可以这样挖苦他，'你算老几啊？我是博士你不是博士，'这个话我都听见过，丢掉这个学位是需要点勇气的！而且他的导师这么有名！"1950年5月，顾震潮终于

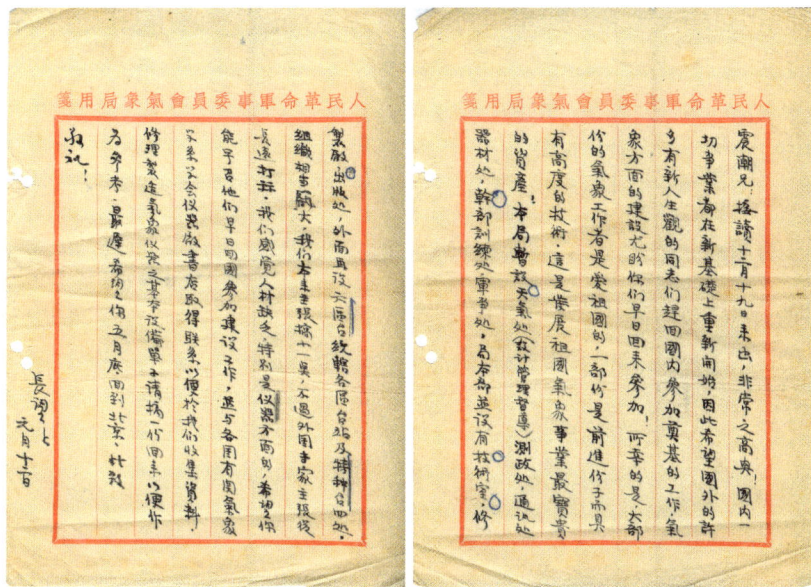

● 1950年1月12日涂长望给顾震潮的亲笔信

如愿以偿踏上了归国的路程。

打成一片，艰苦奋斗

顾震潮对自己要求极严，甚至"苛刻"。不论在什么地方，总是和那里的群众打成一片，起模范带头作用，跟他们一起艰苦奋斗。20世纪50年代初，国家对归国回来的高级专家学者给予高薪待遇。他每月工资为240元，而非归国同级别专家的工资仅100元多点。他觉得自己拿那么多，不符合"打成一片，艰苦奋斗"的精神，就不想拿那么多，于是去找财务科要求退回高于当时一般水平的部分。财务科不能违背国家政策，当然不答应。1957年4月，顾震潮加入中国共产党，他便多交党费，先是每月10元，连稿费也全做党费上交。从"文化大革命"开始，则将工资大部分交纳党费，他每月都要交 150 元党费。党组织知道他家里上有老，下有小，负担不轻，劝他不要这样做，也从不宣传他的这种做法。好多同事也不理解。对此他一概不在乎，仍然坚持自己的做法。

顾震潮生活朴素，仅有的嗜好是买书和助人为乐。嗜书如命既是久而养成的习惯，也是为了不断地充实自己；助人为乐则是他善良心境的自然流露，也是对自己的高标准、严要求。每逢过年过节，他会主动地为所里有困难的职工操心，想方设法地为他们送温暖；每当从报上得悉各地发生的各种自然灾害，他总是将自己工资的一部分拿出来捐给灾区人民，且从不留名，故一直不为大家所知。只是有一次，灾区政府收到灾款后深受感动，凭着汇款的邮局和笔迹，派人找到中关村来，大家才知道是顾震潮所为。

"记住我是个普通劳动者"

20 世纪 50 年代国家初建，经济困难，科研经费紧缺。因此顾震潮在工作中总是念及国家财政困难而精打细算，给国家省钱。出差带领大家一起坐硬座车，困了就唱歌提神。有次出差，所里给他买了卧铺车票，他硬让秘书去退了票。所里派车送他去车站，他不要，而是自己乘公共汽车走。有次办公室主任在楼下等他，让他坐所里派的车去车站，他不肯坐，两个人围着车转，追也追不上，劝也劝不动，最后还是他自己乘公共汽车走了。

1962 年在泰山进行综合观测，顾震潮自背行李从泰安走到泰山玉皇山顶。上山后他不肯住山顶的招待所，而是挤在男同志宿舍。吃饭时他不吃馒头，抢着吃黑窝窝头。他发动大家自己背行李、仪器，多走一站路再乘公共汽车就能省下 5 分钱。

1964 年春，顾震潮带领团队去大兴安岭林区参加实地试验研究，当时北京至内蒙古的牙克石，火车要走三天四夜。同行的年轻人非要购到硬卧才出行，顾先生不买卧铺，也不坐软座，而是坐普通的硬座一直坚持到目的地。白天在座位上不是专心阅读科技文献，就是对着窗外天空的对流云目测变化，晚上则趴在小桌上歇息。到了牙克石，大兴安岭林业管理局为他安排好了宾馆套间。他婉言谢绝，与年轻人一起，扛着随身带好的被子和行李到了牙克石气象站，与大家一起同吃同住。顾震潮时时处处以共产党员的标准要求自己，以身作则，一心为公，不搞特殊化，不突出自己。他常说："记住我是个普通劳动者。"

设法节约科研经费，自制试验仪器

为了节省经费，顾震潮经常就地取材，利用废弃物自制仪器。他曾利用废纸筒等材料自制望远镜；还自行制作过幻灯、帆布旅行背包等。

云雾物理工作上马后，不少仪器要进口，所需经费庞大，他便从精打细算入手，能节约一点儿是一点儿。

例如，在设计高山用的云滴谱仪时，按苏联提供的图纸既多花钱又需电力带动，并只能用于单项观测。这些都不符合我国国情，我国那时高山无电，在山上装发电设备也不现实。因此他决定不采用苏联方案而另行设计，制造适用于我国的仪器——手摇三用滴谱仪。它造价低、无须用电，而且小巧轻便、一物三用，既可测云（雨）滴谱，又可测含水量和氯离子浓度，很适合我国国情，各高山站均能使用。后来这个仪器在我国各云雾观测研究单位普遍推广。

顾震潮就是这样从实际出发，不生搬硬套，不盲目追随国外技术，而是根据我国国情勤俭办科学，讲求实效地从事着科学研究工作。在他的领导下，中国科学院大气物理研究所先后研制出三用滴谱仪、总含水量仪、云雾风速模量脉动仪、含水量探空仪、雹谱仪等一系列云雾观测仪器。他还带领大家研制成功了地面电场仪、电场探空仪、雷电三站定位仪、闪电计数器等。其中雷雨云结构综合探测系统获得了中国科学院重大成果奖，1965 年还在中国科学院科技成果展览会上展出过。所有这些，都有力地推动了中国大气物理事业的发展。

刘瑞玉

捐资百万的"方便面院士"

刘瑞玉（1922—2012），河北乐亭人。1945年毕业于北平辅仁大学生物学系。曾任中国科学院海洋研究所研究员、所长。海洋生物学家、甲壳动物学家，中国科学院院士，中国海洋底栖生物生态学的奠基人之一。

"方便面院士"

1950年8月1日，中国科学院水生生物研究所青岛海洋生物研究室成立。

刘瑞玉从北京来到青岛，他是组建中国科学院海洋研究所的前身——中国科学院水生生物研究所青岛海洋生物研究室的28位元老之一。从事海洋生物学研究，使他进入了一个广阔的天地和新的研究领域，也成了他奋斗终生的事业。

自中国科学院水生生物研究所青岛海洋生物研究室成立，刘瑞玉就开始进行中国海洋生物种类资源调查和标本采集。20世纪50年代，从黄海、渤海沿岸到海南沿岸，他的每一次采集都是自带行李，自备干粮；在海南出海调查，去海边时常坐的是牛车；为了赶潮水，常常摸黑或半夜就起来。他在做这些事情时都是自觉自愿的。之后，刘瑞玉又领导和参与了多项海洋调查，积累了大量标本。

可以说，刘瑞玉把自己的一生都奉献给了海洋科学事业，无怨无悔。他一心一意要把所从事的学科搞好，搞出世界先进水平。他每天早来晚走，风雨无阻，没什么固定的作息时间，经常工作到深夜。

1984—1987 年，刘瑞玉担任中国科学院海洋研究所所长。由于行政工作繁忙，又放不下心爱的科研，为了节省去食堂吃饭的时间，刘瑞玉养成了中午吃方便面的习惯。"发明方便面的人很了不起，不仅方便，还有很多不同口味。"他显然是在对此举进行搪塞，也反映出他对管理工作、科研工作的尽责精神。

在随后的 20 多年科研工作中，他一直吃方便面，被大家戏称为"方便面院士"。直到晚年，大家坚决要求他回家吃饭，他才逐渐改变了这种就餐习惯。但在他的办公室，垃圾桶内最多的还是方便面袋，微波炉上还有很多未拆封的方便面。

"吝啬"自己，慷慨他人

刘瑞玉生活上非常节俭，即使到了高龄，出差坐飞机大多选择经济舱。由于他个子高大，膝关节又不好，经常下了飞机走路都困难。即便偶尔乘坐公务舱，他都是只报销经济舱的费用，差额用自己的钱补上。为了节约经费，近 90 岁的高龄了，出差都舍不得带助手，总是自己照顾自己。如果和研究生一同出差，他坚持和学生同住一个房间。纸张双面用，屋子里的灯很少全部打开，"够用就行"。一件穿了几十年的衣服被别人不小心泼上了饮料，他却大大咧咧地笑着说，没事，该换洗啦……

虽然对自己"吝啬"到极致，可他对同事、朋友和学生却一点儿都不抠门。每次和同事、学生一同吃饭都是他来买单。每年农历八月十五，刘瑞玉都要把不能回家的学生聚到一起，过个团团圆圆的中秋节。别人有困难时，他会毫不犹豫地解囊相助。汶川地震、玉树地震和各种捐款活动，他累计捐款数万元。

临终捐资百万元助学

在去世前的一个月，刘瑞玉捐出 100 万元积蓄，由中国科学院研究生院设立"刘瑞玉海洋科学奖励基金"，奖励在海洋生物学领域成绩优异并取得重要研究进展的研究生。

当过刘瑞玉助手多年的中国科学院海洋研究所研究员相建海说："刘老家庭经济情况并不宽裕，个人生活极为简朴。"儿子同时患有心脏和肿瘤疾病，儿媳也身患严重肿瘤疾病，治疗费用不菲，但他们仍支持刘瑞玉的决定。在取得家人积极支持后，刘瑞玉在住院的第一天就准备好了要捐款的存款单。

刘瑞玉助手郭琳拿出了一张刘瑞玉最后三个月的工作时间表：

2012 年 4 月中下旬，癌症晚期的刘瑞玉身体已经很虚弱，7 天内他在北京、杭州、南京、上海等地连续参加了 4 场学术会议。

2012 年 4 月底，因身体不适，被医生强制住院 6 天，他让学生把毕业论文拿到病房，修改完每一篇论文。

2012 年 5 月 20 日，刘瑞玉参加了自己带的 3 名博士生的论文答辩，当时他的手脚都已浮肿，靠搀扶才能站起来。

2012 年 5 月 29 日，中国科学院海洋研究所举行纪念童第周诞辰 110 周年座谈会，他坚持参会并做了最后一次讲话，出来时被两个人架着送到医院……

到了 2012 年 6 月，躺在病床上的刘瑞玉拉着身边工作人员的手，虚弱地说："一定要告诉我，我还剩多少时间，我还有许多工作要安排。"

2012 年 6 月 14 日，他在病床上用颤抖的手，在"刘瑞玉海洋科学奖励基金"

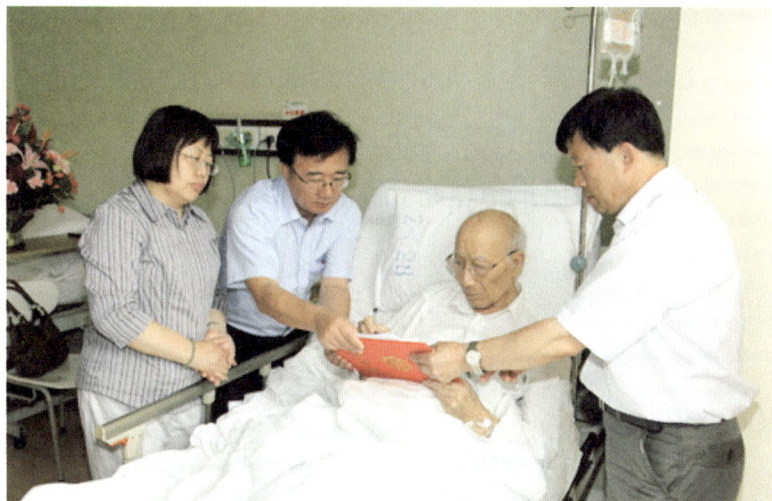

● 2012 年 6 月 14 日，刘瑞玉（右二）在捐款 100 万元的委托协议上签字

捐款委托协议上签下自己的名字，并在捐款时间上写下"随时"，完成了一生中最后的心愿。这 100 万元的存款凭证装在一个牛皮信封里，有老旧的存折和多年的存单……

"活一天就要干一天工作"是刘瑞玉的人生格言，是他对党和人民的庄严承诺，更是他一生的真实写照。

厉行节约，把钱用在刀刃上

朱起鹤

厉行节约，把钱用在刀刃上

朱起鹤（1924—2024），出生于北京，祖籍浙江宁波。1947年毕业于中央大学化学工程系，1951年获美国加州大学伯克利分校化学博士学位。曾任中国科学院化学研究所研究员。物理化学家，中国科学院院士，中国分子反应动力学领域的奠基人之一。

厉行节约，把钱用在刀刃上

把钱用在刀刃上是朱起鹤始终坚持的原则。他不仅自己是这样做的，也是这样影响他人的。

严谨的工作态度是节约国家经费的必要条件。朱起鹤的研究方向是一个"精细且费时"的方向，在精密仪器的设计组装中，朱起鹤非常爱惜实验器材，秉持着"严上加严"的工作态度，带领团队认真筛选每一个"小组件"，仔细斟酌调试每一个细节，力求体现每一分经费的价值，绝不敷衍浪费。在"分子束可转动式激光裂解碎片平动能谱仪"试运行期间，朱起鹤敏锐地抓住关键点，通过改变仪器分子束的运行方式，极大地提高了仪器的分辨率，用最少的经费实现了器件性能质的飞跃。

就如"清风徐来，水波不兴"，节俭如同微风，虽无声却让人们在不知不觉中受到熏陶和感染。

"在我的印象中，朱老师一直都是特别俭朴、特别诚恳的人。他几十年来都是骑自行车上下班，一直到 92 岁。他以前在哈尔滨军事工程学院工作的时候，每个月工资 205 元，但他每个月主动拿 100 元用来交党费，有次同事生活困难他捐了 600 元。有一次我和朱老师在食堂吃自助餐，我那天取的食物有点多，显露出一点浪费的迹象，朱老师停下来很严肃地对我说：'我可不可以向你提点意见？你吃东西能否不要取得太多，以免浪费。'朱老师小时候家庭很富裕，但他家是从不允许浪费的，他也一直保持着这个习惯。这件事虽然特别细小，但我始终记得这个场景，对我来说这是一件终身受益的事情。"其学生郑卫军研究员回忆说。

不搞特殊，清白做人，干净做事

朱起鹤刚调入中国科学院化学研究所时，工作条件比较差，在一间十几平方米的房间里要挤七八个人。朱起鹤的办公区域是所有研究人员中很小的一片"孤岛"。

朱起鹤在科研工作中从不搞特殊，用行动团结鼓舞着每个人。为了取得真实可靠的测试数据，有的实验如用激光光解平动能谱仪做实验，一个谱图需积累几十万次到几百万次数据，需要夜以继日地盯在旁边。朱起鹤总是早到晚归，甚至彻夜跟班，认真细致地安排工作，用一个个夜晚及凌晨的坚守守护着珍贵的实验数据。

后来随着新仪器的增多，实验室分成了几个课题组。在朱起鹤的带领下，实验室即使分成几个课题组后，所申请到的科研经费都是由实验室统一使用，从来没有人有异议。在研究人员眼里，这种做法对研究工作的发展非常有利，不会因某个课题组急需而得不到经费影响研究的进展。

朱起鹤本是研究工作的带头人，但在收获成果的时候，他却总是走在后面，得奖的名单他总要求往后排，文章的署名他也总是把自己放在不显著的位置上。

帮扶他人，慷慨之心照亮希望之路

作为工薪阶层，朱起鹤的生活一向俭朴，但在社会捐助济困上却从不吝啬，每次大型的募捐活动他总是捐出不小的款项。

2012年12月，朱起鹤偶然在电视上了解到全国约有600万尘肺病患者正面临死亡风险，需要尽快救治。经过多方寻找，他找到了救助尘肺病患者的爱心人士。

接待他的爱心人士王克勤回忆说："2013年1月9日，一个头发花白的长者敲开了办公室的门。他面容清瘦、穿着朴素，手提一个人造革小皮包。他说他叫朱起鹤，是中国科学院的，看了电视关于尘肺病农民的报道后，希望为这个群体出一份力。说罢，他从包里拿出10万元现金交给我们。那是89岁的朱老先生（在我们这里的）第一次捐款，之后的8年，捐款11次，累计捐赠善款120万元。"

"我印象特别深刻，这是一位非常纯粹的科学家，就纯粹地基于情怀去捐款。当时我们把他送到楼下，发现在院子里停着一辆自行车，每年这个时候是北京最冷的时候，朱老先生骑上自行车，摇摇摆摆，消失在街头。89岁，自己骑着自行车来为普通老百姓和尘肺病农民捐款。"接待他的爱心人士王克勤动情地回忆说。

朱起鹤就这样用实际行动默默点亮着社会的各个角落。

在中国科学院化学研究所工作的40多年里，朱起鹤捐款不计其数。2013年芦山地震后，他一次捐出几万元支援灾区人民。2014年，在中国科学院组织的捐款活动中，他将每年1万元的捐款提高到2万元。

● 朱起鹤部分捐款收据

　　他也曾自掏腰包创立助学金，资助母校耀华中学品学兼优的贫困学生，还向北京圆明园学院捐资 18000 元，资助革命老区和贫困地区的 10 位贫困学生。他先后通过哈尔滨工程大学教育发展基金会账户向"陈赓奖学金""彭氏奖助金"捐赠人民币数十万元。在他看来，扶好学子的贫，助好学子的困，就是在为将来促进国家经济、科技、文化发展储备力量。

叶叔华

把生活简化到极点

叶叔华（1927—　），广东顺德人。1949 年毕业于中山大学数学天文系。曾任中国科学院上海天文台台长，现为中国科学院上海天文台研究员。天文学家，中国科学院学部委员（院士），中国天文地球动力学研究领域的奠基人之一，主持建立并发展中国综合世界时系统。

"每个人把自己的工作做好"

在叶叔华的办公室里，有一幅大大的书法作品，被小心地用木框装裱了起来。这幅字上写着"每个人把自己的工作做好都是一份很珍贵的贡献"，这是她自己的语录，也是她多年来坚持推动科研事业的一份动力。

20 世纪 50 年代，中国很多省份还没有精确测量，三万测绘工作人员奔波在全国各地。而测绘离不开天文授时，如果时间测得不准，地图就拼不起来。这就好比挖隧道，从山的一侧挖过去，另一侧挖过来，结果两边却不能"相遇"。当时的时间信息由中国科学院上海天文台负责提供，叶叔华负责给国际时间局寄送徐家汇观象台的测时结果。

一次对方来信询问，为何提供的数据每半个月会有波动？叶叔华琢磨后发现，有个 15 天周期的修正值没有加进去，以前精确度低影响不大，但随着测时精度

叶叔华办公室的语录

的提高，影响就大了。这个修正值，20多年来竟都没有人注意到。

这样的刺激，让叶叔华感到委屈，也激起了叶叔华内心不服输的冲劲。她暗下决心：一定要把这项国家的工作做好。她带领团队，艰苦攻坚，到1957年6月，把时号稳定度提高到0.003秒，仅次于当时世界最佳时号之一的苏联RWM时号（稳定度为0.002秒），进入了国际先进行列。1957年10月9日，中国科学院数理化学部在上海召开授时工作会议，对徐家汇观象台的授时工作进行了质量鉴定，认为徐家汇发播的BPV时号，目前的精确度好于±0.003秒，已能基本满足国内大地测量、航海、航空、工矿等各界进行测绘的需要。叶叔华迎来了她的天文生涯中的第一个重大胜利。

随后，在当时国内只有徐家汇观象台和紫金山天文台两个台站的情况下，32岁的叶叔华挑起了主持建立中国综合世界时系统的重担。到了1964年，中国综合世界时系统已位列世界第二，1965年上海天文台主持的"综合时号改正数"通过国家级技术鉴定。1965 年 12 月 25 日，中华人民共和国科学技术委员会下达第 1155 号文件，文件表示同意鉴定结论，并宣布自 1966年 1 月 1 日起全国各个应用部门一律采用上海天文台所刊布的"综合时号改正数"，作为我国的时间基准向全国发送，这就是后来的"北京时间"。

不肯住超过 80 美元的宾馆

对于叶叔华的朴素节俭，老友罗时芳每每提起都非常钦佩："叶先生的为人啊，很值得下一代年轻人学习。"

叶叔华曾任全国人大常委会委员、上海市人大常委会副主任，按相关规定前往美国进行学术交流活动可以住五星级酒店。但她坚决不肯住每晚超过80 美元的宾馆。1991 年叶叔华到美国，因为找不到便宜旅店，就住罗时芳租的房子。罗时芳让叶叔华睡床，叶叔华却怎么也不肯，坚持去睡地铺。第二天房东老太不让她再住，叶叔华就搬到便宜的汽车旅馆里。这种便宜的汽车旅馆除了卫生、安全条件比较差以外，还没有空调。夜里天气寒冷，叶叔华只好把毯子、被单、枕头都拿出来盖在身上。叶叔华外出乘车从不叫出租车而是乘坐公交车，而美国的公交车是很不方便的。

"我们有时候不忍心看她这样辛苦，就劝她说：'凭你的身份和级别，完全可以住得好一点。'"罗时芳回忆道，"而她却说：'国家还很困难，我们能节约就节约一点吧。'除此之外，我们用草稿纸都要双面用，不然被她看见是要骂人的。"

把生活简化到极点

人生五味，叶叔华与丈夫程极泰相濡以沫。

叶叔华当年在香港结婚时也很简朴，在家里置办了一桌酒席，自家人在一起吃了一顿饭，加上亲人的祝福，就完成了婚礼。既没有亲朋好友的见证，也没有像样的嫁妆和婚房，这是他们年轻时养成的习惯。

从年轻的时候，叶叔华就能够烧菜、做饭、洗衣服和织毛线，甚至也能亲自动手裁衣，把大人的衣服改小了给孩子穿。夫妻二人做饭从不互相推诿，都是争着下厨。

为了节省时间搞学术研究，他们把生活简化到极点，做饭只管营养够，不追求可口和花样。早餐是一成不变的面包、牛奶和鸡蛋；中午基本上是两个素菜和一个荤菜；晚餐吃中午的剩菜和剩饭。尽量做到早餐吃好、午餐吃饱、晚餐吃少的养生原则，不能因为一日三餐而占用更多的时间。

尽管叶叔华的工作极为繁忙，但是在家庭里，她也极力尽好一个妻子和母亲的职责。在她看来，如果一个人只顾工作而忘了家庭，那么作为一个女性，她就是不完美的。在家里，她觉得请钟点工没有必要，而且做点家务活是令她开心愉快的事情，因此家里洗衣服、收拾房间她基本上都是亲力亲为。

叶叔华没有太多的家产、豪华的摆设和昂贵的财宝，夫妇俩几十年的生活和谐、简单、丰富，这是他们最大的精神财富。

（部分故事改编自宁晓玉：《经纬乾坤：叶叔华传》，中国科学技术出版社、上海交通大学出版社 2018 年版）

沈允钢

自行车上的科学梦

沈允钢（1927—　），浙江杭州人。1951年毕业于浙江大学农业化学系。曾任中国科学院上海植物生理研究所所长，现任中国科学院分子植物科学卓越创新中心研究员。植物生理学家，中国科学院学部委员（院士），主要从事光合作用机制和生理研究。

勤俭朴素，布衣院士

在国家战乱时期，少年时期的沈允钢辗转多地避难才得以完成学业，成长中亲历了祖国从山河动荡到独立自强再到变革求新的岁月，爱国报国、艰苦朴素、清廉奉公成为他鲜明的人生底色。

在同事、学生眼中，沈允钢总是穿着简朴，着装只求实用、整洁。他偏爱素食，从不追求山珍海味。在火车上用餐，他会将未吃完的盒饭保存好，第二顿用开水冲泡一下接着吃。常年从事植物研究的他，深知一米一粟来之不易。

日常出行，沈允钢能省则省，骑自行车或步行成为常态。无论是作为研究所领导，还是作为院士，派车接送上下班是常理。但是，每次研究所向他提出派车一事，都会被他婉言谢绝，直到90多岁，他仍保持每天骑自行车上下班的习惯。

上海市的单位邀请沈允钢参

● 沈允钢骑自行车上下班

会，他一概自行前往，向来不需要别人接送。有一次，他前往上海锦江饭店出席会议，饭店保安把骑自行车的他拒之门外，经过一番沟通才确认身份；1994年秋天，他带领团队到上海远郊的东海农场测量芦苇的生物量，实验结束后，他坚持一个人骑自行车返回；为了实地考察研究条件，他还曾骑几小时自行车到位于上海嘉定的中国科学院上海应用物理研究所；2009年，烈日当空，他骑车到小学给孩子们做科普报告，门房登记后，大家方得知这位老人居然是一位大名鼎鼎的科学家……

在科研工作中，他倡导纸张双面使用，旧设备也不轻易丢弃，而是悉心收集起来，以备不时之需。到外地出差坐火车，他从不在意是软卧还是硬卧，会议住宿也只要安全舒适即可，无须铺张浪费。

先人后己，科学为重

1982 年，沈允钢应日本学术振兴会邀请赴日本讲学 1 个月，回来时利用讲课费为研究所购买了一些设备，并将剩下的 20 多万日元全部捐献给研究所，用于支持研究所的事业发展。

1996 年，第二届亚太地区植物生理学大会定在马来西亚吉隆坡召开。作为知名科学家，沈允钢收到大会全额资助邀请，考虑到要力争第三届亚太地区植物生理学大会在中国举办，沈允钢将其全额资助名额主动让给时任中国植物生理学会理事长汤章城，他自己则通过提交论文，另外申请自费参会，住在为一般与会者安排的学生宿舍内。在沈允钢的积极引荐下，第三届亚太地区植物生理学大会成功确定在中国上海召开。

20 世纪 90 年代，国际光合作用测定仪器有了长足发展，研究所实验室苦于经费有限，买不起先进的实验设备。1998 年，沈允钢获得何梁何利基金科学与技术进步奖后，毅然从个人奖金中拿出 8 万元购买了一台光合测定仪，其余钱款全部拿去购买相关仪器零配件，大大推进了光合作用研究室的研究工作，这也反映了老一辈科学家"有条件要上，没有条件创造条件也要上"的可贵创业精神。

研精励治，躬耕不倦

"我无论做什么，首先想到的，就是力所能及，更好地为祖国服务。"这是沈允钢的座右铭。

1983—1991 年，沈允钢连续两届担任中国科学院上海植物生理研究所所长，这正是中国科学院按照党中央要求深化体制改革的一个重要时期，实施中任务繁重、困难重重。他组织全所围绕研究所发展方向多次开展讨论，提出研究所工作要服务国民经济主战场，同时，继续坚持抓好基础研究、追踪高技术发展的办所方针。多年来，沈允钢严以律己，以身作则，大力倡导"发扬正气，增进团结，讲求效率，注重学风"的所风建设。在他的带领和影响下，研究所的领导班子始终保持廉洁自律、勤政为民、团结合作的状态，为研究所的进一步发展奠定了扎实基础，创造了良好氛围。

无论是在科研一线，还是担任研究所领导期间，双肩挑重任的沈允钢身体力行，躬耕求索。若无特殊情况，每日处理完公务，他会利用午休时间回到实验室做实验、整理数据，午饭也仅仅是请同事帮忙带一个淡馒头。年过九旬时，他还在思考如何把基础研究与实际应用相结合，为祖国的经济发展、社会进步、科学创新做出新的贡献。

从为国奉献的"大事"到清廉朴素的"小事"，沈允钢都为广大科技工作者树立了可爱可敬的学习榜样。他那风风火火骑着自行车奔走于科研工作中的身影，将激励后辈坚守科研本心，与清风相伴，与初心相守。

李 钧

科学家的
"农民情结"

李钧（1930—1994），湖南邵阳人。1955年毕业于武汉大学物理系，1958年于该校完成研究生学业。曾任中国科学院武汉物理研究所研究员、中国科学院武汉物理研究所电离层物理研究室主任等。电离层物理与电波传播学家，中国科学院学部委员（院士），中国电离层声重波观测研究的创始人之一。

科学家求的是为科学而献身

1991年，中国科学院武汉分院举行研究生开学典礼，三楼会议室坐满了刚刚报到的研究生，等待着与领导、导师见面。

一位身材瘦削、神情冷峻的长者走进教室。只见他穿一件普通的白衬衣，脚着一双旧塑料凉鞋，连袜子都没穿，只是那副深度眼镜与众不同，一圈一圈如同酒瓶底。大家并未对他加以注意。"同学们，今天开学了，我向大家表示祝贺！"说到这里，这位长者话锋一转，"你们看我像个什么人？"大家相视一笑，心中都进出两个字，但谁也不敢说出。"我的样子像个农民。"李钧终于说出了大家的共同答案，激起一片笑声。"但是不要看不起我，我是个学者、科学家，还是个学部委员。"李钧自我介绍道。

"他就是李钧导师。"大家非常惊愕，想不到大名鼎鼎的学部委员（院士）竟然是这么朴素而平常。"同学们，我之所以有今天，是因为在昨天的人生路上经过了艰苦的磨炼和探索。当然，前面还有更艰苦的路。我想说的是，人生有两种追求：一种是求有——求物质生活的丰富和享受；一种是求是——探求科学的真理，追求人生的真正价值和意义。你们是来求学的，既然走上这一步，就不要被物欲和金钱诱惑，而应当像农民一样辛勤耕耘，为科学而献身！"李钧的话，激起全场的热烈掌声。他作为一个农民的儿子，血管中有父辈的血脉，他始终秉承着农民不畏艰苦、辛勤耕耘的精神以及朴素克俭的家风。

"吃"和"用"是如此节俭，"行"也是从不追求享受

李钧生活上不追求奢华，是传统家风带给他的一种优良品质。李钧家中最显眼的财物，是用农村常用的老式木箱子所装的几大箱书。凡是到过李钧家见到过这几个木箱子的人，无一不发出感叹："太简朴了，太落后于时代了。"

一次，一位博士生来到他家中，正碰上他们吃饭。桌上只有两碗菜，博士生惊奇地问："李先生，怎么没有汤？"李钧笑笑："吃完了喝点开水，不就等于有了汤吗？"先生的回答令学生忍俊不禁。李钧嫌蔬菜单炒太费时间，喜欢搞"大杂烩"，将几样菜放在一起煮。他说这种"大杂烩"最省事，营养又丰富。

和李钧一起出过差的人，都知道他为公节俭到极致。作为一名学部委员（院士），他出差往来常舍不得坐飞机，并且出租车也是非到误车之时绝不轻易坐。有一次，他去武汉数字工程研究所参加学术讨论会，从小洪山到卓刀泉，路途并不远，但七拐八弯，乘车十分不便，叫个出租车也花不了多少钱，但他不愿花这笔钱，而叫弟子万卫星用自行车带他走小路去。万卫星一听笑了："你堂堂一位研究员，坐在自行车后面去开会，人家会笑话的。"李

● 李钧（右）和学生万卫星（左）在办公室讨论工作

钧却说："能为课题研究节省一点，这有什么好笑的，既经济又实惠。只是你要小心些，不要把我这把老骨头摔坏了。"于是，万卫星蹬起自行车，载着李钧赶到了会场。

"能省就省"，生命定格在 37 次列车上

1994 年 4 月，在北京开完"921 工程"（中国载人航天工程）项目会后，弟子万卫星和宁百齐对李钧说："李老师，我们坐飞机回去吧？"李钧摇摇头："一人要 600 多元哩。能省就省一点吧，同样是回家就没有必要了，艰苦一点算不了什么。"于是三人买了 4 月 4 日北京至武昌的 37 次列车票。

4 月 4 日晚，李钧和 2 个弟子乘上了 37 次列车。李钧在车上看了几份材料，和万卫星、宁百齐兴趣盎然地讨论了下一步"921 工程"项目试验计划。

夜深了，李钧仍谈兴不减。弟子考虑到他连日劳累，便劝他早点休息。之后，万卫星和宁百齐就回到了自己的车厢。

4月5日凌晨，列车上的广播："软卧10号车厢有人心脏病发作，请旅客中的医生赶快前来急救！"10号车厢就是李钧所在的车厢。惊骇之下，弟子们急忙跑过去，只见李钧胸闷气塞，难受异常。弟子赶紧扶起李钧，与随后赶到的医生一起，给李钧服用他随身携带的急救药……但药物似乎失去了功效，李钧的病情继续恶化。十分钟后，医生无可奈何地摇摇头，告知两个弟子："先生已经故去。"

如临霹雳，弟子不敢相信这一事实，待列车到了河南安阳，还是迅速将李钧送往医院急救中心，恳求医生再做努力，期望奇迹发生。值班医生施行了各种抢救方法，输氧、注射强心剂、施行心脏起搏、进行人工呼吸，但最后还是无情地宣布抢救无效。李钧的心脏已永远停止了跳动。

弟子望着李钧的遗容，泪水潸然而下。他们痛心、懊悔，要是当初坚持让先生坐飞机，可能就不会发生这出悲剧。飞机时速快，即使心脏病猝发，也不会延误这么长的时间。李钧就这样去了，这真像是一场梦。

蒋新松

出国考察中的"三不"原则

蒋新松（1931—1997），江苏江阴人。1956年毕业于上海交通大学。曾任中国科学院沈阳自动化研究所所长。自动控制、人工智能、机器人学专家，中国工程院院士，中国机器人事业的开拓者之一。

勤俭节约，把经费花在刀刃上

1979年，由蒋新松率领的中国科学院人工智能与机器人考察组，乘飞机从上海赴日本考察并参加国际人工智能学术会议。这一年蒋新松48岁，这是他第一次出国。

蒋新松与日本接待方、日中经济协会代表中村尾田商定，要尽可能多地安排对人工智能机器人研究、生产部门的参观考察。考察组在日本的18天，除了4天参加国际人工智能学术会议外，其余14天全部用于会见、参观考察等。

考察期间，蒋新松几人生活节俭，总是在附近的一家华人小餐馆吃些便宜的饭菜。去的次数多了，连餐馆服务员都问："别的考察团都是哪儿好去哪儿吃，你们怎么老在这一个地方吃？"蒋新松和考察组成员用省下来的团费、餐费购买了一台Z80微型电子计算机。为了节省邮寄费用，几个人轮流扛着这台计算机，从东京扛到北京，又从北京扛回沈阳。从此，中国科学院沈阳自动化研究所有了建所以来第一台电子计算机。

1984年9—10月，蒋新松率团到美国、加拿大，对水下机器人研制中的国际合作问题进行了为期3周的考察与研讨。作为考察团团长，蒋新松对考察经费的使用非常严谨、节省。他深知国家科研经费还很紧张，能让他们出国考察20余天已属不易，因而要将有限的考察经费用在关键活动上，不乱花1美分。蒋新松白天争分夺秒地参观，晚上整理考察资料、记录心得思考，每天都要工作到深夜。在3周时间里，考察团跑了十几个城市的28个单位，获得了大量的一手资料。

在经费使用上，蒋新松还自己定了"三不"原则。第一，不住高级宾馆。蒋新松对大家说，我们这些人主要是来学习的，来调研的，不必讲究排场。考察团每到一处，就找办事方便、住宿费便宜的旅馆，几乎都住在了最便宜的汽车旅馆。第二，不进高级餐厅。蒋新松发现，华人开的餐馆物美价廉，考察团一行就多在华人餐馆就餐。第三，出行不租高级轿车。如果时间允许，考察团就乘坐公共交通工具或步行，需要租车时，就租最便宜的车，这样仅交通费就省了不小的一笔。告别美国时，蒋新松将省下的经费买了许多水下机器人技术资料，专门装进一个箱子背回了沈阳。

严谨治学，坚守科研本心

蒋新松始终秉持科技工作者的职业操守和道德底线，不弄虚作假，坚持实事求是。对研究所承接的科研项目，蒋新松要求一定要重实效，绝不能写个总结、交篇论文、开个会就算了事。在填报效益这一项时，他要求科技处一定要把好关，绝不能虚报、夸大。曾有一个项目在时间、经费、技术等方面有困难，有人想应付了事，蒋新松闻后大怒，严厉斥责，严格审查，直至超标准完成了项目。

蒋新松不曲意逢迎，坚持公事公办。一开始，蒋新松偶尔也应邀参加过几次评审会、鉴定会，后来就不参加了。一是他本人拒绝那些无聊的会议，二是再也没人请他了，因为他不喜欢多讲溢美之词，更多的是讲一些不足或值得改进的地方，实事求是地予以评价。他很少陪客、宴请，他不止一次说："必要的礼仪要有，但反对甚至讨厌吃吃喝喝、拉拉扯扯、吹吹拍拍。"

不图名利，把名誉和奖金分给他人

蒋新松不贪图名利，始终潜心科研。他把自己的成绩、中国科学院沈阳自动化研究所的成绩、国家自动化科技领域的成绩，首先归功于党的改革开放政策和他的"敢死队"——上千名来自全国各地的领域专家。许多由他领导并直接参与，甚至是总体规划的项目，在申报成果时，他总是把自己的名字划掉。

◆ 蒋新松工作照

中型水下机器人项目拿到奖金后，大家都认为他应该拿一份，但他说自己没有参加过具体工作，没焊过一条线，没编过一条程序，坚决不拿。有一次别人把奖金送到他的家中，家属不了解情况收下了，他回来后又让家属退了回去。他的家中也非常俭朴，地板的裂缝处粘了一块一块的胶布，这是因为他每次发现地板坏了，就剪下一块胶布贴上。他卸任所长职务后，曾有多个国家和地区以高薪聘请他，有的地方甚至表示挂个名就行，但他都拒绝了，依旧不知疲倦地投入在国家高技术研究发展计划以及研究所的科研工作中。

不媚上压下，虚心接受不同意见

蒋新松在担任中国科学院沈阳自动化研究所所长的 14 年中，"三感"（即压力感、危机感、责任感）是蒋新松最常挂在嘴边的词。当研究所取得成绩和进展时，他很少喜形于色，也劝别人不要沾沾自喜，他告诫全体员工，"天外有天，骄兵必败""机不可失，时不我待"。

只有熟悉蒋新松的人才知道，蒋新松从不媚上压下、欺软怕硬。他对那些违反规章制度，特别是影响集体利益、极个别谁也不敢管的人，绝不手软。他对不想事、不干事、混世度日的同事，当面甚至当众指出，不留情面，绝不姑息。

蒋新松喜欢别人与他讨论甚至争辩专业和管理上的问题，也特别喜欢别人当面提出批评和建议。对于不同意见，只要当面提出，蒋新松会认真考虑，不会固执己见。有人感叹道，正是这样说话直来直去、办事脚踏实地、做人清正廉洁、不弄虚作假、不装模作样、不请客送礼、不拉帮结伙的蒋新松，不仅得到了中国科学院沈阳自动化研究所全所上下的拥戴，还让研究所一众科研人员自觉自愿地跟着他"活着干，死了算"。这就是蒋新松智慧的力量、行动的力量、人格的力量。

赵焕庭

刻在骨子里的节俭与奉献

赵焕庭（1936—　），广东江门人。1958年毕业于中山大学地理系。曾任中国科学院南海海洋研究所研究员、副所长。海洋地质学家，主要从事华南河口海岸和南海岛礁的科学研究，全面发展了中国珊瑚礁地质研究，建立了中国第四纪珊瑚礁地质研究的典型剖面。

一张旧桌子的节俭故事

赵焕庭的父亲是一名乡村小学教师，虽然家里并不富裕，但非常注重教育。在赵焕庭还是个学龄前儿童的时候，父亲就开始教他从"人手口足刀尺"认字、写字。起初，赵焕庭用铅笔在纸上一笔一画地练习，随后又改用毛笔，一丝不苟地写下每一个字。

那时的教室简陋而温暖，阳光透过窗户洒在桌面上，空气中弥漫着淡淡的墨香。父亲的手指轻轻握住赵焕庭的小手，一笔一画地教他如何握笔，如何用力。每一次写字，赵焕庭都能感受到父亲手心的温度，那种温暖仿佛也传递到了他的心中。父亲告诉他："工人造纸不容易，从种竹树、砍竹木、制竹木浆，到将浆料摊成薄页片、晾干、制成纸张，每一步都需要辛勤劳动。我们用的纸张来之不易，要尽量节约，废物利用。"为了让赵焕庭练习写字，父亲提供了许多废旧书报，上面的字迹已经模糊不清，但赵焕庭依然认真地在上面书写。学会写字之后，父亲规定每天要用方格纸抄书5页才能出去找小朋友玩耍。方格纸正面抄写满后，必须反过来在背面继续抄写满。每次写字时，赵焕庭都能听到笔尖在纸上摩擦的声音，那声音仿佛在提醒他要珍惜每一寸纸张。

这种习惯随着年岁增长，早已刻入赵焕庭的骨髓。上学后，他在学校里更加爱护公物，写稿时总是先用旧纸抄正后再用好纸。工作后，他也一直保持这个习惯。初稿须打印时，或者下载资料时，如有作废的单面稿纸，他会用它的反面印出，直到成文才用好纸。

1980年秋天，赵焕庭被任命为中国科学院南海海洋研究所副所长，要去所机关办公。行政处要为他购置一张新办公桌，但他想到邱秉经老所长升

❋ 工作中的赵焕庭和一直陪伴他的办公桌

任中国科学院广州分院副院长后留下的旧办公桌仍然可以使用，于是，他决定不买新办公桌，继续使用那张旧桌子。这张桌子桌面开裂，抽屉变形，但在赵焕庭眼中，它承载了太多的故事和回忆。他卸任回研究室后，也没有购置新办公桌，而是让研究所办公室派人把这张旧办公桌搬到他的研究室房间，继续使用至今。每当坐在那张旧办公桌前，赵焕庭都能闻到淡淡的木质香气，仿佛回到了那个充满阳光的童年时光。桌上的一道道裂痕和磨损的痕迹，记录着岁月的流转，也见证着他成长的历程。每当他拿起笔，在那张旧办公桌上书写时，总能感受到一种莫名的安心与踏实。

善意的回声

小时候在农村的生活虽然艰苦，但赵焕庭从未抱怨。他记得那些日子，阳光洒在身上，微风拂过脸庞，带着泥土的芬芳。尽管家乡地处肥沃的珠江三角洲，又是侨乡，一般家庭常年并不困难，但还是有一些家庭因为各种原因陷入困境，有的孩子不得不辍学。赵焕庭对此深感痛心，但他无力改变当时的状况。遇到水旱天灾导致粮食歉收时，村子里有些人会上门讨饭，母亲总是从锅里盛一碗给他们送去。母亲的善良深深影响了赵焕庭。

20世纪80年代，赵焕庭所在的研究所组织了一次粤北旅游。在游览乳源县大布镇人峡谷时，一个小男孩提着一个装满煮鸡蛋和其他小零食的竹篮子，尾随着他们兜售。赵焕庭询问了他的名字，并得知他因为家里没钱缴纳学杂费而被迫辍学。小男孩姓曾，还告诉赵焕庭，他缺几十元学费。"叔叔，你能帮帮我吗？"小曾的眼神里充满了渴望。赵焕庭看着这个孩子，心里一阵酸楚，立刻从口袋里拿出一张100元的钞票递给了小曾，"这是给你的学费，你回去上学吧。"小曾接过钱，眼中闪烁着泪光，激动地说："谢谢叔叔，我一定会好好读书的！"他的手微微颤抖，握紧了那张钞票。小曾陪着赵焕庭一行人沿着输水管从谷底发电站爬坡上山后才分开回家。赵焕庭转身离去时，还能看到小曾远远地挥手致谢。

几年后，赵焕庭在研究所收到了一封小曾姐姐寄来的信。她在信中说，自己刚刚考入韶关市某中专，请求赵焕庭帮助她缴纳入学费数百元。赵焕庭毫不犹豫地汇去了所需的款项。又过了几年，小曾的姐姐再次来信，附上了她弟弟与同学的照片，告知她的弟弟已入读韶关市某中技学校，而她自己已经中专毕业，并在广州找到了一份工作。她在信中表达了对赵焕庭的感激之情，希望能见一面。赵焕庭回信祝贺她姐弟俩能够继续学业和找到工作，并鼓励他们努力把握自己的前途，表示无须见面。

20世纪80年代，行政处副处长陈耀生有一次提到研究所的园丁陈师傅在农村的妻子生病住院，需要手术，但缺钱且无法借钱。赵焕庭询问他所需费用，得知大约需要1.6万元。他立即拿出了自己的存折，去银行支取了这笔钱，并告诉陈师傅无须归还。

做学问一丝不苟

2003年，赵焕庭正式退休，但他并未停止科研工作。每天凌晨4点起床，工作到早上7点，然后休息一会儿，再从上午8点一直工作到11点半，下午从2点半工作到6点，晚上从8点半工作到10点半。这样的工作节奏，他坚持了20年。前些年，他最大的任务是与几位同事合作撰写《南海国土环境资源与开发》这部学术著作，书中凝聚了他毕生对南海的研究成果，并吸收了国内外最新的研究成果。由于口音不准，他无法使用拼音输入法，每写一个字都需要用鼠标在屏幕上一笔一画地"画"出来。视力下降后，他不得不借助放大镜仔细阅读材料，并逐字录入电脑。经过三年努力，他终于完成了100万字的书稿。"虽然速度比年轻人慢很多，但没关系，我可以多花些时间，"他笑着说，"撰写这本书不仅可以总结之前的科研成果，还能供后人参考和验证，让后来者继续修正和发展，非常有意义。"

2017 年春天，一群来自台湾省的高中生来到中国科学院南海海洋研究所参观访问。他们无意间发现了一间微微敞开的办公室，里面坐着一位头发斑白的长者，正专注地盯着电脑屏幕。他的右手食指有节奏地敲击着键盘。这一幕深深打动了他们，心中涌现出对这位长者的敬畏之情。这群高中生在日记中写道："这位长者是谁？为什么在这个年纪还如此专注地工作？难道大陆的科学家都不退休吗？"

2019 年 12 月 12 日，中山大学的一位图书馆管理员悄悄拍下了一张照片：在图书馆书架前，一位满头白发的老者正专心致志地阅读一本最新的期刊。他的桌上整齐地摆放着一沓沓用橡皮筋扎好的卡片，上面写满了密密麻麻的笔记。他的左边放着一顶几乎发白的灰色鸭舌帽，右边则是脱皮的保温杯。

2020 年 6 月，在一次学位论文答辩会上，珊瑚礁组第四代的首位毕业生完成了答辩。作为答辩会主席的赵焕庭手握满满两页修改意见稿，这些都是他一字一句亲手敲打出来的。他幽默地说，由于年纪大了，担心记忆力减退，所以将修改意见逐项打印出来，以便一一进行修改。他强调，做学问必须一丝不苟。这一幕被其他实验室的研究生偷偷记录下来，并以"传承"为题投稿到中国科学院南海海洋研究所摄影大赛中。

2021 年 7 月的一天，赵焕庭意外上了新华网的热搜，阅读量接近五亿次。但引起轰动的并不是他获得的国家科技成果奖，也不是他 60 多年深耕的工作业绩，而是他令人敬佩的日常作息。

李小文

胸怀大地的"布鞋院士"

李小文（1947—2015），四川自贡人。1968 年毕业于成都电讯工程学院，1985 年获美国加州大学圣巴巴拉分校博士学位。曾任中国科学院遥感应用研究所研究员、所长。遥感地理学家，中国科学院院士，主要从事遥感科学与地理信息系统研究。

质朴无华，脚蹬布鞋觅真知

2014 年，一张看似平常的照片在中国互联网上掀起风潮——一位头发略显蓬乱、身形有些瘦削、身着黑夹克黑长裤、脚上蹬着一双黑色布鞋的老者，端坐在中国科学院大学的讲台上，全情投入地解读着他的讲稿。这位"不修边幅"的老者，正是中国科学院院士李小文。李小文的质朴无华与人们心目中科学精英形象的落差，使他以"布鞋院士"之名走红，又被网友们赞誉为"科学界的'扫地僧'"。面对公众和媒体的热情，他却不以为然。对于物质和名声，他没有太多需求，自述"只要有口二锅头喝，自我感觉就能特别良好"。那张"布鞋院士"照片被一家企业用于广告宣传，登在了报纸上，李小文不收报酬。长期以来，烟火市井般的生活是他不变的习惯。

1979 年，李小文由中国科学院公派赴美国加州大学圣巴巴拉

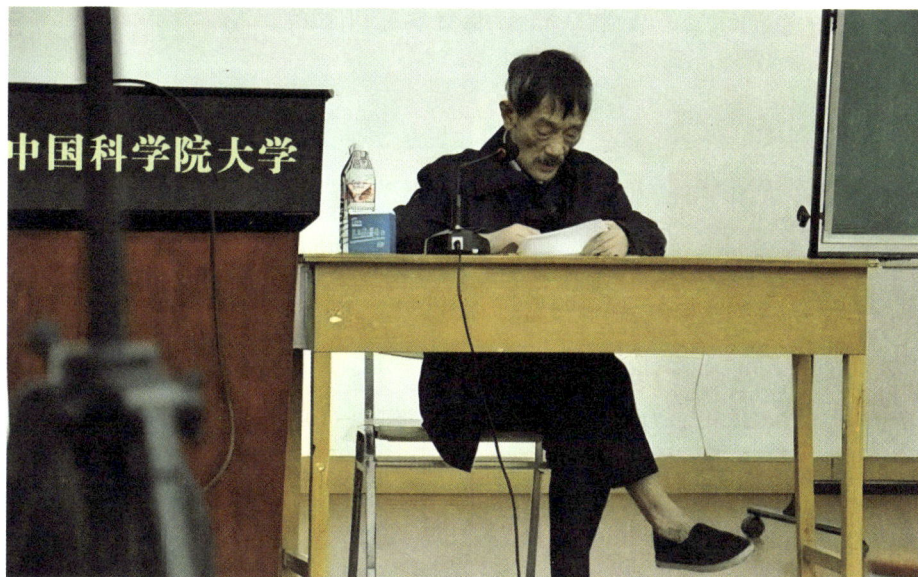

● "布鞋院士"李小文走红网络的照片

分校留学，开始钻研遥感科学。在那里，他和斯特拉勒（Strahler）亦师亦友，发挥自己信号处理等方面的专长，利用森林的几何特征，定量描述了太阳光在森林中的传输过程。两人合作提出了遥感科学中里程碑式的李－斯特拉勒模型，一鸣惊人。而据斯特拉勒说，多数功劳还要归结于李小文。留学时代的生活孤独而清苦，他常常独自在实验室工作到深夜。回国多年以后他还保留着这个习惯，曾向系里质问，世界上哪所一流大学的办公室晚上十一点就锁门？当时的补贴仅够食宿，他的娱乐方式则是阅读武侠小说。他的几分侠气、一点隐逸，在武侠小说中找到了共鸣。到学成之时，李小文感到公派留学"花了老百姓很多钱""不回国问心有愧"，即便妻子和女儿尚在国外，他仍然坚定地回国，为的是开拓我国的遥感事业。

大道至简，求真务实即科学

求真务实是科学家最可贵的品质，也是李小文自青年时代便从未改易的精神底色。大学时期，他曾仗义执言，向《光明日报》投稿批评了当时一篇炙手可热却歪曲事实的文章，后来成了遭受运动冲击的"罪证"。这次遭遇让李小文错失毕业后分配到科技部门的机会，一度在西昌一处部队农场中种田、修拖拉机，又去绵阳当过无线电厂技术员，开过修对讲机的门市部。所幸李小文的才华和潜力没有被一时的波折遮蔽，1978年恢复研究生招生后，他考入中国科学院地理研究所攻读研究生，第二年便获得留学机会。

在学术风格上，李小文主张"真理往往在最简单的形式中显现"，使他的理论适用于丰富的实际情形。后来在领导岗位上，李小文带领团队，始终坚守着科学的简单性、纯洁性。他说："我相信学识和人品有很强的正相关性。"他崇尚"无为而治"，不限制同事的学术追求，不盲目与同行竞争，汲汲于项目，更不愿意把科研管理和考核搞得复杂。但只要涉及教学与学术，据他的学生回忆，李小文便立刻回归学者本色，亲力亲为，实验设计、测量数据常常亲自上手、过问。业余时间，年逾六旬的他还是一位资深网民，在科学网论坛上解答专业知识或谈些科研事业，许多人都曾诧异于这位博友的真实身份竟是德高望重的院士。

淡泊名利，奖金散尽携后学

李小文一生著作等身，成果颇丰，诸多重量级奖励足以让他过上光鲜精致的物质生活。而他屡次捐出奖金，用于激励后学。获聘教育部"长江学者奖励计划"特聘教授后，李小文将20万元津贴捐出，作为遥感基础研究基金的种子基金。2001年，李小文获得长江学者成就奖一等奖。对于这笔100

万元巨款，他自己分文未取，而是在北京师范大学和电子科技大学设立了助学金，用于帮助品学兼优却有经济困难的青年学生完成学业。这一次，李小文的妻子和母亲对他的"疯狂"举动表示不解。但他说，对于比较贫困的青年学生来讲，一点钱也许就能帮助他选择正确的人生道路。李小文决定，用"李谦"命名这笔助学金。李谦是他的长女，因营养不良和疾病遗憾早夭。年轻人是更需要帮助的，这个名字使李小文的家人完全理解了他的良苦用心，支持了他的想法。

李小文坚信，"老师合格的标准，就是让学生做自己的'掘墓人'"。他指导学生崇尚"有教无类"，从来不会限制学生自由探索的方向，不管结合了什么学科背景，只要是好的想法，都会鼓励学生钻研下去，并提供切实的指导和支持。一生之中，李小文在中国科学院遥感应用研究所、北京师范大学和电子科技大学等几家单位培养了 160 余名研究生，其中的许多人已经成长为我国定量遥感领域的学术带头人，继承和发展了他在几何光学遥感学派的衣钵。

修身齐家篇

科学研究关键要"勤"和"久"

秉 志

日省六则
工作六律

秉志（1886—1965），河南开封人。1913年获美国康奈尔大学学士学位，1918年获美国康奈尔大学博士学位。曾任中国科学院水生生物研究所、动物研究所研究员。动物学家，中央研究院院士，中国科学院学部委员（院士），中国第一个生物学系和第一个生物学研究机构的创办人，中国近代动物学的主要奠基人。

为创建和发展祖国的科学事业，秉志操劳了大半辈子，但他从未间断自己的科学研究工作。他认为人事烦扰、条件困难、时间不足，都不免妨碍研究工作，但只要有决心，终能克服，关键是"勤""久"二字，就是要勤奋不息和坚持不懈。当年，在中国科学社生物研究所，秉志处处以身作则，忘我工作。每当盛夏季节，南京酷热难耐，但他照常伏案工作，汗如雨下，衣衫湿透，只是用毛巾擦一下，便继续工作。抗战期间，困居上海，生活拮据，但他仍坚持每天到实验室工作，中午以两个烧饼充饥。

新中国成立后，党和国家对科学事业的关怀和重视使秉志无比激动。他梦寐以求的工作条件成为现实，几十年的宏伟抱负有了实现的可能，他特别欢欣鼓舞，更加积极工作。为了争取时间多做工作，已到耳顺之年的他每日仍坚持工作八个小时。高级研究人员每年一次的休假，他很少享受。他每年犯过敏性枯草热病，十分痛苦，但他仍经常带病工作。他说："我一天不到实验室做研究工作，就好像缺了什么似的。"他一直工作到逝世的前一天。

秉志时时念及国家，以国家利益为前提，深知人民江山来之不易。1950年抗美援朝战争开始，国家急需资金购买飞机大炮。秉志为了向国家尽自己的一份责任，将自己在抗日战争前节衣缩食在南京所置的四处房产全部捐献给国家。他的三千余册藏书，也早早留下遗嘱要全部献给国家。

日省六则，工作六律

秉志参与发起组织中国最早的综合性科学团体——中国科学社，刊行中国最早的综合性学术刊物《科学》杂志，创办了中国第一个生物学系和第一个生物学研究机构，是中国动物学会的主要创始人。

这位被称为中国动物学"开山大师"的人，衣袋里的棕色小钱包中长期装着一张写满72个字的小卡片。卡片的左侧写着"日省六则"：心术忠厚、度量宽宏、思想纯正、眼光远大、性情和平、品格清高。下首为"切记切记、勿违勿违"。卡片右侧写着"工作六律"：身

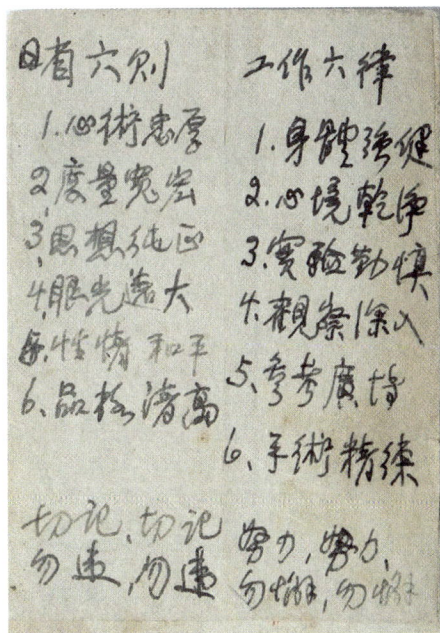
● 秉志长期随身携带的卡片

体强健、心境干净、实验勤慎、观察深入、参考广博、手术精练。下首为"努力努力、勿懈勿懈"。这是秉志的座右铭，也是他一生治学与为人的真实写照。

树立勤俭刻苦、努力好学的优良学风

1922 年 8 月，中国第一个生物研究所在南京成立，秉志被推任所长。初创的生物研究所，设备条件十分简陋，研究人员均由大学老师兼职。他们与秉志一样不支取报酬，主要利用假期和课余时间义务工作。开始，中国科学社每年只拨给 240 元，当时相当于一个公务员的薪水。秉志多次用自己的薪金为研究所添置必要的仪器。在他的感召下，研究人员也自愿捐助一些现款和书籍。大家生活很清苦，工作很努力。夜阑人静时，研究所里常常灯火明亮。他们每天都要工作十几个小时。秉志在南京高等师范学校和生物研究所倡导和培育了勤俭刻苦、努力好学的优良学风，在当时学术界是有口皆碑、颇负声望的。勤奋结硕果，从 1922 年到 1937 年，生物研究所取得了出色的成绩，研究所的规模扩大了，人员由四五个人增加到 30 多人。除了开展形态学、生理学研究外，还对我国动植物资源进行了大量的调查研究，收集了大批标本，积累了宝贵的资料，根据研究成果写出的论文达数百篇。

解决大学新生的第一个"难题"

秉志对待自己极为严格，但对学生、助手、同事却是非常宽厚、关怀备至。我国生物学家、中国生物化学学会荣誉理事、南京大学生物系教授郑集回忆，当年他刚刚迈进东南大学校门时遇到的第一个难题是如何选课，拿到选课卡和各系所开课目表后，不知如何填。为解决这个问题，他冒昧地去敲秉志的门。他知道秉志是东南大学的著名教授，自己是初进大学的学生，生怕秉志不理睬他，心中惴惴不安。出乎意料的是，秉志十分和气地接待了这位不速之客，并热情地帮助他选定了第一学期的课程，除了选中文、英文、无机化学外，还选

● 秉志（右）指导同事开展鲤鱼实验形态学研究

了秉志教的普通动物学和钱崇澍教的普通植物学。此后他与秉志接触多起来，也就更感受到了秉志崇高的品格和勤奋治学的精神。郑集说："这对我毕生治学和为人都有很大影响。"不仅如此，郑集在东南大学的前两年中，经济异常困难，每学期开学时总是无钱交学费，曾多次请秉志担保，缓期补交。按照规定，学生若不按期交费，要在担保人工资中扣除，但秉志每次总是慷慨为其作保，使他得以如期完成学业。

张肇骞

宁可低头求土
不愿仰面求人

张肇骞（1900—1972），浙江永嘉人。1926年毕业于东南大学生物学系。曾任中国科学院华南植物研究所研究员、副所长、代所长。植物学家、中国科学院学部委员（院士），中国现代植物学的奠基人之一。

宁可低头求土，不愿仰面求人

张肇骞毕生艰苦朴素。1940年，其妻子在战乱中怀了长子而随浙江大学先行迁居贵州的都匀。但张肇骞念及后来到达的同事，便主动把住下的房子让出，一家宁可住在猪圈旁的小屋。

在中正大学任职期间，由于侵华日军向学校所在地赣州、泰和一带进犯，他带领师生一起颠簸流离，转移到赣东山区，全家吃稀饭度日。出于对当时政局的不满，他毅然推托了南京国民政府教育部给他的津贴。他常说："宁可低头求土（指种地），不愿仰面求人。"他那"不为三斗米折腰"的刚强气概，鞭策着当时许多年轻人。

抗战胜利后，中正大学迁校南昌。校址距离市区很远，又无交通工具，他每次上课都步行到校，风雨无阻，令师生们十分感动。

张肇骞的早餐总是两碗稀饭、

一块豆腐乳，平日粗茶淡饭。每年给他的休假时间从不利用，一心扑在工作上。自己做的一套接待外宾的呢子制服也常舍不得穿。20 世纪 60 年代，有一次他作报告时，风趣地谈到当年他穿的西装衬衣只是个假领子而引得哄堂大笑。

"国家就是母亲，人民就是子女"

张肇骞不仅是科学工作者的榜样，也是家庭的模范。他对孩子的教育，从取名就可见一斑。其中老二危行、老三危言，取名源自《论语》"邦有道，危言危行；邦无道，危行言孙"。老四明畏，表达心向光明、无私无畏之意。老五向时，表达向往新时代开启之意……8 个子女的名字都寄托着美好的愿望与做人的准则。

张肇骞以身作则，从严要求子女。老三危言在东北读大学时，正值国家经济困难时期，但他从不寄超过规定的粮票和生活费。在家中他常说："国家就是母亲，人民就是子女。母亲有困难，子女应帮助克服，万万不得发牢骚。"年仅 12 岁的幼子定屿到广东从化"学农"期间，他从不给孩子捎食品，而是教育孩子要好好锻炼。1968年，向时、向泽、亚平三兄弟商量到黑龙江去，他欣然同意，而且教育这些在广州长大的孩子做好挨冻的思想准备，"要同那里的人民打成一片，不能半途而废，要真正把自己锻炼成对

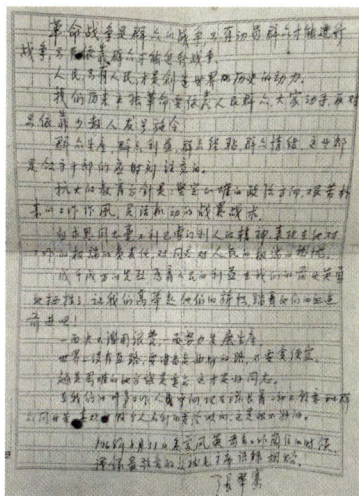

❋ 张肇骞摘抄毛主席语录赠给张危言夫妇

党、对人民有用的人。"

张肇骞的二女婿张社尧回忆，岳父作为学部委员（院士），又是单位领导，待遇较高，却长年过着较为清贫的生活。不过家里总是充满欢乐，一家人围在一起吃饭其乐融融的画面，在此后多年仍让他历历在目。

张肇骞的大儿媳栾凤英回忆，当年她和爱人危言前往岗位工作前，张肇骞摘抄毛主席语录相赠，教导二人要全心全意为人民服务。"世界上没有直路，要准备走曲折的路，不要贪便宜。""越是困难的地方越是要去，这才是好同志。"这无一不是他对自身的要求。

"我要同疾病作斗争，我还要为科学事业做很多工作"

张肇骞对事业的执着、对党的忠诚和对祖国的热爱给家人和学生都留下了深刻印象。

1956 年，张肇骞参与了华南植物园的建设规划。不久，一个具有相当规模的南方植物园在广州东北郊龙眼洞开始兴建。由于担心广州地区的气候条件对引种热带植物有局限性，他主张在海南岛开辟引种繁育基地，他不主张贪大求快地一下子建个植物园，而是建议先建立引种繁育驯化站。

1958 年 9 月，他率领专家组考察广西十万大山。在竹林中，山蚂蟥漫山遍野，毒蛇与野兽也时有出没，但他毫不畏惧，手持竹棍，一边驱赶着毒蛇猛兽，一边沿着崎岖而艰险的山间小路前进，并始终走在队伍前面。

1964 年春，他不顾身患高血压症，率队出发，同陈封怀、何椿年、伍辉民、黄观程等到海南岛做为期 17 天的环岛考察，以选定引种繁育站地址。他说，"从引种入手，把植物的引种繁育先搞起来。这实际上会见效快，以后向北推广的工作也会较稳妥""将来有了基础才建立植物园"。在他的推动下，国家科学技术委员会很快批准了引种繁育站（含植物园和保护区设想内容）

★ 1964 年张肇骞（左一）在海南崖县选择引种繁育站地址

的规划方案。在海南"天涯海角"崖县附近的落笔洞，引种繁育站建起了工作房舍、深水井、道路等基本设施。正当引种繁育站规划建设起步之际，建站工作却因当时的政治形势而被迫中断。

他在中国科学院华南植物研究所任职的前十年，研究所朝气蓬勃、各项工作有条不紊。晚年，当他身患肺癌时，还坚定地说："我要同疾病作斗争，我还要为科学事业做很多工作。"可惜，他没能看到"科学的春天"就与世长辞了。他危言危行的一生给后人留下了不可磨灭的印象。

柳大纲

一生常耻为身谋

柳大纲（1904—1991），江苏仪征人。1925年毕业于东南大学化学系，1948年获美国罗切斯特大学博士学位。曾任中国科学院化学研究所研究员、所长。无机化学家、物理化学家，中国科学院学部委员（院士），中国分子光谱研究的先驱，中国盐湖化学的奠基人。

一生常耻为身谋

柳大纲一生光明磊落，甘愿无私奉献，具有高尚的思想境界和宽广的胸怀。宋代爱国诗人陆游的"一生常耻为身谋"是柳大纲的座右铭。他也常以此教育家人，说人生最可耻的事就是为自己谋利益，而这也是他一生的真实写照。

1951年，柳大纲五弟夫妇因故辞世，留下4个不到10岁的孩子，最小的还不满周岁，情景十分凄惨。柳大纲和七弟柳大绰决定共同抚养4个遗孤，其中有3个是柳大纲抚养长大的。

征战盐湖的先锋

我国三年困难时期，不少科研部门纷纷撤离了柴达木盆地。而柳大纲领导的中国科学院化学研究所盐湖组坚持留在艰苦之地，继续着他们的科考工作。柳大纲与留守的同志们同甘苦、共患难。

他因为有高原反应，经常夜不成寐，不能平躺着，就在床上斜靠着休息几个小时，从不要特殊照顾。他不仅继续坚持野外工作，还奔波于工作地开展深入调查研究，并指导大家开展科考与研究工作。

当时，粮食紧张，每人每月定量仅 22 斤，吃不饱；蔬菜副食虽有似无；工作用汽车缺油，不时停工，大家只好步行工作；生活用水要从 100 千米以外拉运，生活用煤有时甚至需要步行 20 千米背回来；由于过度劳累，又缺少供给，几乎每个人都有浮肿病，体重明显下降。既是领导、年龄又偏长的柳大纲不搞任何特殊，而是与所有坚守下来的同志团结战斗，共度时艰。榜样的力量是无穷的。柳大纲处处身先士卒，事事吃苦在先，以自身的人格魅力和垂范精神大大鼓舞和激励了奋战在一线的全体职工。

● 1958 年柳大纲（前排右一）与苏联全苏盐类科学研究所德鲁斯·利托夫斯基教授（前排左二）在柴达木盆地考察

老羊皮工作服和大头皮鞋就是他的"战袍"

柳大纲家中摆设朴实无华，平日饮食粗茶淡饭。他对公家的东西非常爱护。一次他不在家，有亲戚未经他本人同意便穿走了他去青海工作时穿的老羊皮工作服和大头皮鞋。他回家发现后，就让家人另买衣服把老羊皮工作服和大头皮鞋换回来弄干净收好。他说："这是我在青海的工作服和鞋，是公家的，不能随便穿，只能去盐湖工作时穿。"后来他不去青海了，便把这身衣服也交还给公家了。在柳大纲心中，老羊皮工作服和大头皮鞋就是他的"战袍"，只有奔赴盐湖"战场"时才能穿。

柳大纲与妻子相互关怀、相敬如宾。他们一生勤俭持家、乐于助人，虽然自己的家一件像样的家具都没有，但当他人生活窘迫、面临困境时，他们总是慷慨解囊，热情相助。柳大纲不吸烟、不喝酒、不讲吃、不讲穿，唯热衷读书学习。

柳大纲和妻子去世后，其家属遵照他们的遗嘱，将原籍祖宅出售后分得的款项及全部积蓄捐出，加上中国科学院化学研究所和中国科学院青海盐湖研究所等的部分资助，于 1999 年共同设立了"柳大纲优秀青年科技奖"，用于奖励国内特别是西部边远地区在无机化学、物理化学、应用化学和盐湖资源研究与开发方面做出突出贡献的青年工作者。之后，他的学生徐晓白院士又将所获何梁何利基金科学与技术进步奖的部分奖金捐出，并入"柳大纲优秀青年科技奖"。该奖每两年评选一次，对鼓励青年为建设西北做贡献起到了良好的推动作用。

方　俊

一个学部委员的
生活顾虑

方俊（1904—1998），江苏武进人。1926年唐山交通大学土木系肄业。曾任中国科学院测量与地球物理研究所研究员、所长。大地测量学家、地图学家和地球物理学家，中国科学院学部委员（院士），中国大地重力学和地球形状学的创始人，中国地图科学的先驱和固体潮研究的开拓者。

"我们是很对不起他"

1930年从顺直水利委员会调到北平地质调查所，是方俊人生路上的转折点。在这里，他大量阅读了所里的藏书，这些书开阔了他的眼界。这时，他注意到地图投影学这一对国内来说全新的研究领域。于是，他开始在地图投影学上投入精力，进行开创性的研究工作。

同年，方俊参加了申报馆《中华民国新地图》（简称《新地图》）的编纂工作，并且后期接受申报馆的委托对其进行续编。作为中国早期现代地图集的代表作品，《新地图》采用了圆锥投影对1000多个天文经纬点进行定位绘制，首次使用等高线加分层设色表示地貌，编稿时集中了当时所有的测量成果。这部《新地图》的出版在国内外产生了深远影响。

《新地图》的编制过程远比想象中的更加艰难，因为当时中国的制图学落后于世界。方俊一边

● 20 世纪 30 年代，方俊（左一）和曾世英（左二）一起编纂《中华民国地形挂图》

收集相关资料，一边学习先进的制图原理。他在吸收美国海岸与陆地测量局绘图经验的基础上，寻得地图投影学的要义，并把这一先进理论应用在地图编制中，同时他还花时间到野外测量点位高程。可以说，方俊为《新地图》做出了不小的贡献。

　　然而，《新地图》出版时却只有丁文江、翁文灏和曾世英 3 人的署名。翁文灏在"序言"中提到："此图之彻底整理与修正，如不得图学邃深方俊先生者悉心任事，则虽有计划，亦成空言。"丁文江也专门交代："申报馆《新地图》基本上是方俊做的，他既图上无名，稿费也无份，我们是很对不起他的，此人必须深造……"

一个学部委员的生活顾虑

方俊两袖清风。有一次，方俊妻子杨明士不幸染病，而方俊本人却因故未能陪伴在侧。紧急之下，方俊嘱咐其子用自行车将妻子送往附近的医院接受治疗。当时所里学生，心中不禁生出疑问，为何不请求单位派车辆协助？方俊说，她不是所里职工，有什么理由用公家的车呢？方俊以身作则，不仅用实际行动展现了公私分明、严于律己、两袖清风的高尚品德，更完美诠释了"君子坦荡荡"这一古训。

方俊俭以养德。当年，方俊到中国科学院地球物理研究所参加30周年纪念会。在晚宴上，地球物理研究所所长刘光鼎前来与方俊打招呼，说今晚的饭菜每人限制在15元之内。可能他知道方俊对浪费国家钱财来请客是很反感的。15元虽然已是相当克制了，但是对方俊来说，还是觉得很高了。

方俊严以修身。方俊谦虚待人，没有架子。在庆祝他80寿辰的学术研讨会上，他说："大家对我估计过高，确不敢当。实际上我乃是个不太争气的人。"当时就有人认为，一个大专家和院士如此谦虚，真了不起！他常告诫大家，做人首先要站稳脚跟，绝不能随波逐流。他常说："我在旧社会遇到的诱惑很多，但都站得很稳。"

勤能补拙，甘为人梯

"勤能补拙"是方俊的座右铭。靠着这一座右铭，他22岁考入顺直水利委员会，从练习生做起，直到当选中国科学院学部委员（院士）。方俊晚年仍然耕耘在科研一线，历时4年撰写出了65万余字的专著《固体潮》，于1984年由科学出版社出版，是我国第一部系统论述地球固体潮的著作。钱学森在北京看到《固体潮》一书时，感慨地写信给方俊："你八十岁了，还能写出这部专著，令我佩服。"

方俊言传身教、甘为人梯，深受同行与后辈的敬重和爱戴。1951 年他在科学考察途中撰写的数封家书，凸显了他浓厚的家国情怀和良好的家风家教。他对待学生更是倾心尽力传授自己的一切才识。他常说："我年轻时很想多读点书，很想有人教，由于世道艰难，读书太少，工作中碰到许多困难，也吃过亏，现在想趁有生之年写点东西留给青年人，帮助他们多学点干四化的本领。"他是我国第一批硕士生、博士生导师，为科学事业的发展，积极培养人才、发现人才；积极推荐人才、使用人才，积极创造让人才脱颖而出的环境。他先后为国家培养了一大批优秀的测绘科技人才，他的许多学生后来成为院士、高校领导、著名学者。

"我愿将我的知识毫无保留地贡献给党和人民，终身为党的事业而奋斗"，这是方俊写在入党志愿书中的誓言，也是他的真实写照。方俊追求真理、严谨治学的作风，刻苦钻研和无私奉献的精神，清风皓首、廉洁自律的品格，永远是我们学习的榜样。

张香桐

顽强的"仙人掌精神"

张香桐（1907—2007），河北正定人。1933年毕业于北京大学心理系，1946年获得美国耶鲁大学博士学位。曾任中国科学院上海脑研究所研究员、所长。生理学家，中国科学院学部委员（院士），中国神经科学的奠基人之一。

放弃存款和藏书，带回实验设备

1956年，张香桐借由去北欧讲学的机会，经芬兰的赫尔辛基，转道东欧和莫斯科，辗转回到了中国。

为了这一天，他已经等待了许久。早在新中国成立之初，他就迫不及待地写信给国内的朋友："我恨不得一步跳回去……我急于想报效祖国呀！"但当时美国政府阻挠中国科学家回国，无奈之下，他只能等待时机。

听闻他要回国的消息，导师福尔顿写了一封信，情真意切："你刚到我们的实验室时，就像一个小学生，处处虚心学习。曾几何时，书桌就倒转了，我们从你那里学到的东西，比你从我们这里学到的东西更多……"

房东夫妇也尽力挽留，他们甚至愿意把一个女儿过继给张香桐。

但张香桐去意已决，他一定

要回到自己心心念念的祖国。为了不引起怀疑，他放弃了多年的存款和大批藏书。但令人惊叹的是，他带回了几箱先进的实验设备。

"以一人之痛，可能使天下人无痛"

岳阳路 320 号，是原中国科学院生理生化研究所所在地。张香桐在这里建立了新中国第一个脑研究室。从此无论世事变迁，他再也没有离开过这里。

中国科学院院士、第二军医大学教授陈宜张回忆："1957 年初，我冒昧地给张先生写了一封信，原以为张先生一定很忙，自己提的问题可能幼稚，他不一定回信，想不到没过几天，张先生就热情地来信，鼓励我'何妨一试'。"陈宜张跟着张香桐学习了大半年，后来回到第二军医大学建立了自己的电生理实验室，"在实验室的每一个细节上，他都详细垂询，如一个实验室的总电源功率应是多大，他都提出过宝贵的意见。"陈宜张感念至今。

1957 年 5 月，张香桐增选为中国科学院学部委员。

1959 年，张香桐和同事一起开办了全国电生理学习班，培训了数十位来自各地的科研骨干，他们中的多数人后来成为中坚力量。

20 世纪 60 年代，有人开始把针刺麻醉用于外科手术，但针刺麻醉的机理到底是什么，没有人说得清。1965 年，58 岁的张香桐，申请在自己身上进行了一次针刺镇痛模拟手术。家里的保姆对此很是不解，为什么要自讨苦吃，张香桐笑答："以一人之痛，可能使天下人无痛，不是很好么？"

1977 年，在他 70 岁生日那天，他做了回国后的第 100 次实验，这也是他最后一次做实验。从保存的实验记录看，他有时晚上 9 时 30 分开始做实验，一直做到第二天凌晨 0 时 20 分。"实验无细节"，是张香桐的一句口头禅，他做实验从来都是全过程参加。

1980 年，中国科学院上海脑研究所成立，张香桐担任首届所长。那时的他已经 73 岁，他抄了"老骥伏枥，志在千里；烈士暮年，壮心不已"放在书桌玻璃板下，就在前一年，他加入了中国共产党。

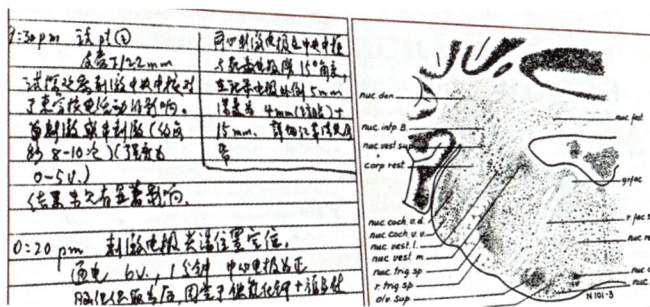
● 张香桐的实验记录

顽强的"仙人掌精神"

张香桐常自比仙人掌，毕生最推崇的就是顽强的"仙人掌精神"。他说："仙人掌在任何情况下都能生长、开花。它不怕干旱酷热，牢牢扎根在瘠土、沙砾中，坚韧不拔，生机勃勃，不时绽出艳丽芬芳的花蕾来。我认为搞科研工作也好，搞其他任何工作也好，要做出成绩来，就要有这种'仙人掌精神'。有了这种精神，一个人在任何艰难困苦的条件下，都可以找到他所能做和应该做的工作。"他自己也像仙人掌一样，有着顽强的内生动力，无论在怎样艰难的条件下，都能开展工作并有所成。他总是抓住一切机会观察和思考科学问题。就算在"文化大革命"期间无法再开展任何科研工作，张香桐仍在思考，撰写了科普读物《癫痫答问》；他在美国遇车祸只能卧床，卧床期间什么事都不能做，但他仍不想浪费时间，看见床上贴有"朱子家训"，就设法把它译成了英文。

20 世纪 50 年代我国综合国力还不够强大，各方面条件都还很差，完全

● 喜欢仙人掌的张香桐

不具备开展神经电生理研究的条件。当时研究所只能提供几间房子和少量经费，张香桐带领青年科研人员，发扬自力更生的精神，利用当时当地一切可以利用的条件，因陋就简、土法上马，自己动手改装了屏蔽室，利用陶瓷盆、黄沙、橡胶、海绵等解决了防震问题。经过两年左右的努力，从屏蔽室到抗震设施，从玻璃微电极拉制器到电解质充灌技术，从微电极电阻抗测量系统到微电极定向操纵系统、微电极推进器，就这样我国当时最先进的电生理实验室建立了。

（部分故事改编自黄海华：《张香桐：传奇的百岁人生》，《解放日报》2021 年 6 月 14 日）

蔡希陶

留给儿女的财产
——"一个空手提箱"

蔡希陶(1911—1981),浙江东阳人。曾任中国科学院昆明植物研究所副所长、中国科学院云南热带植物研究所所长、中国科学院云南分院副院长。植物学家,中国植物资源学的开拓者,云南植物研究的先驱,热带植物资源研究的奠基人。

让儿女到最艰苦最基层的岗位

蔡希陶的大女儿蔡渊明就读于北京大学,毕业后被分配到内蒙古大沙漠,一待就是八年;二女儿蔡仲明从云南大学毕业后,被分配到澄江一个工厂当了基层工人;小儿子蔡君葵自昆明师范学院毕业后,则被分配到了云南边境的孟连傣族拉祜族佤族自治县做基层工作。蔡希陶的三个儿女都到了祖国最艰苦最基层的工作岗位,但他却从未想过动用自己的职权和人脉为儿女谋求一个好职位或者好单位。他对儿女的教导始终是要靠自己努力拼搏,无论在什么岗位都要为祖国为人民做出应有的贡献。正如他一生都在践行的"急国家之所急,做人民之所需",永远毫无保留地为祖国和人民奉献自己,绝不利用自己手中的职权谋取任何私利。

● 蔡希陶留给儿女的遗物——一个空手提箱

留给儿女的财产——"一个空手提箱"

蔡希陶一生都非常节俭朴素，哪怕是中国科学院西双版纳热带植物园建设壮大以后，他也仍然在园里和职工们一起住单人宿舍，女儿去看望他时都只能借住在他的同事家中。当他于1981年去世时，给三个儿女留下的财产，也只有一个从20世纪30年代起就陪伴他深入云南采集标本用的手提箱，除此之外，没有其他任何物质财产。蔡希陶将自己的一切都奉献给了祖国和人民，为新中国战略物资橡胶和云南支柱产业烟草的发展做出了不可磨灭的贡献。他是中国科学院昆明植物研究所的前身云南农林植物研究所的奠基人，组织创建了我国第一个热带植物园——中国科学院西双版纳热带植物园。他为祖国开发利用血竭、油瓜、双季稻等众多服务国计民生的重要植物资源，为国家的经济发展留下了丰富的物质遗产。然而，他留给自己儿女的，只有一个跟随自己多年的手提箱。

父亲待人诚恳，甘于奉献，大公无私

在大女儿蔡渊明的心中，父亲对他们子女的教育是身教重于言教的。在家庭生活中，他很少对孩子们进行批评、说教，但总是通过自己的行动在无形中教育和影响着儿女。

蔡希陶给大女儿留下的最深的印象，就是不管对方地位高低、不管男女老少，他总是对人非常诚恳，非常热情，她记得中国科学院西双版纳热带植物园有些老职工，过去生活很困难，父亲蔡希陶一方面非常简朴，省吃俭用，另一方面默默地给有困难的职工汇钱，从不留名。蔡渊明还记得有一次有个老职工的妻子生病了，家庭又困难，父亲蔡希陶就不留名地从邮局给他汇了 200 元。蔡希陶在昆明医院住院的时候，中国科学院西双版纳热带植物园的同事带着水果去看望他，蔡希陶都会叫女儿把水果分给病房里的其他病人，还要送给医生和护士。他始终告诉女儿，应该多关心别人、多给予别人，不要只想着自己。

蔡渊明还记得在昆明解放前夕，父亲为了保护宝贵的科研材料和标本资

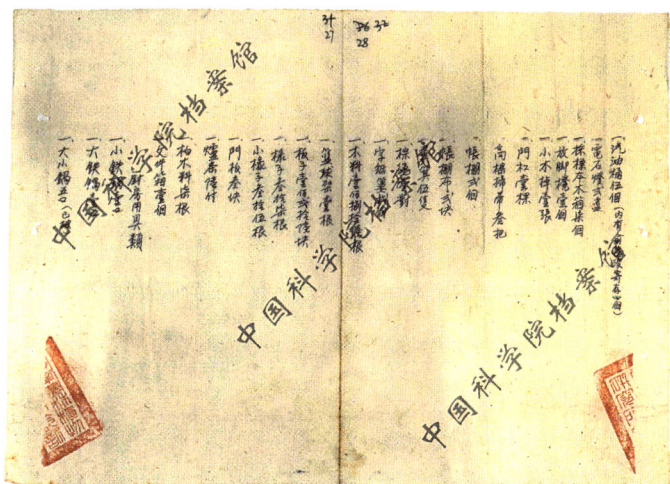

❋ 蔡希陶向政府提
　供的移交清单中
　的一页

源，费尽心血独自支撑着风雨飘摇的云南农林植物研究所。为了维持生计，父亲带着还年幼的她一起挖地、种菜、种黄豆，养小动物，开鹦鹉店。大年三十，父亲蔡希陶亲自挑着萝卜白菜到小西门去卖，卖了钱回来，大家才可以吃一顿饱饭。当 1950 年 2 月云南全省解放后，父亲蔡希陶立即着手把云南农林植物研究所的财产、器物、档案、人员详列 21 项清点造册，完整地、毫无保留地移交给了人民政府。

蔡希陶向政府移交的清单为 16 开纸 46 页，每件器物不仅有数量、好坏程度，而且权属、存放地点或由谁借用均一一注明，甚至细致到有筷子 27 双、纸篓 2 个、扫帚 3 把。通过这一份清单，蔡希陶认真负责、一丝不苟的认真态度及大公无私的精神跃然纸上。

父亲是一个纯粹"无杂念"的人

在二女儿蔡仲明的心中，父亲是一个拥有独特魅力的人。他善良、真诚待人、做事非常认真。蔡仲明形容父亲：如果你前面站着一百个人，你能够一眼就看到谁是蔡希陶，因为他的气质、气场在那个地方。在她看来，父亲首先是一个非常纯粹的人，他对自己感兴趣的而且认为对的事，就能坚持下来，丝毫不在乎名利和回报。蔡仲明认为，父亲蔡希陶脑子里没有"杂念"，所以他能够一心一意地投入工作中。1958 年，蔡希陶离开已经有一定规模的中国科学院植物研究所昆明工作站，远赴西双版纳，白手起家建起我国第一个热带植物园。蔡仲明说，其实他完全可以不做，也没有人下达任务要求他去做，但是父亲看到了国家的需求，他认为国家需要这个热带植物园，那他就要去建一个！蔡希陶就是怀抱这样纯粹的热情和初心投身到为国家服务当中去，不管其中有多大困难，从未想过追求任何名利和回报。

女儿蔡仲明到西双版纳看望父亲时曾问他："西双版纳天气那么热，你天天待在这儿难不难受？"父亲说："这叫什么热？就是中午热一点，早晚挺凉快的嘛！"由于西双版纳条件艰苦，食堂的菜顿顿是没有油水的空心菜和茄子。为此女儿抱怨了几句。父亲就批评她："西双版纳还有蔬菜吃，空心菜是绿色的，还有茄子，还有番茄，怎么不好？"在父亲蔡希陶看来，这些艰苦的条件并不算什么。

"文化大革命"期间蔡希陶受到冲击而"靠边站"了。1972年蔡希陶复出工作后因脑卒中住院。医生、同事和儿女都极力劝他，病好了以后就留在昆明不要再去西双版纳了，万一又发病了怎么办。蔡希陶对女儿说："难道我在昆明就不会发病了吗？我在昆明也会发病，所以我不能在这等着发病，我要回西双版纳！"当时所有人都在劝他，西双版纳条件艰苦，医疗条件又差，应该留在昆明，留在家人身边，但是蔡希陶始终坚定地要回到西双版纳，回到他热爱的一线工作。

从始至终，蔡希陶都没有考虑过自己的任何利益，他纯粹地热爱着这份服务祖国和人民的事业，并为之奉献了自己的一切。

卢嘉锡

言传身教，
培育优良家风

卢嘉锡（1915—2001），出生于福建厦门，祖籍台湾台南。1934年毕业于厦门大学化学系，1939年获英国伦敦大学博士学位。曾任中国科学院福建物质结构研究所研究员、所长，中国科学院院长。物理化学家、教育家，中国科学院学部委员（院士），中国结构化学学科的开拓者和奠基人之一。

几经漂泊的"书桌"

在中国科学院福建物质结构研究所党员主题教育基地，保留着一张陈旧的书桌，这张书桌的主人就是卢嘉锡。这张桌子是当年跟随卢嘉锡从厦门到福州，又从福州大学到物质结构研究所的老物件，足足使用了40余年。卢嘉锡艰苦朴素、勤俭节约的优良作风得以充分显现。

如今，这张书桌依旧静静地摆放在教育基地里，已经成为卢嘉锡艰苦朴素作风的体现。每当有人来到这里，都会驻足凝视这张书桌，感受卢嘉锡的崇高品质和优良作风。他们知道，这张书桌不仅是一件珍贵的文物，更是一份宝贵的精神财富，它将永远激励着科技工作者为国家的科技进步和不断发展而努力奋斗。

● 卢嘉锡生前使用 40 余年的办公桌

"先让那些低工资职工的家属工作吧"

卢嘉锡与妻子吴逊玉伉俪情深。卢嘉锡先后受命到福州参与创办福州大学和作为物质结构研究所前身的一些研究所。其间，先后经历了三年困难时期、"文化大革命"。尽管生活艰苦，但夫妻二人互敬互爱，对子女的教育严格而慈爱。20 世纪 50 年代国家经济建设大发展，厦门大学要招收新职工。吴逊玉年轻时上过初中，新中国成立前曾有过工作经历；新中国成立后在家属委员会和夜校的工作都干得不错，完全符合招收条件。但卢嘉锡知道这件事后对妻子说："我的工资高，先让那些低工资职工的家属工作吧。让他们多一个人挣钱养家。"于是，吴逊玉最终没有正式参加工作，一直都是家庭主妇。

1981 年，卢嘉锡只身赴任中国科学院院长，连秘书都是组织上从中国科学院机关为他调配的。1982年卢嘉锡妻子吴逊玉脑瘤手术后身体恢复较好，来到孤身一人在北京的卢嘉锡身边。可是一直到1988年夏天吴逊玉病情加重返回福建，5年半的时间里，卢嘉锡没有动用自己的职权和人脉为妻子吴逊玉转户口关系。在北京的这段时间里，吴逊玉一直是个暂住人员。

一以贯之地严格要求自己

在卢嘉锡的工作生涯中，他严格要求自己的作风是一以贯之的，是有目共睹的。

据中国科学院办公厅老同志回忆，每次卢嘉锡所在的党组织举办活动，如召开"三会一课"、民主生活会等，只要没有重要工作安排，他必定按时参加。不仅参加，他还要按照党组织的要求认真参会。举办学习活动时他不仅认真听还积极发言；召开民主生活会，他不仅进行自我批评，也会对有关党员的不足之处提出诚恳的批评。该交党费时，不用催促，每次他都是主动交上自己的党费。

卢嘉锡每次阅读完有关重要文件，若秘书在，由秘书及时将文件交还机要室；若秘书不在，他会自己前往机要室，将文件及时交还，避免出现纰漏。

卢嘉锡不愿意别人在叫他时带着官衔。他总是叮嘱在身边工作的同志，不要称呼他的官衔，如果实在不好意思直呼其名，那就称"卢老"好了。

每次开大会时卢嘉锡总是愿意站着讲话。在他年逾古稀后，每逢开会，当人们劝他坐下来用扩音器讲话时，他总是说，自己是教书匠出身，习惯站着讲，嗓门练大了。

言传身教，培育优良家风

早年在厦门时，一次卢嘉锡带着妻子和三儿子卢象乾进城，回来时因为下雨，便叫了一辆三轮车。从城里到厦门大学要翻越"蜂巢山"，坡路很长。三轮车蹬不上去，三轮车工人便下来拉车上坡。卢嘉锡见状也下来在后面帮着推车。三轮车工人很不好意思让一位穿西装、戴眼镜的"先生"在雨中帮他推车，事后一再表示要少收钱。卢嘉锡仍坚持照价给足了车费。他还对一旁不得其解的儿子说："三轮车工人很辛苦，我下来帮他推车，车子轻了，工人不会那么累。上坡快了，我们还能早到家。"

每当孩子们在吃饭时把饭粒撒得满桌满地，卢嘉锡总会用温和的语气教育他们，让他们蹲下身把地上的饭粒捡起来，纠正吃饭不规矩、浪费粮食的不良习惯。

1984 年，时任中国科学院院长的卢嘉锡，其侄女卢采蘩到北京出差住在他家，因有重要情况要及时向自己的上级汇报，想借用家里的电话。卢嘉锡对侄女说，这是中国科学院专门为了工作而为他配的专线电话，亲属不能随便使用。卢采蘩听从了叔叔的教诲，跑到西单电信管理局去打了长途电话。

父亲的言传身教让卢象乾学会了时时为他人着想、勇于挺身而出的精神。1985 年大年初三，卢象乾正在家里休息，忽听到"有人落水了"的喊声。他出去一看，只见不远处的"欧冶池"里一个孩子在水中挣扎着沉了下去。他不顾一切跑出去跳进池里，在冰冷、污浊的池水中摸索，最终在其他人的帮助下，救起了落水儿童。2001 年卢嘉锡去世时，当年被卢象乾救起的儿童此时已长大并出国留学，孩子的母亲特意以孩子的名义送来挽幛，上面情深意切地写着八个大字——"教子有方，功德无量"。

师昌绪

"名额有限，只能先人后己"

师昌绪（1920—2014），河北徐水人。1945年毕业于西北工学院矿冶系，1952年获美国圣母大学冶金学博士学位。曾任中国科学院技术科学部主任，中国科学院金属研究所研究员、所长。材料科学家，中国科学院学部委员（院士），中国工程院院士，国家最高科学技术奖获得者，中国高温合金领域开拓者之一，材料腐蚀领域的开拓者之一。

"净坛使者"和"清道夫"

在师昌绪的妻子郭蕴宜的心中，丈夫的为人是很有特色的。回想起他们初识的场景，那是1955年的初秋，郭蕴宜从上海赴北京探望病中的祖母，其间，几位从美国归来的亲友邀请她外出用餐。在餐桌上，她注意到一个陌生的面孔——师昌绪。他的言谈举止朴实自然，热情风趣又稳重，给人留下深刻印象。更令人难忘的是，当大家都吃完后，师昌绪毫不忌讳地把剩余的汤和菜都倒在自己的碗里，把剩菜剩饭都打扫干净。众人见状还开玩笑戏称他为"净坛使者"。而这份节俭，实则是他自幼便深植于心的美德，即便后来他功成名就，依然保持着这份质朴。

那次吃完饭后，一行人一起去北海公园划船。走在路上看到有砖头瓦块碍事，大家都绕过去了，而师昌绪却弯腰拾起来放在路边。朋友见状，打趣地称他为

"清道夫"。他也不生气，只轻声说道："不拾起来，如果有人走过，不留神会绊倒的。"话虽然简单，但却透露出师昌绪内心的善良和对他人的关心。

师昌绪的豁达开朗、宽厚淳朴、乐善好施深深感染着身边的同事，也使他成为深受社会各界尊重、爱戴和信赖的长者。

不畏艰苦，奋力攻坚

20世纪70年代中期，航空工业局提出了一个重大的研发任务——将空心涡轮叶片的生产从沈阳转移到贵州。这项任务对于提升我国航空工业的水平具有重要意义，但同时也面临着巨大的技术挑战。在这样的背景下，师昌绪毫不犹豫地接下了这个重任，踏上了前往贵州的火车。

那时从沈阳到贵州要辗转两三天的火车，师昌绪亲自带队，买不到卧铺就坐硬座，在火车上甚至饮水都困难。当时，攻坚团队住的是最简易的招待

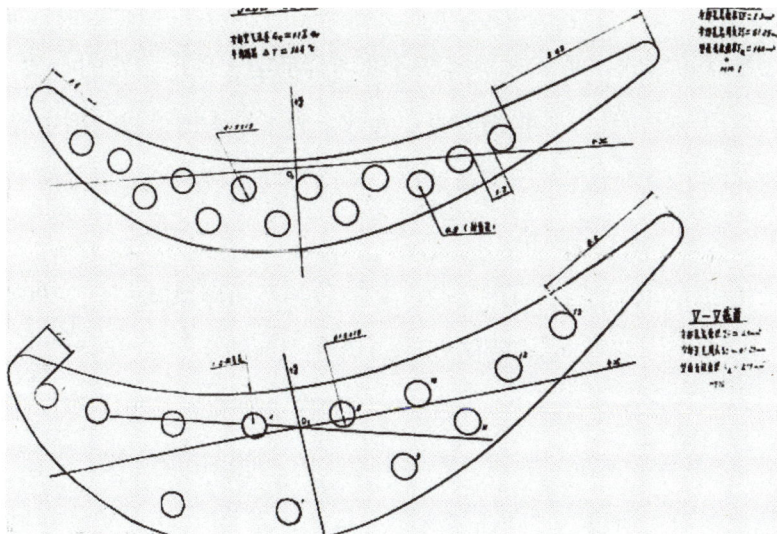

❀ 师昌绪绘制的铸造空心涡轮叶片的图纸

所，水管里放出来的水是浑的，只有沉淀一会儿才能使用；楼外的厕所只有留神细看，才能下脚；吃的是大食堂卖的大米、玉米和地瓜干做的混合饭，喝的是南瓜汤，连咸菜和酱油都没有，饭菜如不用力和耐心去嚼，就无法下咽。就是在这种环境条件下，师昌绪每日和大家一起排队买饭，共进三餐，没有丝毫的特殊待遇。当时同行的团队成员心中暗自感叹："哪怕有一瓶辣酱给师先生佐餐，也是好的。"然而，即便是这样的简单愿望，在当时也难以实现。师昌绪对此毫无怨言，他始终保持着乐观的心态，与团队一同奋战了数月之久，直到空心叶片成品率基本达到了实心叶片的水平才告一段落。

"作为一个中国人，就要对中国做出贡献，这是人生的第一要义。"这是师昌绪最常说的一句话，虽然朴实无华，但是凝聚着一位饱经沧桑的老知识分子大半个世纪以来投身科学事业、矢志报国的赤子情怀。

无私奉献，奖掖后学

20世纪80年代初，因受"文化大革命"影响，国内科技界青年人才匮乏，人才断层的状况非常严重。师昌绪在各种场合都会表现出急迫的心情，极力倡导要大量招收研究生、加快培养青年人才。为了扩大博士生的招生规模，他甘愿为有能力带博士生的研究员铺路，帮助不同领域的导师招收博士生，带起来了一支博士生导师队伍。

师昌绪一生生活简朴，但在资助科教、奖掖后学方面却慷慨大方。2004年7月，他捐出光华工程科技奖成就奖奖金50万元作为基金，在中国科学院金属研究所设立了"师昌绪奖学金"，奖励优秀的在学研究生。2010年，师昌绪获得国家最高科学技术奖。为促进青年人才成长，他捐出450万元奖金，在中国科学院金属研究所设立"师昌绪青年科技人才基金"，用于奖励在材料科学与工程领域一线工作，并做出突出成绩的青年科研人员，以激发中国科学院金属研究所青年科技人才的创新活力，为中国科学院金属研究所乃至国家的科技创新事业培养更多拔尖人才。

"名额有限，只能先人后己"

师昌绪始终保持着勤俭节约的传统美德，不占国家和他人的便宜，也不搞特殊化。师昌绪搬到北京后大约有十来年时间，每年春节他都会到清华园拜年看望老朋友们。无论是从芙蓉里还是中关村出发，他总是步行往返，从未见他坐过一次汽车。不仅如此，在很多周末时间因公事需要拜访老友时，他也都是步行往返，即便已是七十高龄，即使单位配有车子可供他使用，他也从未改变这一习惯。

师昌绪的廉洁自律，不仅体现在他对自身的严苛要求上，更表现在他的舍己为公上。师昌绪的妻子郭蕴宜在中国科学院金属研究所工作多年，同郭蕴宜一道在中国科学院金属研究所工作的许多同志都评上了研究员，而郭蕴宜始终没有参加评审。曾有人向师昌绪提及此事："如果不是和您在一起，郭老师早评上研究员了。"师昌绪却只是微笑着平静回应，目光中饱含了对妻子的歉意。他说："很多同志都具备晋升研究员的资格，但是名额有限，只能先人后己。"

涂光炽

做一块清清白白的 "石灰石"

涂光炽（1920—2007），湖北黄陂人。1944年毕业于西南联合大学地质系，1949年获美国明尼苏达大学博士学位。曾任中国科学院地球化学研究所研究员、所长。矿床学及地球化学家，中国科学院学部委员（院士），俄罗斯自然科学院院士，第三世界科学院院士，中国地球化学领域的杰出开创者之一。

做一块清清白白的 "石灰石"

涂光炽一生严于律己，以廉洁自律的精神为学界与社会树立了榜样。一生清廉正直的明朝政治家、军事家于谦，为守护黎民、保卫国家付出了自己的全部心血，留给家人的，也只有两袖清风而已。在涂光炽5岁时，他的母亲给他讲于谦的《石灰吟》："千锤万凿出深山，烈火焚烧若等闲。粉骨碎身浑不怕，要留清白在人间。"并告诉他，于谦虽然写的是石灰石，但道出了自己要做清白人的想法，涂光炽随即说道："我长大了也做一块石灰石，做清白人。"

徐霞客是我国明朝"用脚步丈量大地"的地理学家，在追求梦想的道路上坚持自律，他一路走来一路记，记录的《徐霞客游记》包含着丰富的地理学和生态学内容，是我国古代的地学百科全书。涂光炽从小听父亲讲徐霞客及《徐霞客游记》的故事，听得津津有味，他要求父亲把中国地图留给他，并对父亲说："我长大了要像徐霞客那样，我也不怕走路。"

涂光炽对家庭要求十分严格。如 1982 年，他的大儿子希望报考他的研究生，但涂光炽明确拒绝，甚至不允许儿子报考他所在的中国科学院地球化学研究所。他说道："必须靠自己的努力，不能因为我是你父亲就有所特殊。"这一举动充分体现了涂光炽对公平公正的执着追求，以及对自身作为党员和科学家的高标准、严要求。

惜钱、惜物、惜时

他事事勤俭，处处节约——惜钱。出差时，尽量为公家省钱，他认为，作为一名科学家，重要的是工作成果，而非生活条件。1981 年，他和两个学生赴澳大利亚考察，由于澳方提供食宿费用，三人只花去两澳元，回国时把节约的钱全部交给了中国科学院。他在野外考察期间，常常与工人师傅同吃同住，尽量减少不必要的开支。他将节俭的理念贯穿于科研工作中，将有限的资源最大化地用于研究与考察。

他生活简朴，从不浪费——惜物。他饮食非常简单，最爱吃的是鱼和绿色蔬菜，宁肯喝白开水也不喝饮料，20 世纪 70 年代就戒了烟，酒也很少沾。在饭店吃饭时，饭后总叫大家将剩菜打包带走。涂光炽的住所简陋却整洁，摆放着简朴的家具和书籍。

他精神充实，学而不厌——惜时。惜时是他多年养成的习惯。给他当业务秘书多年的赵振华研究员说："他极珍惜时间，从不放过一切可利用的机会。有时他会抓紧两个会议之间的间歇时间，或在参加会议的途中，顺路就近进行实地地质考察，既省钱又省时。每周、每月的时间安排就像一部交响曲，井井有条。在日常生活中，他把时间集零成整，在乘火车、飞机、轮船的旅途中，常手不释卷，阅读新近期刊，看资料，或审阅稿件，因而能及时掌握国内外学科发展方向及学术新动态。"

情系教育事业，奉献炽热爱心

2003 年，在水城县挂职任副县长的中国科学院地球化学研究所的马昌和，向涂光炽汇报科技扶贫项目情况，提到农村普及九年制义务教育的一些问题，特别谈到中国科学院地球化学研究所的扶贫点发箐苗族彝族乡海螺村兴办小学的困难，涂光炽听后甚为感慨。他与有关人士商议后，决定捐款兴建希望小学。

2003 年 1 月 6 日，涂光炽将所获首届"贵州省最高科学技术奖"的奖金20 万元全部捐出兴建希望小学。涂光炽在 2003 年 1 月 17 日的授权书中写道："我十分感谢贵州省人民政府给予我的科学奖励基金。我自愿捐出这笔款项，作为在贵州兴建希望小学之用。我诚恳地请地化所副所长孙静溪先生落实此事。"后经过有关部门批准，将这 20 万元现金，通过贵州省青少年发展基金会，捐赠给水城县发箐苗族彝族乡海螺村修建小学。项目确定后，六盘水市和水城县两级政府抽出 10 余万元经费，认真组织专家进行规划，责成县教育局和发箐苗族彝族乡组织实施。该小学被命名为"光炽希望小学"。

2004 年 6 月 20 日早晨，85 岁高龄的涂光炽不顾年事已高、长途跋涉的疲劳，冒雨赶往水城县发箐苗族彝族乡海螺村，出席光炽希望小学落成仪式。他亲笔为该校题词："希望与成功的关系，就像'星星之火，可以燎原'，但从希望抵达成功，一定要付出长期的奋斗和艰苦的努力。"

此外，在野外考察中，涂光炽不仅注重科研数据的采集，还关心同行人员的生活。在一次考察中，他了解到一位带路工人师傅的家境困难，毫不犹豫地将自己身上仅有的几百元钱全部捐出，还嘱咐随行人员将干粮分给工人

🏵 2004 年参加光炽希望小学落成仪式的涂光炽（右六）

师傅。这一善举令所有在场人员深受感动。他的无私精神不仅体现在对他人的帮助上，也体现在他对后辈的培养上。他甘为人梯，倾尽全力支持年轻一代的地学研究工作，为国家培养了一批又一批优秀的地质学人才。

邹承鲁

"不能打着外公的招牌到处招摇"

邹承鲁（1923—2006），出生于山东青岛，祖籍江苏无锡。1945年毕业于西南联合大学化学系，1951年获英国剑桥大学生物化学博士学位。曾任中国科学院生物物理研究所研究员、副所长。生物化学家，中国科学院学部委员（院士），人工合成胰岛素工作发起人和主要完成人之一，中国生物化学奠基人之一。

"不要争谁钱拿得多，而要争谁工作做得好"

邹承鲁处处节俭，不乱花国家一分钱。邹承鲁在办公室和家里都有一个专门的抽屉，用来收集用过一面的"废纸"，这是他专门的"稿纸储备库"。20世纪80年代，邹承鲁的办公室正对楼梯口，一到冬天冷风呼呼往里灌，只好用一个旧电炉取暖。这个破旧的电炉常常短路"罢工"，身边工作人员修了又修，他也不愿意买新的。

邹承鲁深知要将有限的科研经费用在"刀刃"上，他反对没有多少工作基础和想法就盲目攀比采购昂贵的仪器设备，浪费国家经费。邹承鲁认为，科学研究最重要的是靠创新的学术思想和良好的团队协作，一个好的科学家即便在简陋的条件下也能做出有价值的科研成果。他经常说，工作中"不要争谁钱拿得多，而要争谁工作做得好""拿少的钱做出好的工作要好好奖励，拿多的钱没做出好工作的要提醒，要警告甚至惩罚"。20 世纪 70 年代末，中国科学院生物物理研究所的实验室分散在周边各所的实验楼中，当时只有一台荧光仪，测量荧光信号时需要将实验样品搬来搬去。为保护样品，科研人员自己动手做了一个可以挎

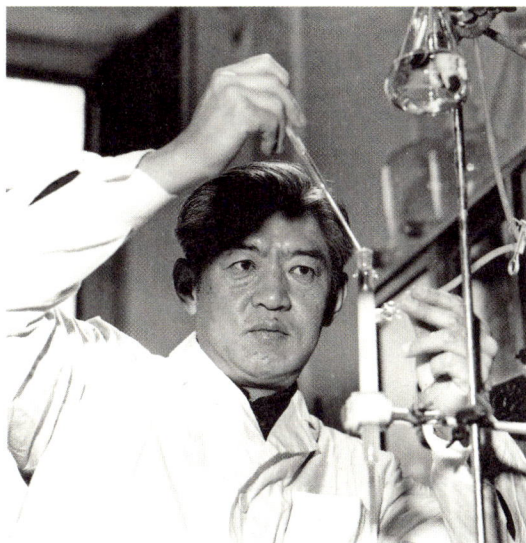

● 邹承鲁在实验室

在肩膀上的样品箱，被戏称是"提篮小卖"。就靠着这个"提篮小卖"，邹承鲁带领实验室发现了甘油醛 -3- 磷酸脱氢酶在活性部位形成荧光衍生物——这一成果发表于《自然》杂志，是改革开放之后中国科学家在《自然》上发表的第一篇论文。

"不能打着外公的招牌到处招摇"

邹承鲁一生严于律己，求真求实。邹承鲁的妻子李林院士，是地质学家李四光的独生女儿，"一门三院士"被传为佳话。但邹承鲁却最不喜欢人家称他是"李四光的女婿"。邹承鲁独生女儿邹宗平曾回忆，小时候外公、外婆十分宠爱她，父亲虽不甚满意老人的溺爱，但也不说什么。唯独有一次，父亲发了脾气。那天邹宗平想和外公、外婆一起参加一场招待日本科学家的宴会。邹承鲁知道后，任凭小姑娘哭闹央求，也坚决不同意她同去。过后邹承

鲁对女儿说，外公所享受的待遇是因为他对国家的贡献，你作为他的外孙女没有资格享受这些待遇。他告诉女儿，以后做什么都要靠自己的努力，不能打着外公的招牌到处招摇。

"为了科学的声誉和自己的良心"

邹承鲁怀抱一颗赤诚之心，在科学的大是大非面前，从不考虑个人名利得失。邹承鲁是"讲真话的人"，面对造假者、伪科学和投机者，他公开站出来予以揭露和批驳，即便遭受暗箭流言、打击报复也不为所惧。他说，吾爱吾师，吾更爱真理。因为"较真"的性格，邹承鲁曾经栽了不少跟头。但他"江山易改，本性难移"，坚持同那些打着科学旗号盗名逐利的人作斗争。他的一贯主张是，把各方观点公开发表出来，欢迎所有人研究讨论，相信真理越辩越明。

2000 年，针对当时轰动一时的"基因皇后"事件，他在给媒体的信中写道："我们不是不知道公开自己意见的后果，但如果对类似的过分炒作视而不见、缄口不言，我们担心必将损害中国科技界的形象和长远利益。为了科学的声誉和自己的良心，我们不得不泼上一杯冷水……"邹承鲁女儿邹宗平说："爸爸的直言给他自己甚至给他的学生都带来了一些麻烦，但他从未想过退缩，只要是对中国科学的发展、对国家有利的事，他都要一直做下去，直到生命的终结。"

每当伪科学出现、舆论众声喧哗、媒体群起追捧时，邹承鲁总会站出来，以写文章、作报告、接受记者采访等方式，维护科学的尊严。按照其妻子李林的说法，这样的邹承鲁"把人都得罪完了"。而在邹承鲁的同事、中国科学院生物物理研究所研究员王志珍院士看来，这恰恰证明邹承鲁有颗"最善良的心"。

"道理很简单，"她对《中国科学报》说，"面对不正常、不正当的现象，只关心自己利益的人，闭口不言就是了。只有真正爱国家、爱人民、爱科学事业的人，才会无惧打击报复，坚持说真话。邹先生说过，敢扬'家丑'，才能消灭'家丑'。"

邹承鲁是一位彻底的、真正的唯物主义者。2006年邹承鲁去世之后，按照其生前遗愿，他的骨灰被分为两部分，一部分撒在中国科学院生物物理研究所他办公室窗外的松树下，一部分撒在上海生物化学与细胞生物学研究所他工作过的实验室窗外的香樟树下。科学研究是他的毕生事业，他在深爱的地方回归大地，和泥土融为一体，化作春泥更护花。

在邹承鲁逝世15年后，国际小行星命名委员会批准并发布国际公报，将中国科学院紫金山天文台发现的国际编号为325812号的小行星正式命名为"邹承鲁星"。

如今，"邹承鲁星"依然在宇宙中熠熠生辉。人们将永远记住这位富有人格魅力的科学家。

朱光亚

勤俭节约的家风传承

朱光亚（1924—2011），湖北汉阳人。1950年获美国密执安大学博士学位。曾任中国科学院原子能研究所研究员、二室副主任。核物理学家，中国科学院学部委员（院士），"两弹一星功勋奖章"获得者，中国核科学事业的主要开拓者之一。

"不要将这件事传扬出去"

清华大学的郑福裕教授曾担任朱光亚的助教，在《1958年，朱光亚先生在清华》一文中回忆朱光亚在没有教材和实验条件的情况下，为培养核专业人才，从繁重的工作中挤出时间来清华大学上课的情景。当时朱光亚住在北京房山区中国原子能所，离清华大学很远，道路又不好走，汽车单程要一个多小时。他早晨8点上课，一讲就是一上午。有一次朱光亚晚上专门来到清华大学为学生集体答疑之后便住在招待所，住宿条件很差，室内没有卫生间，朱光亚从不在意这些。

1996年10月，朱光亚获得了何梁何利基金科学与技术成就奖，奖金为100万元港元，他捐给了中国工程科技界的工程科技奖奖励基金，并反复叮嘱周围的人，不要将这件事传扬出去。很长一段时间，即使是中国工程院内部也没人知道这件事，外界更是无人知晓。后来，他还将自己平时省吃俭用攒下来的 4.6 万多元稿费，全部捐给了中国科学技术协会。

只谈他人和集体，不谈自己

1996 年初，解放军出版社策划出版一套"国防科技科学家传记丛书"，其中朱光亚是传主之一。选题报请他审批时，他把自己的名字划掉了。有关领导和他身边的工作人员多次做他的工作，希望他能答应下来，他总说："先写别人吧，我的以后再说。"而这个"以后"就没有了下文。

2001 年，清华大学为纪念建校 90 周年要为 23 位"两弹一星功勋奖章"获得者各写一篇传记，作为建校纪念重点图书出版。22 位"两弹一星功勋奖

❀ 朱光亚在工作中

章"获得者均提供了传记文章，而朱光亚却只写了一篇关于中国原子弹发展综述的文章交给了清华大学用来替代自己的传记。他在这篇文章中客观地写出了当年的中央决策和科学家攻关的过程，全文6000余字，没有一处写他个人。

朱光亚退休后，周边的人都劝他写回忆录或者允许他人代写传记，他都予以婉拒。在他撰写的有关国防科技回忆史料的文章中，字里行间他都只谈他人和集体，不谈自己。"核武器事业是集体的事业，我个人只是集体中的一员，做了一些工作。"朱光亚几乎不接受媒体采访，即便接受采访他都只谈其他科学家的事情，对自己的事情绝口不提。

朱光亚朴实谦逊，为人低调，以至于中国科学院院士吕敏曾打趣地对他的儿子朱明远说："你父亲不爱说话，太低调了，我们对他都快有意见了。"

勤俭节约的家风传承

朱光亚有一辆从旧市场买来的锰钢自行车，尽管组织因工作需要给他配有专车，但只要开会、办事离家不远，他就经常骑着自行车去。有一次，清华大学开校友会，他从西黄寺到清华园骑行了十多千米。出于安全考虑，警卫部门不同意朱光亚独自骑自行车外出，朱光亚经常偷偷地"溜"出去。骑到后来，这辆自行车的车把和辖辘电镀漆都磨光了，朱光亚才在大家的劝说下，换了一辆新自行车。

朱光亚对子女们的教育不是通过长篇大论的教导，而是通过身体力行潜移默化地影响他们。朱光亚有一个工具箱，里面有小榔头、电烙铁、螺丝刀等各种工具，还有许多大大小小旧的钉子、螺帽等小零件，这些都是他平时生活中收集起来的。家里的家电、桌椅如果坏了，朱光亚就尝试自己动手修理。他开玩笑说，这既是废物利用，又是换换脑子，两全其美。朱光亚不喜欢添置衣服，每件衣服都要穿好多年，而旧衣服穿在他身上，也从来都是干净整洁的。

孙女朱华媛在《最疼我的人留下的爱》一文中曾写道："爷爷在生活中很低调、很朴实，能自己做的事情绝不会麻烦别人，自己碗里的米饭粒绝不会剩下一粒。小时候，我很不懂事，米饭盛多了吃不了剩下了。爷爷说，以后不可以浪费粮食，粮食是农民伯伯辛辛苦苦在地里干活种出来的，之后二话没说，把我碗里的米饭吃得一粒不剩。这就是我的爷爷，一位身教胜于言教的质朴老人。"

以严谨之思行精准之事

将战略层次的深邃思考和科学家的严谨缜密结合起来，是朱光亚特有的风格。

早在核武器研究所建所初期，为让选调来的科技人员适应国家重大科研任务需要，朱光亚便协助所长开展"科研小整风"，从理论、试验、设计、试制到技术总结，每个步骤都贯彻严肃、严格和严密的"三严"要求。

当时，核试验场区条件艰苦，但几乎每次重要试验，他都亲临现场指导工作，坚决落实周总理提出的"严肃认真，周到细致，稳妥可靠，万无一失"的16字方针。对于突发问题，他要求必须弄清原因，找准措施，直到完全解决。他的言传身教，培育了核武器研究队伍严谨求实的优良传统和作风。

接触过朱光亚的人都知道，在他的语言里从来没有"大概""可能"这样模糊不清的字眼，不清楚的事情宁可不说。即便在生活中，做任何一件小事甚至是说话，他同样追求准确、精确。

中国工程院原院长徐匡迪还记得，有一次，朱光亚在审阅"863"计划项目组提交的简报时，发现其中写到参加会议的有某某院士，朱光亚拿起铅笔，很工整地在"院士"两个字上画了个圈，在旁边写了一句话：院士不是职称，不是职务，只是一个荣誉称号，不宜作为一种称谓来用。

儿子朱明远讲，父亲批阅文件就像老师批改作业一样，不但修改内容，连病句、错别字甚至标点符号都会一一修改，且字迹相当工整。"如果谁写的文件没有被父亲改过，那个人就会觉得那是得到了极大认可，特得意。但这样的情况很少。"

让儿子朱明远佩服的是，父亲干了那么多事，从来没有见他手忙脚乱过。工作上善于统筹规划，生活中也是井然有序。

小时候，姐弟三人的衣服，总是被朱光亚收拾得利落整洁。冬天的衣服、夏天的衣服会放在不同箱子里。每个箱子上面写有一张纸条，标注着谁的衣服，什么衣服。这样无论谁找衣服，都会很快地找到，一目了然。每天看过的报纸，他永远都按日期顺序摆放整齐。

让秘书张若愚难忘的是，一次在外面开会，朱光亚让他回家取一份文件，仔细交代他在第几个保险柜，第几格，从左到右第几摞，从上往下数第几份。

党鸿辛

一张稿纸上的遗训

党鸿辛（1929—2005），广西北流人。1953年毕业于华南工学院化学工程系。曾任中国科学院兰州化学物理研究所研究员。材料及机械摩擦、磨损与润滑专家，中国科学院院士，中国摩擦学学科的开拓者与学术带头人之一。

严以治家，简朴节约

党鸿辛在50余年科研生涯中，先后9次获国家级奖励，15次获院、省、部级奖励，为国家高新技术所需特种润滑材料的应用研究做出了重大贡献。就是这样一位硕果累累的科学家，在生活中却一贯俭朴节约。党鸿辛的生活标准低得出乎意料，他认为有床睡、有饭吃、有衣穿就行了。他的家里常年只有简单的陈设，没有豪华的家具或电器。他经常提着一个布袋子，不知道使用了多少年，原本的红色已经变成暗红色，可他总舍不得丢掉。然而，他对大家却是慷慨无私的，他心疼实验室工作人员的辛苦，想给他们增加些生活补贴，但却不容易解决。他便拿出自己的钱发给大家，还笑着说："在实验室我的工资最高，那我就给大家发点加班费吧！"

家风传承、润物无声。党鸿辛的小孙女在自己的书桌前曾用彩笔写下了爷爷的叮嘱和教导："好好学习、认真完成作业，不挑吃、不挑穿、不乱花钱。"简朴的家风悄然生根，滋润着孩子们健康成长。

严以修身，淡泊名利

在家人看来，党鸿辛的淡泊名利是他的秉性和财富。他的妻子黄萱荣说，几十年来，他对涨工资、评职称、升职务这些事从来不争，诸多荣誉回家也缄口不提。有一段时间黄萱荣碰到熟人，大家兴奋地向她表示祝贺，她才知道丈夫又获得了新的很高的荣誉。

早在 20 世纪 90 年代末，就有上海、深圳的一些科研机构，开出了数十万甚至上百万元年薪以及很高的安家费和科研经费聘请党鸿辛。但他从不为所动。学生打趣问他怎么不去试试，改善一下生活条件。党鸿辛笑笑说："我哪儿也不去，就在这儿，挺好！要那么多钱干啥，如果没有自己喜欢的事业，去了又有什么意义！"

在科研园区，人们时常会碰到童颜皓首、神态安详的党鸿辛，臂间挽着一个布袋子，一路沉稳而恬然地走过。正是这种不慕名利、甘于平淡的智慧和品质，使他忘我地潜心科研之中，数十载孜孜不倦，成就斐然，乐在其中。一位硕士生在追思党鸿辛的文章中写道："后来接触多了，我才发现，党老师虽然有着骄人的成绩，但是他从不炫耀，穿着打扮永远都只能以一个词来形容——朴实。更让人记忆犹新的是他的脸上似乎永远都洋溢着和蔼可亲的笑容。我们戏称：弥勒佛在世。"

身体力行，克己奉公

党鸿辛住的地方离实验室有几千米，考虑到他已年过古稀，且又是著名专家，为了照顾他的身体，单位专门为他配备了一辆汽车，而他却坚决推辞。在单位领导一再坚持下，他使用了不到两个星期，又将汽车交还了回去。70多岁时，他仍每天坚持步行到实验室工作，而且风雨无阻，还乐呵呵地说："步行上下班可以锻炼身体。"有一次，雨下得很大，他坚持要自己回家。学生看不过去，就跑出去给他叫了辆出租车，回来时他已经打着伞，踩着水走了好远。大家哄了半天，他才坐进去，满脸不乐意地说："大家都忙，我不想麻烦大家，以后再也不能这样做了。"

遗训长昭，风范永存

去世前一年，党鸿辛的身体已经非常虚弱。2004年7月10日，中国科学院兰州化学物理研究所领导和他的学生去医院看望，党鸿辛躺在病床上，在一张稿纸上写下遗训：

淡泊名利，乐于助人。

严以律己，坦诚待人。

科技创新，求真务实。

勤学多问，好长学问。

他将这32个字写完，或许觉得笔迹太单薄、不够清楚，他又颤颤巍巍地拿起笔，缓慢而用力地又描了一遍，连一个标点符号都不忽略，最后郑重地签上了自己的名字，并加盖了自己的私章。看到此情此景，来探

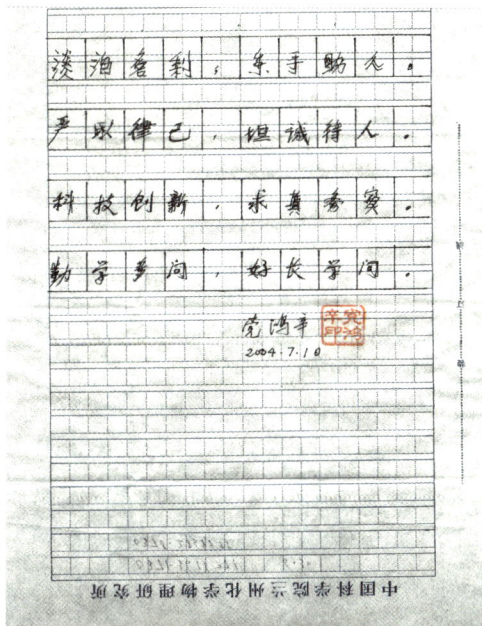

● 党鸿辛在病床写下32字遗训

望他的领导和学生无比感慨，无不动容。宝贵的遗训彰显着他严以律己、严谨治学、诚信科研、淡泊名利的崇高品格，他的风范将长存于世，激励着后来者。

张彭熹

"只想作为一个
正直的人活着"

张彭熹（1931—2014），天津人。
1956年毕业于北京地质学院石油与
天然气地质专业。曾任中国科学院
青海盐湖所研究员、所长。地质学
家，中国科学院院士，盐湖地球化
学的开创者之一。

出身贫寒，家风淳朴

幼年时的张彭熹家境贫寒，先后两次辍学；稍大一些当过铁路学徒。为继续求学，又不给家里增添负担，只读过几个月中学的张彭熹凭着艰苦勤奋的自学和聪慧灵敏的头脑，考入天津市立师范学校读书。

1952年，本可凭借优秀绘画天赋去美术院校学习的张彭熹，却报考了北京地质学院。在校学习期间，他刻苦用功，学习成绩十分优秀。

早年的求学经历使张彭熹做任何事情都严格要求自己，自律且严谨，勤劳且朴素。在家中他慈祥和温暖，如同阳光般照耀着子女成长的道路，同时提倡子女要有独立的目标，并靠自己的努力去实现这些目标。张彭熹相信，只有通过自己不懈地奋斗，才能获得真正的成长。因此他从不干涉子女的选择和决定，从不利用职权为子女谋利，而是利用自身的奋斗经历和默默的付出，支持和鼓励子女健康成长。他这种身教胜于言传的教育方式，教会了子女在面对困难和挑战时保持坚韧不拔的精神，要有担当，要对自己的行为负责，同时也要有爱心，关心和帮助他人。

"只想作为一个正直的人活着"

张彭熹曾多次带队参加我国盐湖科学考察，足迹遍布青海、西藏、内蒙古、甘肃、新疆、宁夏、吉林、黑龙江等省区的数百个盐湖，积累了大量盐湖基本资料，摸清了我国盐湖的分布、类型和盐湖资源特点。1959年，他带领11名考察队员对柴达木盆地的东台吉乃尔盐湖进行考察。在盐湖区考察期间，淡水像金子一样宝贵。为了尽可能地减少搬运带来的过多经费开支，张彭熹率领大家一连好几个月不洗脸、不刷牙，甚至喝水都要定量供应。需要

❋ 张彭熹在柴达木盆地协作湖采集表层卤水

下湖作业时没有胶鞋，他就在脚上套一个蓝色粗布样品袋，没几天，脚就被盐结晶体磨得皮破血流，一沾上盐水就钻心地疼。在盐湖区考察期间，这样的疼痛是"家常便饭"。

张彭熹长期奋战在渺无人烟的高原、荒漠盐湖区，几乎常年见不到绿色植物，每一次都有不同的困难与危险，每一次他都同样地忘我工作着，不畏盐湖创业的艰难困苦。和他一起共事的很多人都先后调离了地处高原缺氧地区的中国科学院青海盐湖研究所，到条件较好的内地和沿海地区工作了，而张彭熹却坚持了下来。随着岁月的推移、年龄的增长，他的健康状况每况愈下。他曾患有皮炎、肾炎、心脏病、肺气肿等疾病，最终因肝癌于2014年7月与世长辞。

张彭熹曾说："我的一生是很平淡的，只想作为一个正直的人活着，想为西部做些工作。很多老先生都是我学习的榜样，像侯德封、柳大纲、袁见齐院士等。我只是沿着他们开创的脚步走的人，至于能够走多远，只能说就是这样走下去。"

一心一意做好盐湖科研

张彭熹一生廉洁自律。在他担任中国科学院青海盐湖研究所副所长、所长期间，从不接受他人宴请；就连同事请他去食堂吃个简餐，他也不愿意。

在所里工作期间，曾有其他单位邀请张彭熹去挂职。他直言要脚踏实地，甘坐冷板凳，一心一意做好盐湖科研，不能不劳而获，进而拒绝了邀请。他任职期间以身作则，从不利用职务之便为他人谋好处，也没有因为自己是领导干部为身边人谋便利。

在张彭熹去世后，其亲属又秉承他的遗愿将抚恤金全额捐赠给中国科学院青海盐湖研究所，用于支持科研工作和研究所发展。这既是张彭熹关心、关注研究所发展的延续，也承载了张彭熹对研究所的一片深情、高度信任和殷切期望。中国科学院青海盐湖研究所用该赠款设立了"张彭熹奖学金"，用于奖励那些立志为盐湖科技事业奋斗的莘莘学子，让这笔捐款在盐湖科技事业中发挥最大作用。

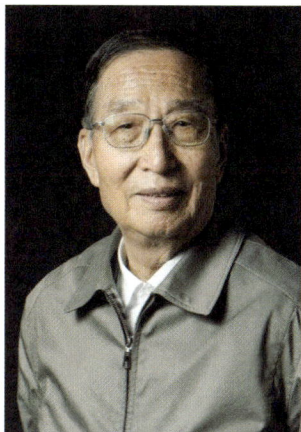

李振声

俭以修身、廉以养德
是做人的根本

李振声（1931—　），山东淄博人。1951年毕业于山东农学院农学系。曾任中国科学院遗传研究所研究员、所长，中国科学院副院长。遗传学家，中国科学院学部委员（院士），"共和国勋章"和国家最高科学技术奖获得者，中国小麦远缘杂交育种奠基人。

俭以修身、廉以养德是做人的根本

在女儿李滨眼里，父亲是一个十分简朴的人，生活上勤俭节约，不浪费，不攀比。也许是经历过饿肚子的岁月，父亲对粮食极为珍惜，从小就要求她不能浪费一粒粮食。在李滨的印象中，父亲从来没说过哪顿饭"不好吃"。父亲的草稿纸正反两面都用过了也舍不得扔，还要用来写毛笔字。日常用过的物品，但凡有再利用价值的，都会尽可能再次利用。李滨一直记得父亲的谆谆教诲：俭以修身，廉以养德。这是我们做人的根本，也是人人做得到的事情。

有一年，父亲前往东北参加国家小麦会议。火车上一位同行者看他穿着朴素，就让父亲帮忙拿行李箱。在会议上听到父亲的发言时，同行者才意识到给自己提行李的竟是有名的小麦育种专家。返程时，父亲主动要帮他提

● 李振声与女儿李滨

箱子，那位同行者连忙拒绝。这件事女儿听了，没有半点惊讶。因为凡是与父亲接触过的人，都说他是一个平易近人的人。因为工作关系，父亲总是跑田间地头，每到一个地方，都能跟当地的农民打成一片。在陕西杨凌，父亲吃过 120 多户农民家里的饭，知道农民想什么、要什么。

"导师是一个公私分明的人"

"我的导师是一个公私分明的人，对我的生活态度、为人处世及工作等方面产生了巨大影响。"

陈化榜是李振声招收的第一位博士生，父亲早逝的他，在跟导师的相处中建立了深厚的感情。当时研究所条件还比较艰苦，每逢周五，导师都会来实验室了解他的实验情况，工作完成后会开车带他回家吃饭。当时研究所配的车，他可以坐，但导师不让自己的女儿坐。这种对待家人公私分明的原则，不仅给陈化榜留下了深刻的印象，而且还给他以后的为人处世上了生动的一课。每当回忆起此事，他都能回想起当时面对自己的疑惑，导师给出的解释：我和你是工作关系，可以用公车；我和她（女儿）是父女关系，她当然不能用公车。在陈化榜看来，导师宽以待人的背后，是严于律己的自省和对家人严格要求的自觉。这一切都是导师"大赢在德"的生动写照。

"先生只管付出，不求回报"

曾担任"渤海粮仓科技示范工程"核心示范点南皮站站长的刘小京，说起与李振声并肩作战的日子，依然记忆犹新。

那时已80岁高龄的李振声，经常奔波于北京、中国科学院南皮生态农业试验站之间，到站后跟年轻的科学家一样，吃住在站上，每天清晨早早地起来，就到试验田观察小麦的生长情况。早餐也就是一个馒头、一碗粥就几口咸菜。考虑到李振声岁数大了，有时给他增加一盒牛奶，李振声还说和大家一样就好，不要搞特殊化。

李振声每次到南皮站来都是自掏腰包购买火车票，考虑到他年事已高，在田里、路途奔波，身体可能吃不消，有一次刘小京站长自作主张，给李振声购买了一张返程的高铁商务座车票。没想到李振声不仅让他把商务座换成二等座，还严肃地批评了他。当年他的话语犹在耳边：二等座和商务座，都是几十分钟到达目的地，没有必要多花这个钱，留着钱好好地做试验。

"先生这种只管付出不求回报的无私奉献精神，感动着当时条件极其艰苦的南皮站每一位工作人员，激励我们每一个队员迎难而上，为国解忧。"刘小京眼含热泪地说道。

刘照光

自己要行得端，
孩子的事情要
自己去闯

刘照光（1934—2001），四川双流人。1958年毕业于四川大学生物系。曾任中国科学院成都生物研究所研究员、所长。植物学家、生态学家，主要从事植物生态学和植物资源学方面的研究。

亲切的"门卫"，研究所的"大家长"

刘照光担任所长的时候，有一个习惯：每天下班之后，他就搬一把椅子，坐在研究所的门口。职工、学生有什么事情，就直接和他交流。刘照光总是乐呵呵的，有的职工的孩子，亲切地称呼他为"爷爷"。

1994年，刘照光得到通知，研究所班子被评为中国科学院优秀班子，他本人被评为优秀所领导，将奖励他5万元奖金。刘照光说："这个钱我不要，你们想个办法发给年轻人。"后来，所里增加了"中青年科研、管理骨干人员津贴"，给年轻人每人每月发50元。在那个年代，一个月工资才200多元，50元不是个小数目。

2001年，刘照光去世，人们在整理他的遗物时，发现了一本职工花名册。花名册上许多职工的名字后面，都画上了各式各样的符号。这些符号是刘照光对职

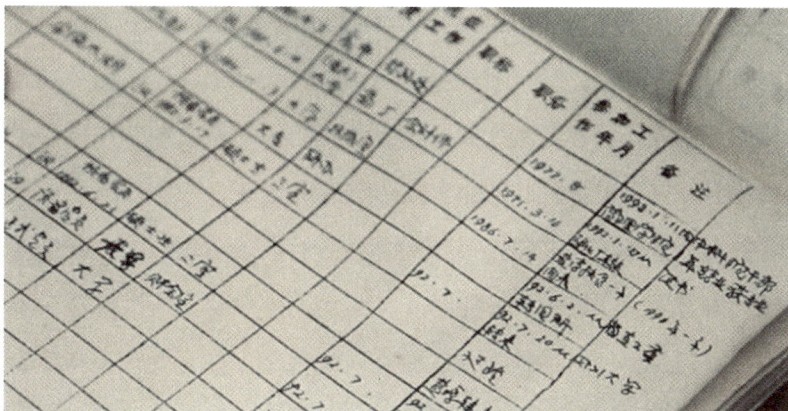

🌸 刘照光整理的职工花名册

工们具体情况的分类标注：有的代表需要科研经费支持，有的是要再教育以提高研究水平，还有未分配到住房的、未婚配成家的，等等。如果问题解决了，就在符号上画个圈。刘照光把职工的点点滴滴都放在心上，为职工排忧解难，赢得了职工们的感激和尊重。

自己要行得端，孩子的事情要自己去闯

在担任研究所所长期间，刘照光从来没利用职权为三个子女安排工作。曾有人问起，为什么不把女儿安排到所里上班当正式工？他说，孩子的事情要自己去闯，尤其是他当了所长，更不能利用职务之便。他曾经对妻子说道："把孩子管好了，我在单位里才说得起话，政策才执行得下去；要别人服你，首先要自己站得稳、行得端。"

刘照光卸任所长之后，他便投身到茂县生态站，几乎每天都和站上的几个工作人员生活、工作在一起。刘照光住在站上，常常一待就是几个月，每天的生活费，他都要多交。别的同志一天交 5 元钱，他就交 8 元或者 10 元，

以身作则。刘照光对站上的几个工作人员考虑得很周到，亲手给他们包抄手、饺子。他知道站上工作人员的工资低，刘照光不仅教会他们认识植物、种树，还建议家里不要种水果，而是种坚果，便于运输。在茂县生态站工作人员眼中，刘照光就像自己的家人一样关爱他们。

刘照光的小儿子回忆，父亲去世的前两天，把他们三兄妹叫到病床前说：要好好做人，踏踏实实工作；他走后，不要给组织添麻烦，不要提任何要求。直到他去世时，他的大儿子在老家镇上工作，女儿在当临时工，小儿子同样是自力更生。刘照光的女婿是所里的正式职工，但并没有因为所长的身份得到特殊照顾，一直到退休从事的都是司机工作。

心系百姓，两袖清风

刘照光总是密切关注国家需求，并为国民经济和老百姓服务。他常去雅安、甘孜、阿坝、茂县、西昌这些地方出差，雅鱼是当地人招待客人的上品菜。刘照光喜欢吃鱼，有次出差去泸定，当地人计划用雅鱼招待他却被他拒绝了。1986年，因为帮西昌某个县做工作，对经济改善有帮助。在会上，当地政府派工作人员拿了一笔钱要给他，说是县四大班子研究决定的，是他工作应得的。刘照光当时就站起来对工作人员说："这个钱我不要，你们拿回去。为你们做的事情是我的工作，这是我应该做的事情。"

在科学试验中，他往往不计得失，有一次安装试验用大棚，他垫钱数千元之多。在技术方面，恨不得把自己所有知识都传授给别人。茂县生态站当年种了很多作物，有李子树苗、玫瑰苗、葡萄苗等，有时候老百姓来要，刘照光都会免费给。他说，只有老百姓看得起，才证明这个东西有价值，才能让百姓发展起来。茂县广种的红豆杉，就是刘照光到站上后推广出去的。

据刘照光生病期间照顾他的医生回忆，刘照光看病期间从不问自己病情如何，总是谈笑风生地讲西部大开发、长江上游生态建设、退耕还林、植被保护等大事。阿坝藏族羌族自治州的代表去看望他的时候，几句话后刘照光马上就问"天然林保护工程"的实施、干旱河谷的治理等情况，还说："等我好了，我再到阿坝去，再做些工作。"在他生命走向尽头之际，他始终牵挂的是未完成的事业，还在为民族地区的发展殚精竭虑。

林祥棣

一个使用老旧设备的数码产品迷

林祥棣（1934—2018），江苏南通人。1956年毕业于浙江大学机械系。曾任中国科学院光电技术研究所研究员、副所长，中国科学院成都分院院长。光电技术与工程专家，中国工程院院士，中国光学和光电跟踪测量系统工程研究的主要开拓者之一。

"我一定在执行党所交托任务时，不计任何报酬"

在林祥棣的《入党志愿书》中，有这样一段话："我一定在执行党所交托任务时，不计任何报酬，能为劳动人民、能为革命、能为党做一件有益的事是一个共产党员的最大幸福。"回顾林祥棣为党的科学事业默默耕耘的一生，的确如他《入党志愿书》里所写，不计回报，不辞辛劳，甘于奉献。

1934年，林祥棣出生于江苏南通，抗战期间随全家迁居上海后又返回家乡，一直辗转漂泊。正是因为年少经历的磨难，他暗暗立下为国奋斗的壮志。1956年他从浙江大学毕业后，被分配到中国科学院长春光学精密机械研究所工作。1973年，他来到四川大邑县的深山沟里参与组建中国科学院光电技术研究所，并担任光电技术研究所革命委员会科技处负责人，也就是技术"扛把子"。

从那时开始，科技处的主要任务就是研究光电跟踪测量技术，通过对空中运动目标的成像跟踪和测量，评估目标的实际空间轨迹和理论轨迹的偏差。由于相关技术封锁，必须经过科研人员的研究和大量试验与摸索才能达到精确测量的目的。这一切几乎是从零开始。那时，中国科学院光电技术研究所还在距离大邑县 22 千米的一个山沟里，"整日见不着太阳"的潮湿，让不少来自北方的研究员生了病。林祥棪常常

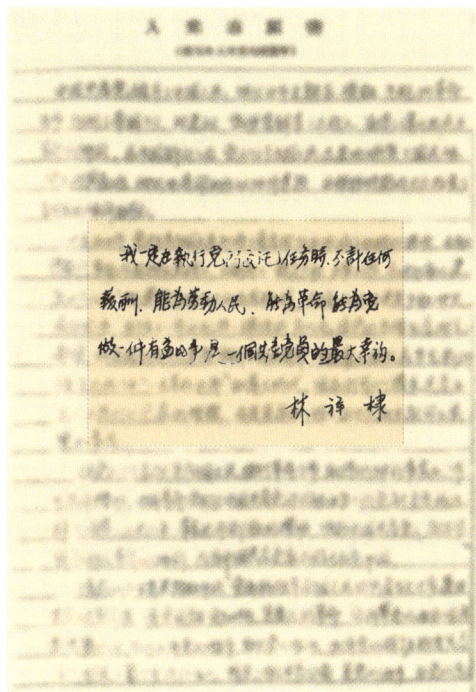

❋ 林祥棪 1961 年 4 月写的《入党志愿书》

和研究员们熬通宵，攻克一个又一个的难题。经过 20 多年的探索，他和同事组织研制的设备，在国家任务中起到了重要作用，并获得国家科学技术进步奖特等奖。

他研究光电跟踪测量系统的误差分析方法并建立了其数学模型；提出光电扫描交会测量时不同步误差的实时校正法、交会测量多目标的相关判别法和用空间目标的亮度变化判别其性质法；指导低温光学系统研究，能在 100 开（零下 173 摄氏度）低温环境下保持其成像质量接近衍射极限，达到 20 世纪 90 年代初的国际先进水平……这些许多人看上去复杂难懂的科研成果，却为我国相关领域的跨越发展做出了巨大的贡献。

数码产品迷，却使用最老旧的设备

林祥棣一直坚持廉洁自律，从一言一行、一点一滴的小事上均会做到严于律己，自觉抵制和纠正不良现象。

中国科学院成都生物研究所原党委书记汪光泽曾回忆道，林祥棣长期奔波于成都与北京之间。"做了院士之后，他要经常去北京开展工作，有时候一周甚至去两次。"2016 年林祥棣患病后，也抱病多次赴京为国防事业建言献策。也正是这个原因，林祥棣被称为"空中飞人"。但每次出差他都亲自选择最优惠的机票，努力为单位节省差旅费用。

熟悉林祥棣的人都知道，他是一位数码产品迷，但是他本人使用的电脑、传真机和打印机等设备，看起来却十分老旧。有人建议他及时更换设备，甚至直接送给他当下最先进的设备，但都会被他婉言拒绝，照旧使用他那老掉牙的旧设备。

刘兴土

不愿给人添麻烦的
"土先生"

刘兴土（1936—2021），福建永春人。1959年毕业于东北师范大学地理系。曾任中国科学院东北地理与农业生态研究所研究员、所长。自然地理学家、湿地学家和区域农业专家，中国工程院院士，主要从事中国湿地生态与东北区域农业研究。

不愿给人添麻烦的 "土先生"

刘兴土的学生回忆道："早期和先生出差，买绿皮火车票的队伍总是很长，老师每次非要和我一起排队。那时他已经七十多岁了，看着他携带着沉重的行李挎包，我想帮他拿，他不让。刚开始我以为是客气，要了很多次都不给。一次甚至扎着马步和我在大庆的火车站'抢包'，怕他摔倒，我就放弃了。他认为自己力所能及的事不要给人添麻烦。"

刘兴土不给人添麻烦的心态是常态。一次在去三江平原期间，他给学生讲了负责"七五""八五"科技攻关等任务时在三江开展的工作。几个年轻人就提出，想去路过的七星河湿地看看当年他战斗的地方。大家说要不要跟省湿地管理中心打个招呼？刘兴土怕给别人添麻烦，未允许。

当年的治理已让这里变成了国家级自然保护区。学生们向门卫解释说，他们是以前在这里工

● 刘兴土在黑龙江富锦湿地考察

作的科研工作者，想看看湿地保护效果。门卫不让进。刘兴土准备离开时，一个学生联系了省湿地管理中心才得以进去。这次临时的考察让刘兴土成了现场唯一的向导和解说。出了自然保护区，听到消息的省湿地管理中心同志赶了过来，早年一起工作过的老同志们见面后惊喜不已，欢声笑语一片。刘兴土一再给省湿地管理中心同志强调，门卫很负责任，做得很好，是他们打扰了。

还有一次是政府牵头在兴凯湖组织了国际湿地论坛，除了邀请科学家，还请了明星。会务组安排明星坐在中间，刘兴土被安排在了边上。工作人员发现后要帮助联系调整，被他阻止了。刘兴土说："只要宣传了湿地保护，推动了湿地事业的发展就是好事，坐在哪里不影响啥，别忙活了。"

刘兴土就是这样一个人，只要不给别人添麻烦，就会觉得很开心。

生活朴素、念旧的"老爷子"

他的学生说："刘院士出门，对交通工具的要求极其简单。虽然院士可以坐飞机头等舱和高铁一等座，但无论是我们自己买票出差还是外单位邀请，刘院士都强调只坐经济舱和二等座。"

刘兴土出门，若有公交、地铁，绝不打车，在北京可以熟练地倒车换线，经常拖着整箱的项目资料上下地铁和公交。一次所领导对刘兴土的学生说："与先生出差，既要尊重刘院士的选择，又要照顾好刘院士。"由此可见，刘兴土的节俭是众所周知的。

刘兴土不仅节俭还念旧，喜欢住经常光顾的宾馆，凡常去的城市他很少住过第二家宾馆。刘兴土去北京中国科学院院部办事，之前一直住院机关的招待所，原因是既方便又便宜。后来院机关招待所拆除了，刘兴土又在院部附近觅得一家经济实惠的老宾馆，成为他又一处常住之所。以至于这家宾馆的服务人员都与刘兴土混成了熟人，每次入住，服务员都会说：老爷子又来了。

每次外出参会，如果会议主办方给刘兴土安排了条件较好的大房间，他总会提出换个小的就行，说晚上只在床上睡觉，搞那么大屋子没必要。

刘兴土的着装更是朴素，站在人群里就是个普通的老人，根本看不出是个大科学家，全身上下的衣服大多是自己在普通市场购买的，他认为只要穿着舒服就好，不顾及其他。一次在去黄河口湿地考察时，湿地国际中国办事处的陈主任打趣说："刘院士你穿这鞋可能出不了国，牌子不行。"刘兴土笑着说："这鞋是我花 40 元在楼下街边买的，穿了几年还不坏，很舒服。这么大年龄了就不出国了。"

百姓心中真正的科学家

　　刘兴土是老百姓心中真正的科学家。他构建的"稻－苇－鱼"湿地合理利用模式广为人知。在三江平原科技攻关技术积累的基础上，他带领团队到松嫩平原西部，恢复了已严重退化为碱斑地的芦苇沼泽，提高了生态屏障功能，使几万亩湿地得到恢复；他开展了湿地河蟹、鱼生态放养等合理利用技术的研发，使生态产业逐渐建立，让周边农民受了益、脱了贫；为解决芦苇资源处理难题，他进一步组织研发了苇基食用菌栽培技术。他几十年如一日地坚守，始终坚持问题导向，一步一个脚印，把濒临倒闭的苇场建成了全国20个重点建设的国家湿地公园之一，为区域生态文明建设、乡村振兴探索出了一条成功之路，真正做到了"把论文写在了祖国的大地上"。

后 记

一、入选本书的科学家作风学风故事主要来源于中国科学院各院所党委的推荐。限于图书篇幅、材料可得性和编撰周期，本书只精选其中事迹资料较为丰富的100位著名科学家的作风学风故事予以汇编，并根据科学家的某个故事所体现的主题分6个篇章加以编撰，每个篇章下按科学家的出生年月排序。

二、入选本书的科学家作风学风故事，均由各个提供单位对故事内容的真实性、准确性和可信度进行了严格的核实与审查，本书提供的所有故事素材均基于事实真相。

三、本书中的部分故事改编自已公开出版的科学家传记或报刊文章，对其来源在相关科学家故事的文末均作了注明，相关著作权人可与出版者取得联系以便支付稿酬。

四、在本书的编撰过程中，得到了中国科学报社、中国科学院院史研究团队、中国科学院各院所党委的大力支持，对此表示衷心的感谢。